中华人民共和国行业标准

公路隧道设计规范
第一册 土建工程

Specifications for Design of Highway Tunnels
Section 1 Civil Engineering

JTG 3370.1—2018

主编单位：招商局重庆交通科研设计院有限公司
批准部门：中华人民共和国交通运输部
实施日期：2019 年 05 月 01 日

人民交通出版社股份有限公司
北 京

律 师 声 明

图书在版编目（CIP）数据

公路隧道设计规范．第一册，土建工程：JTG
3370.1—2018 / 招商局重庆交通科研设计院有限公司主
编．— 北京：人民交通出版社股份有限公司，2019.3
ISBN 978-7-114-14639-8

Ⅰ．①公…　Ⅱ．①招…　Ⅲ．①公路隧道—土木工程—
设计规范—中国　Ⅳ．①U459.2-65

中国版本图书馆 CIP 数据核字（2019）第 030362 号

标准类型：**中华人民共和国行业标准**
标准名称：**公路隧道设计规范　第一册　土建工程**
标准编号：**JTG 3370.1—2018**
主编单位：招商局重庆交通科研设计院有限公司
责任编辑：吴有铭　丁　遥
责任校对：赵媛媛
责任印制：张　凯
出版发行：人民交通出版社股份有限公司
地　　址：(100011) 北京市朝阳区安定门外外馆斜街 3 号
网　　址：http://www.ccpcl.com.cn
销售电话：(010) 59757973
总 经 销：人民交通出版社股份有限公司发行部
经　　销：各地新华书店
印　　刷：北京市密东印刷有限公司
开　　本：880×1230　1/16
印　　张：18
字　　数：356 千
版　　次：2019 年 3 月　第 1 版
印　　次：2023 年 6 月　第 6 次印刷
书　　号：ISBN 978-7-114-14639-8
定　　价：110.00 元

(有印刷、装订质量问题的图书，由本公司负责调换)

中华人民共和国交通运输部

公　　告

第 90 号

交通运输部关于发布
《公路隧道设计规范　第一册　土建工程》的公告

现发布《公路隧道设计规范　第一册　土建工程》（JTG 3370.1—2018），作为公路工程行业标准，自 2019 年 5 月 1 日起施行，原《公路隧道设计规范》（JTG D70—2004）及其英文版同时废止。

《公路隧道设计规范　第一册　土建工程》（JTG 3370.1—2018）的管理权和解释权归交通运输部，日常解释和管理工作由主编单位招商局重庆交通科研设计院有限公司负责。

请各有关单位注意在实践中总结经验，及时将发现的问题和修改建议函告招商局重庆交通科研设计院有限公司（地址：重庆市南岸区学府大道 33 号，邮政编码：400067）。

特此公告。

中华人民共和国交通运输部

2018 年 12 月 25 日

前　言

根据交通运输部《关于下达 2010 年度公路工程标准制修订项目计划的通知》（厅公路字〔2010〕132 号），由招商局重庆交通科研设计院有限公司作为主编单位承担《公路隧道设计规范》（JTG D70—2004）（以下简称"原规范"）的修订工作。

本次修订工作总结了我国近年来公路隧道设计、科研成果和经验，充分吸收借鉴了国内外公路隧道相关标准与先进技术，按照"安全、耐久、经济、节能、环保"的指导原则，对原规范进行了全面修订，经批准后以《公路隧道设计规范　第一册　土建工程》（JTG 3370.1—2018）（以下简称"本规范"）颁布实施。

修订后，本规范包括 18 章和 14 个附录，内容包括：总则、术语和符号、隧道调查及围岩分级、总体设计、建筑材料、荷载、洞口及洞门、衬砌结构设计、结构计算、防水与排水、特殊形式隧道、辅助通道、辅助工程措施、特殊地质地段设计、隧道路基与路面、抗震设计、改扩建设计、洞内预留预埋及构造物，附录 A ~ 附录 P。

本次修订的主要内容包括：

1. 适用范围由原规范的"以钻爆法为主要开挖手段的各级公路双车道隧道"扩大到"以钻爆法为主要开挖手段的各等级新建和改扩建公路隧道"。

2. 对公路隧道建筑限界与其他标准规范进行了统一协调；对检修道或人行道、紧急停车带、人行和车行横通道、单洞双向行车特长隧道平行通道等相关规定进行了调整和补充。

3. 增加了监控量测与超前地质预报规定。

4. 调整和补充了建筑材料相关规定。

5. 增加了小净距、连拱隧道围岩压力以及地震荷载的计算方法。

6. 简化了两车道隧道衬砌结构设计内容，补充了三、四车道等大跨公路隧道结构设计内容，对构造设计内容进行了补充和调整。

7. 增加了部分荷载组合及其安全系数规定；引入了施工过程围岩安全系数的有限元强度折减计算方法。

8. 完善了隧道防排水设计规定，补充了寒冷地区隧道防排水设计规定。

9. 完善了小净距及连拱隧道设计规定，补充了分岔隧道和棚洞等特殊隧道设计规定。

10. 完善了竖井、斜井、横通道、地下机房等辅助洞室的设计内容。

11. 增加和细化了辅助工程措施设计内容。

12. 将原规范岩溶采空区细分为岩溶和采空区两节；补充了黄土隧道设计规定；将原规范"岩爆"修改为"高地应力"；增加了多年冻土隧道设计内容。

13. 对隧道水泥混凝土路面和复合式路面相关规定进行了补充调整；增加了连续配筋混凝土面层设计要求；增加了隧道路面结构下设置排水系统的规定。

14. 取消了原规范关于通风照明等设计内容。

15. 新增了"抗震设计""改扩建设计"和"洞内预留预埋及构造物"三章。

请各有关单位在执行过程中，将发现的问题与意见，函告本规范日常管理组，联系人：程崇国（地址：重庆市南岸区学府大道 33 号隧道与地下工程分院；邮编：400067；邮箱：chengchongguo@cmhk.com；电话：023-62653439；传真：023-62653128），以便下次修订时研用。

主 编 单 位：招商局重庆交通科研设计院有限公司

参 编 单 位：浙江省交通规划设计研究院

　　　　　　　同济大学

　　　　　　　中交第一公路勘察设计研究院有限公司

　　　　　　　中交第二公路勘察设计研究院有限公司

　　　　　　　重庆交通大学

　　　　　　　交通运输部公路科学研究院

　　　　　　　湖南省交通规划勘察设计院

主　　　　编：蒋树屏

主要参编人员：程崇国　吴德兴　丁文其　郭小红　王华牢

　　　　　　　韩常领　林　志　任尚强　赵明阶　黄伦海

　　　　　　　李伟平　柯小华　吴梦军　丁　浩　张进华

　　　　　　　秦　峰

参与审查人员：李玉文　李关寿　李志厚　刘贵有　万明富

　　　　　　　唐　颖　肖了林　袁永新　韦　虎　姜　杰

　　　　　　　高世军　梁淦波　刘洪洲　林增海

参 加 人 员：肖　博　许崇邦　王建华

目　次

1　总　则

1.0.1　为规范和指导公路隧道设计，制定本规范。

1.0.2　本规范适用于以钻爆法为主要开挖手段的各等级新建和改扩建公路隧道。

1.0.3　隧道设计应满足公路功能，遵循"安全、耐久、经济、节能、环保"的基本原则。

1.0.4　公路隧道可按其长度划分为四类，划分标准应符合表 1.0.4 的规定。

表 1.0.4　公路隧道按长度分类

分类	特长隧道	长隧道	中隧道	短隧道
长度（m）	$L > 3\,000$	$3\,000 \geqslant L > 1\,000$	$1\,000 \geqslant L > 500$	$L \leqslant 500$

注：隧道长度系指两端洞口衬砌端面与隧道轴线在路面顶交点间的距离。

1.0.5　隧道主体结构应按永久性建筑设计，具有规定的强度、稳定性和耐久性，满足使用年限要求，方便养护和维修作业。

1.0.6　隧道主体结构、路面、防排水等土建工程与通风、照明、交通监控、供配电、消防等运营设施应进行综合设计。

1.0.7　隧道土建工程设计应贯彻动态设计与信息化施工的思想，制订地质观察、预报和监控量测的总体方案，为动态设计提供依据，及时调整支护参数和施工方法。

1.0.8　隧道设计应节约用地，尽可能保护原有植被，妥善处理弃渣和污水。

1.0.9　隧道设计应贯彻国家有关技术经济政策，积极稳妥地采用新技术、新材料、新设备、新工艺。

1.0.10　公路隧道设计除应符合本规范的规定外，尚应符合国家和行业现行有关标准的规定。

2 术语和符号

2.1 术语

2.1.1 公路隧道 highway tunnel
供汽车及非机动车和行人通行的地下通道，一般分为汽车专用隧道和汽车、非机动车与行人共同通行的隧道。

2.1.2 山岭隧道 mountain tunnel
贯穿山体的隧道。

2.1.3 钻爆法隧道 drill blast tunnel
用人工或机械钻孔、装药，采用控制爆破方式开挖的隧道。

2.1.4 明洞 open-cut tunnel
用明挖法修建的隧道。

2.1.5 棚洞 hangar tunnel
建于公路上的棚式建筑物。

2.1.6 建筑限界 construction clearance
为保证公路隧道内车辆行驶、人员通行所要求的限定空间。

2.1.7 净空断面 tunnel cross-section
隧道衬砌内轮廓与路面、侧沟所围成的断面区域。

2.1.8 紧急停车带 emergency parking strip
隧道内供故障车辆、巡检车辆等临时停车的区域。

2.1.9 横通道 cross channel
连接两隧道或洞室间或隧道连接地面的、近水平的横向联络通道。

2. 1. 10 竖井 vertical shaft

为改善运营通风或施工条件，垂直设置的通道。

2. 1. 11 斜井 inclined shaft

为改善运营通风或施工条件，以一定倾斜角度设置的斜向通道。

2. 1. 12 小净距隧道 neighborhood tunnel

并行的两隧道间净距较小、两洞结构彼此产生有害影响的隧道。

2. 1. 13 连拱隧道 multi-arch tunnel

并行的两拱形隧道之间无中夹岩柱、隧道的人工结构连接在一起的隧道。

2. 1. 14 分岔隧道 branching-out tunnel

由双向行驶的大跨隧道或连拱隧道，经小净距逐渐过渡到分离式双洞的隧道。

2. 1. 15 围岩分级 surrounding rock classification

根据岩体完整程度和岩石强度等指标，按稳定性对围岩进行的分级。

2. 1. 16 岩体基本质量指标 rock basic quality index

以围岩的岩石坚硬程度及完整程度为基本参数确定的岩体质量指标。

2. 1. 17 岩体修正质量指标 rock modified quality index

根据地下水、主要软弱结构面及初始应力状态等因素，对岩体基本质量指标进行修正后的岩体质量指标。

2. 1. 18 荷载 load

作用于结构物而使结构产生应力的力。

2. 1. 19 松散压力 loosening pressure

因围岩松动而作用在衬砌结构上的压力。

2. 1. 20 变形压力 deformed pressure

因围岩变形作用于衬砌结构上的压力。

2. 1. 21 围岩压力 surrounding rock pressure

因围岩变形和松动等作用于衬砌结构上的压力，是变形压力和松散压力的统称。

2.1.22　偏压　unsymmetrical pressure

作用于隧道衬砌结构上的不对称荷载。

2.1.23　洞门　portal

为支挡和防护隧道洞口仰坡岩土而设置的结构物。

2.1.24　端墙式洞门　end-wall tunnel portal

为支挡隧道洞口仰坡土压力而设置的挡墙结构物。

2.1.25　明洞式洞门　open-cut tunnel portal

为隧道洞口仰坡而设置的坡面护坡并使隧道衬砌结构适当外延的结构物。

2.1.26　衬砌　lining

支护隧道围岩的结构体。

2.1.27　仰拱　invert

设置在隧道底部的反向拱形衬砌结构。

2.1.28　喷锚衬砌　shotcrete and rockbohs lining

喷射混凝土、锚杆、钢筋网和钢架等单独或组合使用的隧道围岩支护结构。

2.1.29　整体式衬砌　monolithic lining

隧道开挖后用模注混凝土或砌体修建的隧道衬砌结构。

2.1.30　复合式衬砌　composite lining

由喷锚衬砌、防水层和模注混凝土衬砌构成的复合衬砌结构。

2.1.31　超前导坑　advancing drift

在隧道开挖断面内超前掌子面开挖的小断面坑道。

2.1.32　超前地质预报　advanced geological forecast

采用物探、钻探等手段，对隧道开挖面前方的地质条件进行探测、分析与评价的活动。

2.1.33　隧道施工监控量测　monitoring measurement

通过使用各种量测仪器和工具，在隧道内或地表，对围岩、地层的变形和支护结构的受力与变形进行观察、量测、分析与评价的活动。

2.1.34 高地应力 high ground stress

在隧道开挖后，在地层原始应力作用下，使硬质围岩地层产生岩爆、岩层剥离，使软质围岩地层发生大变形、开挖净空显著变小的地应力场。

2.2 符号

BQ——岩体基本质量指标；

$[BQ]$——岩体修正质量指标；

R_c——岩石单轴饱和抗压强度；

R_a——混凝土或砌体抗压极限强度；

R_w——混凝土弯曲极限抗压强度；

R_1——混凝土抗拉极限强度；

$I_{S(50)}$——实测岩石点荷载强度指数；

K_1——地下水影响修正系数；

K_2——主要软弱结构面产状影响修正系数；

K_3——初始应力状态影响修正系数；

K_v——岩体完整性系数；

J_v——岩体体积节理数；

S_n——第 n 组节理每米长测线上的条数；

S_k——每立方米岩体非成组节理条数；

v_{pm}——岩体弹性纵波速度；

v_{pr}——岩石弹性纵波速度；

σ_{max}——垂直洞轴线方向的最大初始应力；

γ——围岩重度；

k——弹性抗力系数；

E——变形模量；

μ——泊松比；

φ——内摩擦角；

φ_c——计算摩擦角；

B——隧道开挖断面宽度；

W——行车道宽度；

L_L——左侧向宽度；

L_R——右侧向宽度；

L——隧道长度；

C——余宽；

J——检修道宽度；

h——检修道或人行道高度；

R——人行道宽度；

H——隧道建筑限界高度；

K——围岩弹性抗力系数；

δ——衬砌位移值；

n——开挖边坡坡率；

m——回填土石面坡率。

3 隧道调查及围岩分级

3.1 一般规定

3.1.1 应根据隧道不同设计阶段的任务、目的和要求，针对公路等级、隧道特点和规模，确定搜集调查资料的内容和范围，进行收集、调查、测绘、勘探和试验。调查资料应齐全、准确，满足设计要求。

3.1.2 调查应分施工前调查和施工中调查两个阶段。施工前调查的内容、范围、精度等应符合相应设计阶段的要求；施工中调查应及时进行，核实和预测施工中遇到的地质问题，为修改设计、调整施工提供依据。

3.1.3 应根据隧址区地形、地质条件，并综合考虑调查阶段、方法、范围等，编制相应的调查计划。在调查过程中，发现实际情况与预计情况不符时，应及时修正调查计划。

3.1.4 围岩分级应采用定性分析和定量计算相结合的综合方法。

3.2 资料搜集

3.2.1 应全面搜集隧址区下列资料：
1 地形地貌资料，以及有关的遥感与遥测资料；
2 工程地质、水文地质、地表水，特别是自然地质灾害的种类、性质、规模、危害程度等资料；
3 地质测绘、勘探资料；
4 气温、降水、风速和风向等气象资料；
5 地震历史、地震动参数等资料；
6 沿线交通情况、施工条件等；
7 沿线矿产资源、周边既有工程等资料。

3.2.2 应搜集社会人文、社会环境和有关法律法规。

3.3 地形与地质调查

3.3.1 隧道各阶段调查的目标、内容及范围可按表3.3.1确定。

表3.3.1 各阶段调查的目标、内容及范围

阶	段	目 标	内 容	范 围
施工前	踏勘	为布置路线走向可选方案提供基本资料	搜集、分析沿线地形、区域地质、气象等既有资料，核查沿线环境、地质灾害、既有建筑、道路交通及建设规划资料	大于路线可能方案的范围
	初勘	为初步设计方案比选、概算编制及下阶段调查提供基础资料	搜集、分析上阶段获取的资料；对可比选方案沿线进行初步调查，地形测绘；进行必要的地质物探、钻探和测试	大于比选方案的范围
	详勘	获取技术设计、施工图设计、施工计划、预算编制等所需资料	详细地形测绘、工点地形测绘；详细地质、环境等调查；按要求进行钻探、物探、测试等	隧道路线两侧及周围地区，特长、长隧道和岩溶隧道范围应适当扩大
施工中		预报和确认施工中出现的工程地质、水文地质问题	地形、地质、环境补充调查；洞内观测、量测、超前探测预报	隧道内及地面受施工影响的范围

3.3.2 隧道工程测绘应符合下列规定：

1 应按设计阶段的要求，搜集或测绘地形图、纵断面图、横断面图等。

2 测绘资料的图纸内容、精度应满足现行《公路工程地质勘察规范》（JTG C20）和《公路勘测规范》（JTG C10）的要求。

3 在隧道和辅助通道洞口附近，应按规定设置平面和高程控制点。

3.3.3 施工前各阶段的地形与地质调查应包括自然地理概况、工程地质和水文地质等，并按阶段要求重点调查和分析下列内容：

1 地层岩性及地质构造的性质、类型和规模。

2 断层、节理、软弱结构面特征及其与隧道的组合关系，围岩的基本物理力学性质。

3 地下水类型及地下水位、含水层的分布范围及相应的渗透系数、水量和补给关系、水质及其对混凝土的侵蚀性，有无异常涌水、突水。

4 崩塌、错落、岩堆、滑坡、岩溶、自然或人工坑洞、采空区、泥石流、流沙、湿陷性黄土、盐渍土、盐岩、地热、多年冻土、冰川等不良地质和特殊岩土，及其发生和发展的原因、类型、规模和发展趋势，分析其对隧道洞口和洞身稳定的影响程度。

5 查明有害气体或有害矿体地层、分布范围、有害成分和含量，并预测和评价其对施工、运营的影响。

6 按现行《中国地震动参数区划图》（GB 18306）的规定或经地震部门鉴定，确定隧道所处地区的地震动峰值加速度系数。

3.3.4 地形、地质调查工作应符合下列规定：

1 当隧道地区存在区域性断裂构造时，特别是存在全新活动的断裂和发震断层时，应调查新构造活动的痕迹、特点和与地震活动的关系，并查明其对隧道工程的影响程度。

2 当隧址区存在影响隧道方案的重大不良地质、特殊岩土情况时，应进一步搜集调查地质资料，综合分析，预测隧道开挖后可能出现塌方、滑动、高地应力、岩溶、突水突泥、流沙及有害气体溢出等地段，并提出相应的工程措施。

3 水文地质条件复杂的隧道除应按一般隧道进行调查、勘探、试验外，必要时还应进行水文地质动态观测或进行专题研究。

4 沿河傍山地段的隧道，应调查分析斜坡地质结构特征及其稳定性、水流冲刷对山体及洞身稳定的影响。

5 濒临水库的隧道，应查明岸坡的稳定性、水库库容及水位（含浪高和壅水高）等。当隧道洞口位于岩溶洼地或冲沟谷底时，应查明洼地或谷底季节性壅水的最高水位。

3.3.5 施工中的地质调查应包括下列内容：

1 应根据施工中开挖揭露的围岩情况，核定地层岩性、地质构造、地下水等，分析判定实际围岩级别。

2 探测和预报隧道开挖前方可能出现的围岩条件，不良地质条件及其位置、性质、规模等。

3.4 气象调查

3.4.1 气象调查的内容应包括隧址区的气温、气压、风速、风向、降雨量、积雪量、雪线、冰川特征、冻结深度、降雾的程度和天数等，其中气温、风速、降雨、积雪应调查其极端值，以及历史上气象灾害情况等。

3.4.2 必要时宜在隧址处设立气象观测点（站）进行观测，持续搜集当地气象资料。

3.5 工程环境调查

3.5.1 应对隧址区及邻近地区相关地表水系、地下水露头、涌泉、温泉、沼泽、湖泊、植被、矿产资源以及动植物生态等自然环境状况进行调查。

3.5.2 应对场区内土地使用情况、农田、水利设施、建筑物、地下管线情况等进行调查。对场区内公园、保护林、文化遗址、纪念建筑等重要地物应调查其现状，并应评估隧道建设可能造成的影响。

3.5.3 应对生产生活用水、交通状况、施工和运营噪声、振动、污水废气排放等对生态环境的影响进行调查；应对施工和运营中地下水流失可能造成地表沉降、塌陷、地面建筑物破坏、居民生产生活用水枯竭等环境问题的影响程度进行调查和预测。

3.5.4 施工条件调查应包括下列内容：

1 交通条件、施工便道、施工场地、拆迁、弃渣场地、供水、供电和通信条件等；
2 建筑材料的来源、品质、数量等；
3 其他可能影响施工的因素。

3.6 围岩分级

3.6.1 隧道围岩级别的综合评判宜采用下列两步分级：

1 根据岩石的坚硬程度和岩体完整程度两个基本因素的定性特征和定量的岩体基本质量指标 BQ，进行初步分级。

2 在岩体基本质量分级基础上，考虑修正因素的影响，修正岩体基本质量指标值，得出基本质量指标修正值 $[BQ]$，再结合岩体的定性特征进行综合评判，确定围岩的详细分级。

3.6.2 岩质围岩基本质量指标 BQ 应根据分级因素的定量指标 R_c 值和 K_v 值，按式（3.6.2）计算：

$$BQ = 100 + 3R_c + 250K_v \qquad (3.6.2)$$

并应遵守下列限制条件：

1 当 $R_c > 90K_v + 30$ 时，应以 $R_c = 90K_v + 30$ 和 K_v 代入计算 BQ 值。

2 当 $K_v > 0.04R_c + 0.4$ 时，应以 $K_v = 0.04R_c + 0.4$ 和 R_c 代入计算 BQ 值。

R_c、K_v 值，可分别按本规范第 A.0.1 条和第 A.0.2 条确定。

3.6.3 岩质围岩详细定级时，应根据地下水、主要软弱结构面、初始应力状态的影响程度，对岩体基本质量指标 BQ 进行修正，按式（3.6.3）计算：

$$[BQ] = BQ - 100(K_1 + K_2 + K_3) \qquad (3.6.3)$$

式中：$[BQ]$——岩体修正质量指标；

K_1——地下水影响修正系数；

K_2——主要软弱结构面产状影响修正系数；

K_3——初始应力状态影响修正系数。

K_1、K_2、K_3 值，可分别按本规范附录 A 中表 A.0.3-1、表 A.0.3-2、表 A.0.3-3 确定。

3.6.4 可根据调查、勘探、试验等资料，隧道岩质围岩定性特征、岩体基本质量指标 BQ 或岩体修正质量指标 [BQ]、土质围岩中的土体类型、密实状态等定性特征，按表 3.6.4 确定围岩级别，并应符合下列规定：

1 围岩分级中岩石坚硬程度、岩体完整程度两个基本因素的定性划分，可按本规范第 A.0.5 条和第 A.0.6 条确定。

2 围岩岩体主要特征定性划分与根据 BQ 或 [BQ] 值确定的级别不一致时，应重新审查定性特征和定量指标计算参数的可靠性，并对它们重新观察、测试。

3 在工可和初勘阶段，可采用定性或工程类比方法进行围岩级别划分。

表 3.6.4 公路隧道围岩级别划分

围岩级别	围岩岩体或土体主要定性特征	岩体基本质量指标 BQ 或岩体修正质量指标 [BQ]
I	坚硬岩，岩体完整	>550
II	坚硬岩，岩体较完整； 较坚硬岩，岩体完整	550~451
III	坚硬岩，岩体较破碎； 较坚硬岩，岩体较完整； 较软层，岩体完整，整体状或巨厚层状结构	450~351
IV	坚硬岩，岩体破碎； 较坚硬岩，岩体较破碎~破碎； 较软岩，岩体较完整~较破碎； 软岩，岩体完整~较完整	350~251
IV	土体：1. 压密或成岩作用的黏性土及砂性土； 2. 黄土（Q_1、Q_2）； 3. 一般钙质、铁质胶结的碎石土、卵石土、大块石土	
V	较软岩，岩体破碎； 软岩，岩体较破碎~破碎； 全部极软岩和全部极破碎岩	≤250
V	一般第四系的半干硬至硬塑的黏性土及稍湿至潮湿的碎石土，卵石土、圆砾、角砾土及黄土（Q_3、Q_4）。非黏性土呈松散结构，黏性土及黄土呈松软结构	
VI	软塑状黏性土及潮湿、饱和粉细砂层、软土等	

注：本表不适用于特殊条件的围岩分级，如膨胀性围岩、多年冻土等。

3.6.5 各级岩质围岩的物理力学参数，宜通过室内或现场试验获取，无试验数据和初步分级时，可按本规范附录 A 中表 A.0.7-1 选用。岩体结构面抗剪断峰值强度参数，可按本规范附录 A 中表 A.0.7-2 选用。无实测数据时，各级土质围岩的物理力学参数可按本规范附录 A 中表 A.0.7-3 采用。

3.6.6 各级围岩的自稳能力，可根据围岩变形量测和理论计算分析评定，或按表 3.6.6 判定。

表 3.6.6 隧道各级围岩自稳能力判断

围岩级别	自 稳 能 力
I	跨度≤20m，可长期稳定，偶有掉块，无塌方
II	跨度 10~20m，可基本稳定，局部可发生掉块或小塌方； 跨度 <10m，可长期稳定，偶有掉块
III	跨度 10~20m，可稳定数日至 1 月，可发生小~中塌方； 跨度 5~10m，可稳定数月，可发生局部块体位移及小~中塌方； 跨度 <5m，可基本稳定
IV	跨度 >5m，一般无自稳能力，数日至数月内可发生松动变形、小塌方，进而发展为中~大塌方；埋深小时，以拱部松动破坏为主；埋深大时，有明显塑性流动变形和挤压破坏； 跨度≤5m，可稳定数日至 1 月
V	无自稳能力，跨度 5m 或更小时，可稳定数日
VI	无自稳能力

注：1. 小塌方：塌方高度 <3m，或塌方体积 <30m³。

　　2. 中塌方：塌方高度 3~6m，或塌方体积 30~100m³。

　　3. 大塌方：塌方高度 >6m，或塌方体积 >100m³。

4　总体设计

4.1　一般规定

4.1.1　隧道设计应满足公路规划、公路功能、土地资源、生态环境、可持续发展的要求，平纵线形、建筑限界、净空断面、通风、照明和交通监控等设施应与公路等级相适应。

4.1.2　隧道设计应符合安全实用、质量可靠、经济合理、技术先进的要求。

4.1.3　隧道总体设计应遵循下列原则：

1　隧道位置应满足公路功能和发展的需要，符合路线总体要求。

2　在地形、地貌、地质、气象、社会和人文环境等调查的基础上，综合比选隧道各轴线方案的走向、平纵线形、洞口位置、洞外接线条件等，提出推荐方案。

3　根据公路等级和设计速度确定建筑限界，在满足隧道功能和结构受力要求的前提下，确定经济合理的隧道内轮廓。

4　隧道洞内外平、纵线形应协调顺畅，满足行车安全和舒适要求。

5　根据隧道长度、平面布置、交通量及其组成、环境保护和安全运营要求等，选择合理的通风方式，确定通风、照明、交通监控、防灾救援等设施的设置规模。

6　应结合公路等级、隧道长度、施工方法、工期和运营要求，对隧道内外防排水系统、辅助通道、弃渣处理、交通工程设施、管理设施、环境保护等进行综合设计。

7　应考虑隧道与相邻既有建筑物和规划建筑物的相互影响。

8　隧道总体设计应考虑节能降耗、方便维修和养护。

4.2　隧道位置选择

4.2.1　隧道位置应选择在稳定的地层中，避免穿越工程地质和水文地质极为复杂以及严重不良地质地段。必须通过时，应采取切实可靠的工程技术措施。

4.2.2　穿越山岭的长、特长隧道，应在较大范围地质测绘和综合地质勘探的基础上，拟订不同的越岭高程及其相应的展线方案，结合两端路线接线条件及施工、运营条件等因素，进行全面技术经济比较后，确定路线走向和隧道平面位置。

4.2.3 路线沿河傍山地段以隧道通过时，应对长隧道方案与短隧道群或桥隧群方案、高边坡与棚洞方案进行技术经济比较。

4.2.4 隧道洞口位置不宜设在滑坡、崩坍、岩堆、危岩落石、泥石流等不良地质地段，以及排水困难的沟谷低洼处和不稳定的悬崖陡壁下。

4.2.5 濒临水库、沿河、沿溪的隧道，其洞口路肩设计高程应高出计算洪水位（含浪高和壅水高）不小于0.5m。长期浸泡造成岸坡坍塌对隧道稳定有不利影响时，应采取相应的工程措施。

4.2.6 隧道设计洪水位频率标准可按表4.2.6取值；当观测洪水位高于频率标准洪水位值时，应按观测洪水位设计。

表4.2.6 隧道设计水位的洪水频率标准

隧 道 类 别	公 路 等 级			
	高速公路、一级公路	二级公路	三级公路	四级公路
特长隧道	1/100	1/100	1/50	1/50
长隧道	1/100	1/50	1/50	1/25
中、短隧道	1/100	1/50	1/25	1/25

4.3 隧道线形设计

4.3.1 应根据地质、地形、路线走向、通风等因素确定隧道平面线形。设曲线时，不宜采用设超高和加宽的圆曲线。隧道不设超高的圆曲线最小半径应符合表4.3.1的规定。隧道平面线形需采用设超高的圆曲线时，其超高值不宜大于4.0%。当设计速度为20km/h时，圆曲线半径不宜小于250m。隧道内每条车道的视距均应符合现行《公路路线设计规范》（JTG D20）的视距要求。

表4.3.1 隧道不设超高的圆曲线最小半径（m）

路 拱	设计速度（km/h）					
	120	100	80	60	40	30
≤2.0%	5 500	4 000	2 500	1 500	600	350
>2.0%	7 500	5 250	3 350	1 900	800	450

4.3.2 高速公路、一级公路隧道应设计为上、下行分向行驶的双洞隧道，双洞隧道宜按分离式隧道布置。下列情况可按其他形式布置：

1 洞口地形狭窄、桥隧相连、连续隧道群、周边建筑物限制或为减少洞外占地的短隧道、中隧道，可按小净距隧道布置。

2 洞口地形狭窄、周边建筑物限制展线特别困难的短隧道，可按连拱隧道布置。

3 桥隧相连、洞口地形狭窄或有特殊要求的长隧道、特长隧道的洞口局部地段，可按分岔隧道布置。

4.3.3 分离式隧道间的净距，宜按两洞结构彼此不产生有害影响的原则，并应结合隧道洞口接线、围岩地质条件、断面形状和尺寸、结构设计、施工方法、工期要求等因素综合确定。两洞间净距宜取 0.8～2.0 倍开挖宽度，围岩条件总体较好时取较小值，围岩条件总体较差时取较大值。两洞跨度不同时，以较大跨度控制。

4.3.4 隧道纵坡形式，宜采用单向坡，地下水发育的长隧道、特长隧道可采用双向坡。隧道内竖曲线最小半径和最小长度应符合表 4.3.4 的规定。

表 4.3.4 竖曲线最小半径和最小长度（m）

设计速度（km/h）	120	100	80	60	40	30	20
凸形竖曲线最小半径	17 000	10 000	4 500	2 000	700	400	200
凹形竖曲线最小半径	6 000	4 500	3 000	1 500	700	400	200
竖曲线最小长度	100	85	70	50	35	25	20

4.3.5 隧道内纵断面线形应考虑行车安全、运营通风规模、施工作业和排水要求确定，最小纵坡不应小于 0.3%，最大纵坡不应大于 3%；短于 100m 的隧道可不受此限制。高速公路、一级公路的中、短隧道，受地形等条件限制时，经技术经济论证、交通安全评价后，隧道最大纵坡可适当加大，但不宜大于 4%。

4.3.6 隧道洞外连接线线形应与隧道线形相协调，隧道洞口内外侧各 3s 设计速度行程长度范围的平、纵线形应一致。特殊困难地段，经技术经济比较论证后，洞口内外平曲线可以采用缓和曲线，但应加强线形诱导设施。

4.3.7 间隔 100m 以内的连续隧道，宜整体考虑其平、纵线形技术指标。

4.4 隧道横断面设计

4.4.1 各级公路隧道建筑限界如图 4.4.1 所示，在建筑限界内不得有任何土建工程部件侵入。各级公路两车道隧道建筑限界宽度应不小于表 4.4.1 的基本宽度，并应符合

下列规定:

1 建筑限界高度:高速公路、一级公路、二级公路取 5.0m;三、四级公路取 4.5m。

2 设检修道或人行道时,检修道或人行道宜包含余宽;不设置检修道或人行道时,应设不小于 0.25m 的余宽。

3 隧道路面横坡:隧道为单向交通时,应设置为单面坡;隧道为双向交通时,可设置为双面坡;横坡坡率可采用 1.5%~2.0%,宜与洞外路面横坡坡率一致。

4 路面采用单面坡时,建筑限界底边线与路面重合;采用双面坡时,建筑限界底边线应水平置于路面最高处。

5 单车道四级公路的隧道应按双车道四级公路标准修建。

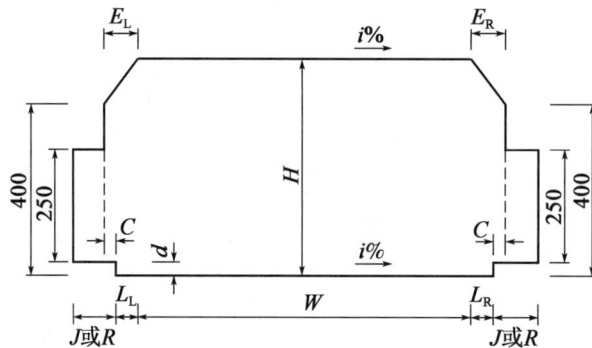

图 4.4.1 公路隧道建筑限界 (尺寸单位:cm)

H-建筑限界高度;W-行车道宽度;L_L-左侧侧向宽度;L_R-右侧侧向宽度;C-余宽;J-检修道宽度;R-人行道宽度;d-检修道或人行道的高度;E_L-建筑限界左顶角宽度,包含余宽 C;E_R-建筑限界右顶角宽度,包含余宽 C。

注:当 $L_L \leqslant 1m$ 时,$E_L = L_L$;当 $L_L > 1m$ 时,$E_L = 1m$。

当 $L_R \leqslant 1m$ 时,$E_R = L_R$;当 $L_R > 1m$ 时,$E_R = 1m$。

表 4.4.1 两车道公路隧道建筑限界横断面组成及基本宽度 (m)

公 路 等 级	设计速度 (km/h)	车道宽度 W	侧向宽度		余宽 C	检修道宽度 J 或人行道宽度 R		建筑限界基本宽度
			左侧 L_L	右侧 L_R		左侧	右侧	
高速公路 一级公路	120	3.75×2	0.75	1.25	0.50	1.00	1.00	11.50
	100	3.75×2	0.75	1.00	0.25	0.75	0.75	10.75
	80	3.75×2	0.50	0.75	0.25	0.75	0.75	10.25
	60	3.50×2	0.50	0.75	0.25	0.75	0.75	9.75
二级公路	80	3.75×2	0.75	0.75	0.25	1.00	1.00	11.00
	60	3.50×2	0.50	0.50	0.25	1.00	1.00	10.00
三级公路	40	3.50×2	0.25	0.25	0.25	0.75	0.75	9.00
	30	3.25×2	0.25	0.25	0.25	0.75	0.75	8.50
四级公路	20	3.00×2	0.50	0.50	0.25			7.50

注:三车道、四车道隧道除增加车道数外,其他宽度同表 4.4.1;增加车道的宽度不应小于 3.5m。

4.4.2 高速公路、一级公路隧道应在两侧设置检修道，二级、三级公路隧道应在两侧设置人行道并兼作检修道，检修道或人行道宽度应符合表4.4.1的规定；连拱隧道行车方向左侧、四级公路隧道可不设检修道或人行道，但应保留不小于0.25m的余宽；设计速度大于100km/h时，余宽应不小于0.5m。检修道或人行道的高度可按250～800mm取值，并应综合考虑下列因素：

1 检修人员或行人步行时的安全。
2 满足其下放置电缆、给水管等的空间尺寸要求，以及电缆沟排水空间要求。
3 紧急情况时，驾乘人员拿取消防设备方便。

4.4.3 隧道内轮廓净空断面应符合下列要求：
1 满足隧道建筑限界所需空间，并预留不小于50mm的富余量。
2 满足洞内装饰所需空间。
3 满足通风、照明、消防、监控、指示标志等交通工程及附属设施所需空间。
4 断面形状有利于围岩稳定、结构受力。
5 隧道内轮廓断形状及尺寸可参照附录B拟定。

4.4.4 隧道内路侧边沟应结合检修道、侧向宽度、余宽等，布置于车道两侧。

4.4.5 特长隧道、长隧道内不设硬路肩或硬路肩宽度小于2.5m时，单洞两车道隧道应设紧急停车带，单洞三车道隧道宜设紧急停车带，单洞四车道隧道可不设紧急停车带。

4.4.6 紧急停车带设置应符合下列规定：
1 紧急停车带宽度为向行车方向右侧加宽不小于3.0m，且紧急停车带宽度与右侧侧向宽度（L_R）之和不应小于3.5m。
2 紧急停车带长度不宜小于50m，其中有效长度不应小于40m。
3 紧急停车带横坡可取0～1.0%。
4 单向行车隧道紧急停车带设置间距不宜大于750m，并不应大于1 000m。
5 双向行车隧道紧急停车带应两侧交错设置，同一侧间距宜采用800～1 200mm，并不应大于1 500m。

紧急停车带建筑限界的构成如图4.4.6所示，具体尺寸按本规范第4.4.1条和第4.4.2条规定执行。

4.4.7 不设检修道、人行道的隧道，应在隧道两侧交错布置行人避车洞。行人避车洞同一侧间距不宜大于500m，宽不应小于1.5m、高不应小于2.2m、深不应小于0.75m。

4.4.8 四车道高速公路上的短隧道，独立设置的明洞或棚洞，城市出入口的中、短隧道，宜与路基同宽。

a) 建筑限界及横向构成

b) 平面构成

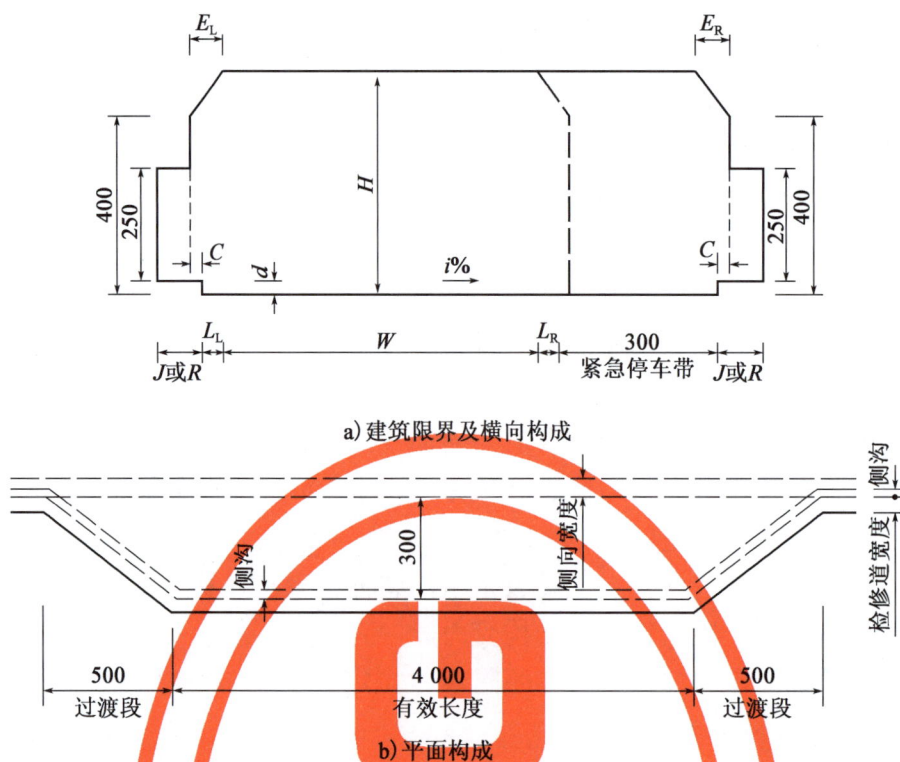

图4.4.6　紧急停车带的建筑限界、宽度和长度（尺寸单位：m）

4.4.9　洞口外相接路段应设置距洞口不小于3s设计速度行程长度且不小于50m的过渡段，保持横断面的顺适过渡。

4.5　横通道及平行通道

4.5.1　上、下行公路隧道之间应设横通道，并应符合下列规定：

1　人行横通道限界宽度不得小于2.0m，限界高度不得小于2.5m；车行横通道限界宽度不得小于4.5m，限界高度应与主洞限界高度一致。横通道断面建筑限界规定如图4.5.1所示。

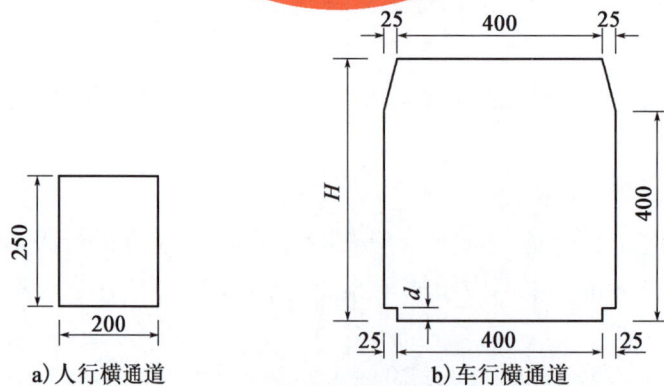

a) 人行横通道　　　　b) 车行横通道

图4.5.1　横通道的断面建筑限界（尺寸单位：cm）

2 人行横通道设置间距宜为 250m，并不应大于 350m。

3 车行横通道设置间距宜为 750m，并不应大于 1 000m；中、短隧道可不设。

4 车行横通道路缘高度 d 宜与隧道行车方向左侧检修道高度一致。

4.5.2 单洞双向行车的特长隧道宜设置平行通道。平行通道设置时应符合下列规定：

1 宜靠近主隧道沿主隧道轴线通长设置；当条件受限时，可局部设置。

2 断面不应小于人行横通道断面。

3 与主隧道之间应设人行横通道，间距宜采用 250～500m。

4 排水底面高程宜低于主隧道排水底面高程 0.2～0.6m。

4.5.3 地形条件允许时，可增设连接地面的横通道。

4.5.4 长、特长双洞隧道，应在洞外适当位置设置联络道。

4.6 监控量测与超前地质预报

4.6.1 隧道设计应根据地质条件、施工方法、支护形式及周边环境等因素，提出隧道施工过程中监控量测和超前地质预报方案。

4.6.2 隧道施工监控量测和超前地质预报方案应包括目的、内容、要求和获取的信息。

4.6.3 在隧道施工过程中，应根据隧道监控量测和超前地质预报的相关信息，对施工开挖方法、支护参数进行及时调整，实行动态设计和信息化施工。

4.7 施工计划

4.7.1 隧道设计应制订施工计划。施工计划主要应包括工期、施工方法、工区划分、临时设施、施工便道、弃渣场、污水处理和监控量测方案、超前地质预报的要求等。施工计划制订应遵循下列原则：

1 应根据隧道长度、布置、断面、工期、地质条件和自然环境条件等，确定合理的施工方法和施工进度。

2 工区划分应考虑隧道纵坡、工程地质与水文地质条件、渣场和便道修建条件以及土石方平衡等综合因素。

3 应结合工程地质与水文地质、施工方法、施工以及运营通风方式等，对设置辅助通道的目的、作用、必要性进行技术经济论证。

4 根据隧道的建设规模、地质条件等，应对主要施工机械设备、配套设施的技术指标提出要求。

　　5　临时设施应根据工程规模、洞口条件，遵循满足施工需要、减少周边干扰和破坏、便于恢复利用的原则进行布置。

5 建筑材料

5.1 一般规定

5.1.1 隧道工程常用的各类建筑材料,可选用下列强度等级:
  1 混凝土:C50、C40、C30、C25、C20、C15;
  2 石材:MU100、MU80、MU60、MU50、MU40;
  3 水泥砂浆:M25、M20、M15、M10、M7.5;
  4 喷射混凝土:C40、C30、C25、C20;
  5 混凝土砌块:MU30、MU20;
  6 钢筋:HPB300、HRB400、HRB500。

5.1.2 隧道工程各部位的建筑材料强度等级不应低于表 5.1.2-1 和表 5.1.2-2 的规定。

表 5.1.2-1 衬砌及管沟建筑材料强度等级

工 程 部 位	材 料 种 类			
	混凝土	片石混凝土	钢筋混凝土	喷射混凝土
拱圈	C20	—	C25	C20
边墙	C20	—	C25	C20
仰拱	C20	—	C25	C20
底板	C20	—	C25	—
仰拱填充	C15	C15	—	—
水沟、电缆槽	C25	—	C25	—
水沟、电缆槽盖板	—	—	C25	—

表 5.1.2-2 洞门建筑材料强度等级

工 程 部 位	材 料 种 类			
	混凝土	钢筋混凝土	片石混凝土	砌体
端墙	C20	C25	C15	M10 水泥砂浆砌片石、块石或混凝土砌体镶面
顶帽	C20	C25	—	M10 水泥砂浆砌粗料石
翼墙和洞口挡土墙	C20	C25	C15	M10 水泥砂浆砌片石

续上表

工程部位	材料种类			
	混凝土	钢筋混凝土	片石混凝土	砌体
侧沟、截水沟	C15	—	—	M7.5 水泥砂浆砌片石
护坡	C15	—	—	M7.5 水泥砂浆砌片石

注：1. 护坡材料可采用 C20 喷射混凝土。

2. 最冷月平均气温低于 -15℃ 的地区，表中水泥砂浆的强度等级应提高一级。

5.1.3 建筑材料的选用应符合下列规定：

1 应符合结构强度和耐久性要求，同时满足抗冻、抗渗和抗侵蚀的需要。

2 当有侵蚀性水作用时，所用混凝土和水泥砂浆均应采用具有抗侵蚀性能的水泥和集料配制，其抗侵蚀性能的要求视水的侵蚀特征确定。

3 最冷月平均气温低于 -15℃ 的地区及受冻害影响的隧道，混凝土强度等级应适当提高。

5.1.4 混凝土和砌体所用的材料除应符合国家有关标准的规定外，尚应符合下列规定：

1 不应使用碱活性集料配制混凝土。

2 钢筋混凝土结构的混凝土强度等级不应低于 C25；预应力混凝土结构的混凝土强度等级不应低于 C30。

3 钢筋混凝土构件中，钢筋的技术条件应符合现行《钢筋混凝土用钢 第 1 部分：热轧光圆钢筋》（GB 1499.1）、《钢筋混凝土用钢 第 2 部分：热轧带肋钢筋》（GB 1499.2）的规定。

4 片石强度等级不应低于 MU40，块石强度等级不应低于 MU60，条石、料石强度等级不应低于 MU80，不应采用有裂缝和易风化的石料。

5 片石混凝土内片石掺量不得超过总体积的 30%。

6 混凝土砌块强度等级不应低于 MU20。

5.1.5 喷锚支护采用材料除应符合本规范第 5.1.1~5.1.4 条的有关规定外，尚应符合下列规定：

1 喷射混凝土应优先采用硅酸盐水泥或普通硅酸盐水泥，也可采用矿渣硅酸盐水泥。

2 粗集料应采用坚硬耐久的碎石或卵石，不得使用碱活性材料；喷射混凝土中的石子粒径不宜大于 16mm，喷射钢纤维混凝土中的石子粒径不宜大于 10mm；集料级配宜采用连续级配，细集料应采用坚硬耐久的中砂或粗砂，细度模数宜大于 2.5，砂的含水率宜控制在 5%~7%。

3 砂浆锚杆杆体材料宜采用 HRB400、HRB500 热轧带肋钢筋。

4 中空锚杆材料宜采用 Q345 结构用无缝钢管，杆体断后伸长率 A 不应小于 16%，并应符合现行《结构用无缝钢管》（GB/T 8162）的规定。

5 组合中空锚杆杆体材料应符合本条第 3、4 款规定。

6 锚杆垫板材料宜采用 Q235 热轧钢板。

7 钢筋网材料可采用 HPB300 热轧光圆钢筋。

5.1.6 混凝土和喷射混凝土中可根据需要掺加添加剂，其性能应满足下列要求：

1 对混凝土的强度及其与围岩的黏结力基本无影响，对混凝土和钢材无腐蚀作用。

2 对混凝土的凝结时间影响不大（除速凝剂和缓凝剂外）。

3 不易吸湿，易于保存；不污染环境。

5.1.7 喷射钢纤维混凝土中的钢纤维宜采用普通碳素钢制成，并满足下列要求：

1 宜用等效直径为 0.3~0.5mm 的方形或圆形断面。

2 长度宜为 20~25mm，长度直径比宜为 40~60。

3 抗拉强度不得小于 380MPa，且不得有油渍和明显的锈蚀。

5.1.8 初期支护的钢架宜用格栅钢架或型钢钢架，也可用钢管或钢轨制成。各种型钢的特性参数见本规范附录 C。

5.1.9 隧道内路面材料应符合现行《公路沥青路面设计规范》（JTG D50）和《公路水泥混凝土路面设计规范》（JTG D40）的有关规定。

5.1.10 隧道内防水材料应符合现行《地下工程防水技术规范》（GB 50108）的规定。防水材料可选用注浆止水材料、防水卷材、中埋式止水带、背贴式止水带、排水盲管、防水混凝土等。

5.1.11 注浆材料应满足下列要求：

1 浆液应无毒无臭，不污染环境。

2 浆液黏度低，流动性好，可注性强，凝结时间可按要求控制。

3 浆液固化体稳定性好，能满足注浆工程的使用寿命要求。

4 浆液应对注浆设备、管路及混凝土结构物无腐蚀性，易于清洗。

5.1.12 防水卷材宜采用乙烯－醋酸乙烯共聚物（EVA）、乙烯－醋酸乙烯与沥青共聚物（ECB）、聚乙烯（PE）或其他性能相似的材料，也可选用预铺反粘类防水卷材或立体防排水板等新型防水材料。卷材及其胶黏剂应具有良好的耐水性、耐久性、耐刺穿性、耐腐蚀性和耐菌性。

5.1.13 隧道内无纺布宜采用聚丙烯针刺非织造土工布。

5.1.14 环、纵向排水盲管应具有一定的强度和良好的透水性，能顺壁面凹凸铺设。

5.2 材料性能

5.2.1 常用建筑材料的重度应按表 5.2.1 的规定采用。

表 5.2.1 建筑材料标准重度或计算重度（kN/m³）

材料名称	混凝土	片石混凝土	钢筋混凝土（配筋率在3%以内）	喷射混凝土	钢材	浆砌片石	浆砌块石	浆砌粗料石
重度	23	23	25	22	78.5	22	23	25

5.2.2 混凝土强度标准值应按表 5.2.2 的规定采用。

表 5.2.2 混凝土强度标准值（MPa）

强 度 种 类	混凝土强度等级							
	C15	C20	C25	C30	C35	C40	C45	C50
轴心抗压强度 f_{ck}	10	13.4	16.7	20.1	23.4	26.8	29.6	32.4
弯曲抗压强度 f_{cmk}	11	15	18.5	22	26	29.5	32.5	36
轴心抗拉强度 f_{ctk}	1.27	1.54	1.78	2.01	2.2	2.39	2.51	2.64

注：1. 混凝土垂直浇注，且一次浇注层高度大于1.5m时，表中强度值应乘以系数0.9。

2. 计算现浇钢筋混凝土轴心受压构件时，截面中的边长或直径小于30cm，表中强度值应乘以系数0.8。

5.2.3 混凝土强度设计值应按表 5.2.3 的规定采用。

表 5.2.3 混凝土强度设计值（MPa）

强 度 种 类	混凝土强度等级							
	C15	C20	C25	C30	C35	C40	C45	C50
轴心抗压 f_{cd}	7.2	9.6	11.9	14.3	16.7	19.1	21.1	23.1
弯曲抗压 f_{cmd}	8.5	11	13.5	16.5	19	21.5	24	27.5
轴心抗拉 f_{ctd}	0.91	1.10	1.27	1.43	1.57	1.71	1.80	1.89

5.2.4 混凝土极限强度值应按表 5.2.4 的规定采用。

表 5.2.4　混凝土极限强度值（MPa）

强 度 种 类	混凝土强度等级							
	C15	C20	C25	C30	C35	C40	C45	C50
抗压强度 R_a	12.0	15.5	19.0	22.5	26.3	29.5	33.6	36.5
弯曲抗压强度 R_w	15.0	19.4	23.6	28.1	32.9	36.9	42	45.6
抗拉强度 R_l	1.4	1.7	2.0	2.2	2.5	2.7	2.9	3.1

注：片石混凝土的抗压极限强度可采用表中数值。

5.2.5　混凝土弹性模量应按表 5.2.5 的规定采用，混凝土剪切模量可按表列数值乘以 0.43 采用，泊松比可采用 0.2。

表 5.2.5　混凝土弹性模量（GPa）

混凝土强度等级	C15	C20	C25	C30	C35	C40	C45	C50
弹性模量 E_c	22	25.5	28	30	31.5	32.5	33.5	34.5

5.2.6　喷射混凝土强度设计值应按表 5.2.6-1 的规定采用；喷射混凝土弹性模量应按表 5.2.6-2 的规定采用。

表 5.2.6-1　喷射混凝土强度设计值（MPa）

强 度 种 类	喷射混凝土强度等级				
	C20	C25	C30	C35	C40
轴心抗压	9.6	11.9	14.3	16.7	19.1
弯曲抗压	11.0	13.5	16.5	—	—
抗拉	1.1	1.27	1.43	1.57	1.71

注：1. 喷射混凝土的强度指采用喷射大板切割法，制作成边长为 10cm 的立方体试块，在标准条件下养护 28d，用标准试验方法所得的极限抗压强度乘以系数 0.95。
　　2. 黏结力可采用劈裂法或在喷层上直接拉拔测定。

表 5.2.6-2　喷射混凝土弹性模量（GPa）

喷射混凝土强度等级	C20	C25	C30	C35	C40
弹性模量	23	26	28	30	31.5

5.2.7　C20 喷混凝土极限强度可采用：轴心抗压 15MPa；弯曲抗压 18MPa；抗拉 1.3MPa。喷射混凝土与围岩的黏结强度可采用：Ⅰ、Ⅱ 级围岩，不应低于 0.8MPa；Ⅲ 级围岩，不应低于 0.5MPa。

5.2.8　喷射混凝土 1d 龄期的抗压强度不应低于 5MPa。钢纤维喷射混凝土的设计强度等级不应低于 C25，抗拉强度不应低于 2MPa，抗弯强度不应低于 6MPa。

5.2.9　钢筋抗拉和抗压强度设计值应按表 5.2.9 的规定采用。

表 5.2.9　钢筋抗拉和抗压强度设计值（MPa）

钢筋牌号	HPB300	HRB400	HRB500
抗拉强度设计值 f_y	270	360	435
抗压强度设计值 f'_y	270	360	410

5.2.10　钢筋弹性模量、最大力下的总伸长率应按表5.2.10的规定采用。

表 5.2.10　钢筋弹性模量、最大力下的总伸长率

钢筋牌号	HPB300	HRB400	HRB500
弹性模量 E_s（MPa）	210	200	200
最大力下的总伸长率（%）	10	7.5	7.5

5.2.11　钢筋屈服强度标准值、极限强度标准值、抗拉或抗压强度标准值可按表5.2.11的规定采用。

表 5.2.11　钢筋屈服强度标准值、极限强度标准值、抗拉或抗压强度标准值（MPa）

钢筋牌号	HPB300 （$d=6\sim22$mm）	HRB400 （$d=6\sim50$mm）	HRB500 （$d=6\sim50$mm）
屈服强度标准值 f_{yk}	300	400	500
极限强度标准值 f_{stk}	420	540	630
抗拉或抗压强度标准值 R_g	300	400	500

注：表中 d 为钢筋直径。

5.2.12　石材极限强度应按表5.2.12的规定采用。

表 5.2.12　石材极限强度（MPa）

强度种类	强 度 等 级					
	MU100	MU80	MU60	MU50	MU40	MU30
轴心抗压	72.0	57.6	43.2	36.0	28.8	21.6
弯曲抗拉	6.0	4.8	3.6	3.0	2.4	1.8

5.2.13　石砌体和混凝土块砌体轴心及偏心受压容许应力应按表5.2.13的规定采用。

表 5.2.13　石砌体和混凝土块砌体轴心及偏心受压容许应力（MPa）

砌 体 种 类	石料和混凝土块 强度等级	水泥砂浆强度等级		
		M20	M10	M7.5
片石砌体	MU100	3.0	2.2	1.9
	MU80	2.7	2.0	1.7

砌 体 种 类	石料和混凝土块 强度等级	水泥砂浆强度等级		
		M20	M10	M7.5
片石砌体	MU60	2.3	1.85	1.5
	MU50	2.1	1.6	1.3
块石砌体	MU100	5.6	4.9	—
	MU80	4.7	4.1	—
	MU60	3.8	3.2	—
	MU50	3.3	2.8	—
粗料石砌体	MU100	7.1	5.0	—
	MU80	6.0	4.8	—
	MU60	4.9	4.1	—
	MU40	3.7	3.4	—
混凝土块砌体	MU30	5.6	4.7	—
	MU20	4.4	3.6	—

注：1. 介于表列石料或水泥砂浆强度等级之间的其他砌体的受压容许应力可用内插法确定。

2. 混凝土块高度 h 超过20cm时，混凝土块砌体的容许应力应以表中数值乘以下列提高系数 c：$h \leqslant 40cm$ 时，$c = 0.6 + 0.02h$；$h > 40cm$ 时，$c = 1.2 + 0.005h$。当 c 大于1.7时，取1.7。

3. 如有特殊需要必须用细料石及半细料石砌体时，受压容许应力可按粗料石砌体的受压容许应力分别乘以提高系数1.43及1.14，但提高后的受压容许应力不应大于水泥砂浆抗压极限强度的一半。

5.2.14 砂浆砌体抗压强度设计值应按下列规定采用：

1 混凝土预制块砂浆砌体抗压强度设计值应按表5.2.14-1的规定采用。

2 块石砂浆砌体抗压强度设计值应按表5.2.14-2的规定采用。

3 片石砂浆砌体抗压强度设计值应按表5.2.14-3的规定采用。

表 5.2.14-1　混凝土预制块砂浆砌体抗压强度设计值（MPa）

混凝土强度等级	砂浆强度等级			
	M20	M15	M10	M7.5
C40	8.10	6.92	5.74	5.15
C30	7.01	5.99	4.96	4.46
C20	5.73	4.89	4.06	3.64
C15	4.96	4.24	3.51	3.15

表 5.2.14-2　块石砂浆砌体抗压强度设计值（MPa）

石材强度等级	砂浆强度等级			
	M20	M15	M10	M7.5
MU100	8.54	7.29	6.04	5.43
MU80	7.64	6.52	5.41	4.85
MU60	6.61	5.65	4.68	4.20
MU50	6.04	5.16	4.28	3.84
MU40	5.40	4.61	3.83	3.43

注：对各类石砌体，应按表中数值分别乘以下列系数：细料石砌体为 1.5；半细料石砌体为 1.3；粗料石砌体为 1.2；干砌勾缝石砌体为 0.8。

表 5.2.14-3　片石砌体抗压强度设计值（MPa）

石材强度等级	砂浆强度等级			
	M20	M15	M10	M7.5
MU100	2.0	1.71	1.41	1.27
MU80	1.79	1.53	1.26	1.14
MU60	1.55	1.32	1.09	0.98
MU50	1.41	1.21	1.00	0.90
MU40	1.26	1.08	0.89	0.80

5.2.15　砌体极限强度应按表 5.2.15 的规定采用。

表 5.2.15　砌体极限强度（MPa）

砂浆强度等级	抗压强度 R_a				抗剪强度 R_j
	片石	块石	粗料石	混凝土块砌体	
M7.5	3.0	—	—	—	0.35
M10	3.5	5.5	8.0	5.5	0.40
M15	4.0	6.0	9.0	6.0	0.50

注：混凝土块高度 h 超过 20cm 时，表中混凝土块砌体的抗压极限强度应乘以下列提高系数 c：$h \leqslant 40cm$ 时，$c = 0.6 + 0.02h$；$h > 40cm$ 时，$c = 1.2 + 0.005h$。当 c 大于 1.7 时，取 1.7。

5.2.16　砌体的抗压弹性模量采用 10～15GPa。砌体的抗剪弹性模量宜采用抗压弹性模量的 0.4 倍。

5.3 防排水材料性能

5.3.1 防水卷材技术指标可按表5.3.1-1、表5.3.1-2的规定采用。

表5.3.1-1 常用防水卷材技术指标

项　　目		单位	指　　标	
			聚乙烯（PE）	乙烯-醋酸乙烯共聚物（EVA）
断裂拉伸强度≥		MPa	18	18
扯断伸长率≥		%	600	650
撕裂强度≥		kN/m	95	100
不透水性（0.3MPa，24h）			无渗漏	无渗漏
低温弯折性≤			−35℃，无裂缝	−35℃，无裂缝
加热伸缩量	延伸≤	mm	2	2
	收缩≤	mm	6	6
热空气老化（80℃，168h）	断裂拉伸强度≥	MPa	15	16
	扯断伸长率≥	%	550	600
耐碱性［Ca（OH）₂饱和溶液，168h］	断裂拉伸强度≥	MPa	16	17
	扯断伸长率≥	%	550	600
人工候化	断裂拉伸强度保持率≥	%	80	80
	扯断伸长率保持率≥	%	70	70
刺破强度≥		N	300	300

表5.3.1-2 预铺反粘类防水卷材技术指标

项　　目		单位	指　　标	
			P 类	PY 类
可溶物含量≥		g/m²	—	2 900
拉力≥		N/50mm	500	800
膜断裂伸长率≥		%	400	—
最大拉力时伸长率≥		%	—	40
钉杆撕裂强度≥		N	400	200
冲击性能			直径（10±0.1）mm，无渗漏	
静态荷载			200kN，无渗漏	
耐热性			70℃，2h无位移、流淌、滴落	
热老化（70℃，168h）	拉力保持率≥	%	90	
	伸长率保持率≥	%	80	
低温弯折性			−25℃，无裂纹	—

续上表

项 目		单位	指 标	
			P 类	PY 类
低温柔性		—		−25℃，无裂纹
渗油性≤		张数	—	2
防窜水性			0.6MPa，不窜水	
与后浇混凝土剥离强度	无处理≥	N/mm	2.0	
	水泥粉污染表面≥		1.5	
	泥沙污染表面≥		1.5	
	紫外线老化≥		1.5	
	热老化≥		1.5	
与后浇混凝土浸水后剥离强度≥		N/mm	1.5	

注：P 类产品高分子主体材料厚度不小于 0.7mm，卷材全厚度不小于 1.2mm。PY 类厚度不得小于 4mm。

5.3.2 隧道内用无纺织土工织物技术指标可按表 5.3.2 的规定采用。

表5.3.2　隧道内用无纺织土工织物技术指标

项 目		单 位	指 标			备 注
单位面积质量		g/m²	300	400	500	偏差为 ±5%
断裂强度	纵、横向	kN/m	≥15	≥20	≥25	
断裂延伸率	纵、横向	%	≥40			
CBR 顶破强力		kN	≥2.9	≥3.9	≥5.3	
撕破强力	纵、横向	kN	≥0.42	≥0.56	≥0.70	
等效孔径 O_{90}（O_{95}）		mm	0.05～0.2			
垂直渗透系数		cm/s	$K \times（10^{-1} \sim 10^{-3}）$			$K = 1.0 \sim 9.9$
厚度		mm	≥2.2	≥2.8	≥3.4	

5.3.3 隧道内用橡胶止水带技术指标可按表 5.3.3 的规定采用。

表5.3.3　隧道内用橡胶止水带技术指标

项 目		单 位	指 标
硬度		邵尔 A 度	60±5
拉伸强度≥		MPa	10
扯断伸长率≥		%	380
压缩永久变形≤	70℃，24h	%	30
	23℃，168h	%	20
撕裂强度≥		kN/m	30
脆性温度≤		℃	−45

项　　目			单　位	指　标
热空气老化	70℃，168h	硬度变化≤	邵尔 A 度	6
		拉伸强度≥	MPa	9
		扯断伸长率≥	%	320
耐碱性	氢氧化钙饱和溶液 23℃，168h	硬度变化≤	邵尔 A 度	6
		拉伸强度≥	MPa	9
		扯断伸长率≥	%	320
臭氧老化 50×10^{-8}：20%，40℃，48h				无龟裂
橡胶与金属黏合				橡胶破坏

5.3.4 橡胶止水带的外观质量、尺寸偏差和物理性能应符合现行《高分子防水材料第 2 部分：止水带》（GB 18173.2）的规定。

5.3.5 排水盲管性能应符合现行《软式透水管》（JC 937）及《埋地用聚乙烯（PE）结构壁管道系统　第 1 部分：聚乙烯双壁波纹管材》（GB/T 19472.1）的有关规定。

6 荷载

6.1 一般规定

6.1.1 隧道结构上的荷载应按表 6.1.1 的规定分类。

表 6.1.1 隧道结构上的荷载分类

编 号	荷 载 分 类		荷 载 名 称
1	永久荷载		围岩压力
2			土压力
3			结构自重
4			结构附加恒载
5			混凝土收缩和徐变的影响力
6			水压力
7	可变荷载	基本可变荷载	公路车辆荷载、人群荷载
8			立交公路车辆荷载及其所产生的冲击力、土压力
9			立交铁路列车活载及其所产生的冲击力、土压力
10			立交渡槽流水压力
11		其他可变荷载	温度变化的影响力
12			冻胀力
13			施工荷载
14	偶然荷载		落石冲击力
15			地震力

注：编号 1~10 为主要荷载；编号 11、12、14 为附加荷载；编号 13、15 为特殊荷载。

6.1.2 应根据隧道所处的地形、地质条件、埋置深度、支护条件、施工方法、相邻隧道间距等因素确定围岩压力，可按释放荷载或松散荷载计算。在施工和实地量测中发现与实际不符时，应及时修正。

6.1.3 在隧道结构上可能同时出现的荷载，应按满足承载能力和正常使用要求分别进行组合，并按最不利组合进行设计。

6.1.4 明洞荷载组合时应符合下列规定：

1 计算明洞顶回填土压力，有落石危害需验算冲击力时，可只计洞顶实际填土重力和落石冲击力的影响，不计塌方堆积土石重力。

2 明洞上方与公路立交时，应考虑公路车辆荷载。公路车辆荷载计算应按现行《公路工程技术标准》（JTG B01）的有关规定执行。

3 明洞上方与铁路立交时，应考虑列车活载。列车活载应按铁路标准活载的有关规定计算。

6.1.5 本规范所列之外的特殊荷载，在荷载计算与组合时应进行特殊处理。

6.2 永久荷载

6.2.1 隧道结构自重可按结构设计尺寸及材料标准重度计算，结构附加恒载应按实际情况计算。

6.2.2 深埋隧道松散荷载垂直均布压力及水平均布压力，在不产生显著偏压及膨胀力的围岩条件下，可按下列公式计算：

1 垂直均布压力可按式（6.2.2-1）和式（6.2.2-2）计算确定：

$$q = \gamma h \tag{6.2.2-1}$$

$$h = 0.45 \times 2^{S-1}\omega \tag{6.2.2-2}$$

式中：q——垂直均布压力（kN/m^2）；

γ——围岩重度（kN/m^3）；

h——围岩压力计算高度（m）；

S——围岩级别，按 1、2、3、4、5、6 整数取值；

ω——宽度影响系数，按式（6.2.2-3）计算：

$$\omega = 1 + i(B - 5) \tag{6.2.2-3}$$

B——隧道宽度（m）；

i——隧道宽度每增减 1m 时的围岩压力增减率，以 $B=5m$ 的围岩垂直均布压力为准，按表 6.2.2-1 取值。

表 6.2.2-1 围岩压力增减率 i 取值表

隧道宽度 B（m）	$B<5$	$5 \leqslant B < 14$	$14 \leqslant B < 25$	
围岩压力增减率 i	0.2	0.1	考虑施工过程分导洞开挖	0.07
			上下台阶法或一次性开挖	0.12

2 有围岩 BQ 或［BQ］值时，式（6.2.2-2）中 S 可用［S］代替。［S］可按式（6.2.2-4）或式（6.2.2-5）计算：

$$[S] = S + \frac{\dfrac{[BQ]_上 + [BQ]_下}{2} - [BQ]}{[BQ]_上 - [BQ]_下} \tag{6.2.2-4}$$

或

$$[S] = S + \frac{\frac{BQ_{上} + BQ_{下}}{2} - BQ}{BQ_{上} - BQ_{下}} \qquad (6.2.2\text{-}5)$$

式中： $[S]$——围岩级别修正值（精确至小数点后一位），当 BQ 或 $[BQ]$ 值大于 800 时，取 800；

$BQ_{上}$、$[BQ]_{上}$——分别为该围岩级别的岩体基本质量指标 BQ 和岩体修正质量指标 $[BQ]$ 的上限值，按表 6.2.2-2 取值；

$BQ_{下}$、$[BQ]_{下}$——分别为该围岩级别的岩体基本质量指标 BQ 和岩体修正质量指标 $[BQ]$ 的下限值，按表 6.2.2-2 取值。

表 6.2.2-2 岩体基本质量指标 BQ 和岩体修正质量指标 $[BQ]$ 的上、下限值

围岩级别	I	II	III	IV	V
$BQ_{上}$、$[BQ]_{上}$	800	550	450	350	250
$BQ_{下}$、$[BQ]_{下}$	550	450	350	250	0

3 围岩水平均布压力可按表 6.2.2-3 的规定确定。

表 6.2.2-3 围岩水平均布压力

围岩级别	I、II	III	IV	V	VI
水平均布压力 e	0	$<0.15q$	$(0.15\sim0.3)\,q$	$(0.3\sim0.5)\,q$	$(0.5\sim1.0)\,q$

6.2.3 浅埋隧道围岩压力可按本规范附录 D 确定。

6.2.4 隧道可能产生偏压时，应根据偏压状态和程度采取相应的治理措施；预期不能消除偏压影响时，应在荷载组合与分布中加以考虑。作用于隧道衬砌上的偏压力，应视地形、地质条件以及围岩的覆盖厚度确定。浅埋偏压隧道围岩压力可按本规范附录 E 确定。

6.2.5 小净距隧道围岩压力可按本规范附录 F 计算。

6.2.6 连拱隧道围岩压力可按本规范附录 G 计算。

6.2.7 明洞回填荷载可按本规范附录 H 计算确定，回填土物理力学指标应按实际回填料和设计填筑要求取值。

6.2.8 作用于洞门墙墙背的主动土压力可按库仑理论计算；当墙背仰斜或直立时，土压力应采用水平方向。洞门墙土压力可按本规范附录 J 确定。

6.3　可变荷载

6.3.1　明洞上公路车辆荷载及其所产生的冲击力、土压力应按现行《公路桥涵设计通用规范》（JTG D60）的有关规定计算。

6.3.2　明洞上立交铁路列车活载及其所产生的冲击力、土压力应按现行《铁路桥涵设计基本规范》（TB 10002.1）的有关规定计算。

6.3.3　变形受约束的结构，应考虑温度变化和混凝土收缩徐变对结构的影响。

6.3.4　寒冷地区隧道冻胀力可根据当地的自然条件、围岩冬季含水率、冻结深度及排水条件等确定。

6.3.5　施工荷载应根据施工阶段、施工方法和施工条件确定。

6.4　偶然荷载

6.4.1　有落石危害需验算冲击力时，可通过现场调查或有关计算验证。

6.4.2　地震荷载应按本规范第 16 章及附录 K 确定。

7 洞口及洞门

7.1 一般规定

7.1.1 隧道洞口设计应遵循"早进洞、晚出洞"的原则，洞口不得大挖大刷。

7.1.2 洞口位置应根据地形、地质条件、洞外相关工程及施工条件，结合环境保护、运营要求，通过经济、技术比较确定。

7.1.3 应结合洞口地形、洞口防护和路基排水，设置排水系统。

7.1.4 洞门结构应能防止洞口边仰坡的碎落、滚石、坍塌物等掉落路面。

7.1.5 易产生积雪的洞口，宜考虑防止积雪危害的措施。

7.1.6 洞口及洞门设计宜考虑便于检查和维护的条件。

7.1.7 洞口及洞门设计应与周边自然环境相协调。

7.2 洞口工程

7.2.1 洞口位置确定应符合下列规定：
1 应设于山体稳定、地质条件较好的位置。
2 隧道轴线宜与地形等高线呈大角度相交。
3 跨沟或沿沟进洞时，应考虑水文情况，结合防护工程、防排水工程，综合分析确定。
4 缓坡地段进洞时，应结合隧道进洞条件、洞外路堑设置条件、边仰坡防护、排水、施工和占用耕地等因素，综合分析确定。

7.2.2 洞口设计应符合下列规定：
1 减少洞口边坡及仰坡开挖，避免形成高边坡、高仰坡，最大限度地减少对原地面的扰动。

2 洞口边坡、仰坡根据情况采取放坡、喷锚、设置支挡结构物、接长明洞等措施进行防护，宜采用绿化护坡。

3 受暴雨、洪水、泥石流影响时，应设置防洪设施。

4 位于陡崖下的洞口，应清除危石，不宜切削山坡，宜接长明洞。

5 附近地面建筑及地下埋设物与洞口相互影响时，应采取防范措施。

7.3 洞门工程

7.3.1 洞门形式应根据洞口地形、地质条件及周边环境条件确定。

7.3.2 洞门宜与隧道轴线正交。

7.3.3 端墙式洞门设计应符合下列规定：

1 洞门端墙和翼墙应具有抵抗来自仰坡、边坡土压力的能力，应按挡土墙结构进行设计。洞门墙墙身最小厚度不应小于0.5m，翼墙墙身厚度不应小于0.3m。

2 洞顶仰坡与洞顶回填顶面的交线至洞门端墙墙背的水平距离不宜小于1.5m；洞顶排水沟沟底至拱顶衬砌外缘的最小厚度不应小于1.0m；洞门端墙墙顶应高出墙背回填面0.5m。

3 洞门端墙应根据需要设置伸缩缝、沉降缝和泄水孔。

4 洞门端墙基础应置于稳固地基上，并埋入地面下一定深度。嵌入岩石地基的深度不应小于0.2m；埋入土质地基的深度不应小于1.0m。基底埋置深度应大于靠墙设置的各种沟、槽底的埋置深度。地基为冻胀土层时，基底高程应在最大冻结深度以下不小于0.25m。

5 地基承载能力不足时，应进行加固处理。

6 洞门结构设计应满足抗震要求。

7.3.4 明洞式洞门设计应符合下列规定：

1 洞口段衬砌应采用钢筋混凝土结构。

2 洞口段衬砌应伸出原山坡坡面或设计回填坡面不小于500mm。

3 洞口段衬砌端面可呈直削、削竹、倒削竹或喇叭形。

4 采用削竹式洞门时，削竹面仰斜坡率应陡于或等于原山坡坡率或设计回填坡面坡率。

5 设计回填坡面宜按自然山坡坡度回填。采用土石回填时，坡率不宜陡于1∶1，表面宜植草覆盖。

8 衬砌结构设计

8.1 一般规定

8.1.1 公路隧道应设置衬砌，根据隧道围岩级别、施工条件和使用要求选择采用喷锚衬砌、整体式衬砌、复合式衬砌。高速公路、一级公路、二级公路的隧道应采用复合式衬砌；三级及三级以下公路的隧道洞口段、Ⅳ～Ⅵ级围岩洞身段应采用复合式衬砌或整体式衬砌，Ⅰ～Ⅲ级围岩洞身段可采用喷锚衬砌。

8.1.2 隧道衬砌设计应综合考虑围岩地质条件、断面形状、支护结构、施工条件等，充分利用围岩的自承能力。衬砌应有足够的强度、稳定性和耐久性，保证隧道长期使用安全。

8.1.3 衬砌结构类型、支护参数，应根据使用要求、围岩级别、工程地质和水文地质条件、隧道埋置深度、结构受力特点，并结合周边工程环境、支护手段、施工方法，通过工程类比和结构计算综合分析确定。在施工阶段，尚应根据现场监控量测结果调整支护参数，实行动态设计，必要时可通过试验分析确定。

8.1.4 隧道衬砌设计应符合下列规定：

1 衬砌断面宜采用曲边墙拱形断面。

2 围岩较差、侧压力较大、地下水丰富的地段可设仰拱，仰拱曲率半径应根据地质条件、地下水、隧道断面形状、隧道宽度等条件确定。路面与仰拱之间可采用混凝土或片石混凝土填充。隧底围岩较好、边墙基底承载力和稳定性满足要求时，可不设仰拱。

3 洞口段应设加强衬砌，加强衬砌段长度应根据地形、地质和环境条件确定，两车道隧道不应小于10m，三车道隧道不应小于15m。

4 围岩较差地段衬砌应向围岩较好地段延伸5～10m。

5 偏压衬砌段应向一般衬砌段延伸，延伸长度应根据偏压情况确定，不宜小于10m。

6 净宽大于3.0m的横通道与主洞的交叉段，主洞与横通道衬砌均应加强。加强段衬砌应向各交叉洞延伸，主洞延伸长度不应小于5.0m，横通道延伸长度不应小于3.0m。延伸长度范围内不宜设变形缝。

8.2 喷锚衬砌

8.2.1 喷射混凝土的强度等级不应低于 C20，厚度不应小于 50mm。

8.2.2 喷射混凝土钢筋网设计应符合下列规定：

1 钢筋网钢筋直径不应小于 6mm，不宜大于 12mm。

2 钢筋网网格应按矩形布置，钢筋间距宜为 150～300mm。

3 钢筋网钢筋的搭接长度不应小于 30d（d 为钢筋直径）。

4 钢筋网喷射混凝土保护层厚度不应小于 20mm；当采用双层钢筋网时，两层钢筋网之间的间隔距离不宜小于 80mm。

5 单层钢筋网喷射混凝土厚度不应小于 80mm，双层钢筋网喷射混凝土厚度不应小于 150mm。

6 钢筋网可配合锚杆或临时短锚杆使用，钢筋网宜与锚杆或其他固定装置连接牢固。

8.2.3 在围岩变形大、自稳性差的软弱围岩、膨胀性围岩地段，可采用纤维喷射混凝土支护，纤维喷射混凝土设计应符合下列规定：

1 纤维喷射混凝土强度等级不应低于 C25。

2 钢纤维喷射混凝土中钢纤维掺量宜为干混合料质量的 1.5%～4%。

3 合成纤维喷射混凝土中纤维掺量应根据试验确定。

4 防水要求较高时，可采用强度等级高于 C30 的高性能喷射混凝土。

8.2.4 锚杆支护设计应根据隧道围岩条件、断面尺寸、作用、施工条件等选择锚杆种类和参数，并符合下列规定：

1 用作永久支护的锚杆应为全长黏结型锚杆，端头锚固型锚杆作为永久支护时必须在孔内注满砂浆或树脂，砂浆或树脂的强度等级不应小于 M20。

2 自稳时间短的围岩，宜采用全黏结树脂锚杆或早强水泥砂浆锚杆。

3 软岩、变形较大的围岩地段，可采用预应力锚杆。预应力锚杆的预加力不应小于 100kPa。预应力锚杆的锚固端必须锚固在稳定岩层内。

4 岩体破碎、成孔困难的围岩，宜采用自进式锚杆。

5 锚杆直径宜采用 20～28mm。

6 锚杆露头应设垫板，垫板尺寸不应小于 150mm（长）×150mm（宽）×8mm（厚）。

8.2.5 系统锚杆设计应符合下列规定：

1 锚杆宜沿隧道周边径向布置。当结构面或岩层层面明显时，锚杆宜与岩体主结构面或岩层层面成大角度布置。

2 锚杆宜按梅花形排列，如图8.2.5所示。

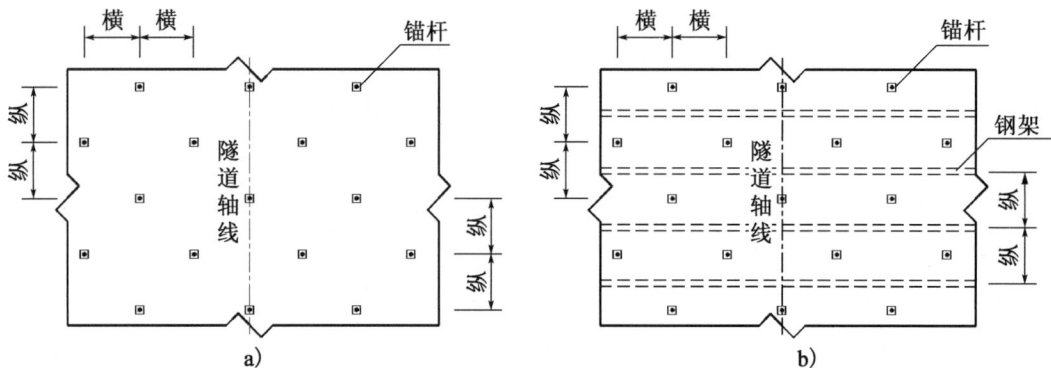

图8.2.5 系统锚杆布置方式

3 系统锚杆长度和间距应根据围岩条件、隧道宽度，通过计算或工程类比确定。

4 锚杆间距不宜大于锚杆长度的1/2且不宜大于1.5m，锚杆间距较小时，可采用长短锚杆交错布置。

5 两车道隧道系统锚杆长度不宜小于2.0m，三车道隧道系统锚杆长度不宜小于2.5m。

6 土质围岩不设系统锚杆时，应采用其他支护方式加强。

8.2.6 局部不稳定的岩块宜设置局部锚杆，可采用全长黏结型锚杆、端头锚固型锚杆、预应力锚杆，锚固端应置于稳定岩体内，锚杆参数可通过工程类比或计算确定。

8.2.7 在围岩条件较差地段、洞口段、浅埋段或地面沉降有严格限制地段，可在喷射混凝土层内增设钢架。钢架设计应符合下列规定：

1 钢架支护应有足够的刚度和强度，能够承受隧道施工期间可能出现的荷载。

2 宜选用格栅钢架支护。

3 钢架间距宜为0.5~1.2m。

4 连续使用钢架的数量不应少于3榀。

5 相邻钢架之间应设横向连接，采用钢筋作横向连接时，钢筋直径不宜小于20mm，间距不应大于1m，并在钢架内缘、外缘交错布置。

6 钢架应分节段制作，节段之间应采用钢板连接。

7 钢架与围岩之间的混凝土保护层厚度不应小于40mm；临空一侧的混凝土保护层厚度不应小于20mm。当采用喷锚单层衬砌时，临空一侧的混凝土保护层厚度不应小于40mm。

8 钢架形状和尺寸应根据开挖断面确定，受力变形后不得侵入设计净空或二次衬砌。

8.2.8 格栅钢架设计应符合下列规定：

1 主筋应采用 HRB400 钢筋，腹筋可采用 HRB400 或 HPB300 钢筋。

2 主钢筋直径宜选用 18~25mm，腹筋直径宜选用 10~20mm。

3 截面尺寸通过工程类比或计算确定，截面高度可采用 120~220mm。

4 连接钢板平面宜与钢架轴线垂直，格栅钢架主钢筋与连接钢板焊接应增加 U 形钢筋帮焊。

8.2.9 型钢钢架节段两端的连接钢板平面应与钢架轴线垂直。

8.2.10 在设置超前支护的地段，应设钢架作为超前支护的尾端支点，钢架截面高度不宜小于 160mm。

8.2.11 喷锚衬砌支护参数可通过工程类比或数值计算确定，并结合现场监控量测调整。采用工程类比法时，可按本规范附录 P 中表 P.0.3 选用。

8.3 整体式衬砌

8.3.1 整体式衬砌截面可设计为等截面或变截面。设置仰拱时，仰拱厚度不应小于边墙厚度。

8.3.2 采用整体式衬砌出现下列情况时，宜采用钢筋混凝土结构：

1 存在明显偏压的地段；

2 净宽大于 3m 的横通道、通风道、避难洞室等与主隧道交叉的地段；

3 Ⅴ级围岩地段；

4 单洞四车道隧道；

5 地震动峰值加速度大于 0.20g 的地区洞口段。

8.3.3 整体式衬砌采用钢筋混凝结构时，应符合下列规定：

1 混凝土强度等级不应低于 C30。

2 结构厚度不宜小于 300mm。

3 受力主筋的间距不宜小于 100mm。

8.3.4 整体式衬砌应设置变形缝，并应符合下列规定：

1 明洞衬砌与洞内衬砌交界处、不设明洞的洞口段衬砌，在距洞口 5~12m 的隧道内应设沉降缝。

2 地质条件明显变化处、不同衬砌类型交界处，宜设置沉降缝。

3 在连续软弱围岩中，每 30~100m 宜设一道沉降缝。

4 严寒与酷热温差变化大地区，特别是最冷月平均气温低于 −15℃ 的寒冷地区，距洞口 100～200m 范围的衬砌段应根据情况设置伸缩缝。

5 沉降缝、伸缩缝缝宽不应小于 20mm，缝内可填塞沥青木板或沥青麻丝。伸缩缝、沉降缝宜垂直于隧道轴线竖向设置。拱、墙、仰拱的沉降缝、伸缩缝应设在同一断面位置。

6 沉降缝、伸缩缝可兼作施工缝。在需设沉降缝或伸缩缝地段，应结合施工缝进行设置。

8.3.5 不设仰拱的整体式衬砌，衬砌边墙基础应符合下列规定：

1 应置于稳固的地基之上，基底承载力满足设计要求。

2 基础底面不应高于电缆沟的设计开挖底面。路侧边沟开挖底面低于基础底面时，边沟开挖边界距边墙基础的距离应大于 500mm。

3 在洞门墙厚度范围内，边墙基础应加深到与洞门墙基础底相同的高程。

4 边墙底截面宜适当扩大。

8.4 复合式衬砌

8.4.1 复合式衬砌设计应符合下列规定：

1 初期支护应按永久支护结构设计，宜采用喷射混凝土、锚杆、钢筋网和钢架等支护单独或组合使用，并应符合本规范第 8.2 节的规定。

2 二次衬砌应采用模筑混凝土或模筑钢筋混凝土衬砌结构，并应符合本规范第 8.3 节的规定。

3 在确定开挖断面时，除应满足隧道净空和结构尺寸外，尚应考虑围岩及初期支护的变形，预留适当的变形量。预留变形量大小应根据围岩级别、断面大小、埋置深度、施工方法和支护情况等，通过计算分析确定或采用工程类比法预测，预测值可参照表 8.4.1 的规定选用。预留变形量还应根据现场监控量测结果进行调整。

表 8.4.1 预留变形量（mm）

围 岩 级 别	两车道隧道	三车道隧道	围 岩 级 别	两车道隧道	三车道隧道
I	—	—	IV	50～80	60～120
II	—	10～30	V	80～120	100～150
III	20～50	30～80	VI	现场量测确定	

注：1. 围岩软弱、破碎取大值；围岩完整取小值。
　　2. 四车道隧道应通过工程类比和计算分析确定。

8.4.2 复合式衬砌，可采用工程类比法进行设计，必要时，可通过理论分析进行验算。两车道隧道、三车道隧道支护参数可按附录 P 中表 P.0.1、表 P.0.2 选用。四车道隧道应通过工程类比和计算分析确定。在施工过程中应根据超前地质预报及现场围岩监控量测信息对设计支护参数进行必要的调整。

8.4.3 围岩地质条件较差或隧道跨度较大、需要采用分部开挖施工时，应进行开挖方法设计，明确各部开挖顺序、临时支护措施和临时支护参数。

8.4.4 对于软弱流变围岩、膨胀性围岩、高地应力条件下的特殊围岩，隧道支护参数可通过现场试验确定，应考虑围岩变形压力继续增长的作用。

8.5 明洞衬砌

8.5.1 下列情况宜采用明洞衬砌：
1 洞顶覆盖层薄，不宜大开挖修建路堑且难于用暗挖法修建隧道的地段。
2 路基或隧道洞口受塌方、岩堆、落石、泥石流等不良地质危害。
3 修建路堑会危及附近重要建（构）筑物安全的地段。
4 公路、铁路、沟渠和其他人工构造物在隧道上方通过，不宜采用暗挖施工或立交桥跨越的地段。
5 为减少洞口开挖、保护洞口自然景观，需延伸隧道长度的地段。

8.5.2 选择明洞结构类型，应根据地形、地质、施工条件，考虑结构安全、经济实用、美观等因素分析确定，并应符合下列规定：
1 洞顶回填土层较厚或一次塌方量大、落石较多时，宜采用拱形明洞。
2 明洞需要克服来自仰坡方向滑坡推力时，宜采用拱形结构。
3 高度受到限制的地段，可采用矩形框架明洞。

8.5.3 明洞衬砌设计应符合下列规定：
1 明洞应采用钢筋混凝土结构。
2 半路堑拱形明洞应考虑偏压，拱形明洞外侧边墙宜适当加厚。地形条件允许时，可采用反压回填或设置反压墙。
3 当拱形明洞侧压力较大或地基承载力不足时，应设仰拱。
4 当明洞作为整治滑坡的措施时，应按支挡工程设计，并采取综合治理措施。
5 在地质条件有明显变化的地段，应设置沉降缝；气温变化较大地区，可根据明洞长度设置伸缩缝。
6 防落石危害的明洞，应验算落石冲击荷载下明洞结构的安全性。

8.5.4 明洞基础设计应符合下列规定：
1 不设仰拱的明洞基础应符合本规范第 8.3.5 条的规定。

2 当基岩裸露或埋置较浅时，基础可设置于基岩上；当基础位于软弱地基上时，可采用仰拱、整体式钢筋混凝土底板，也可采用桩基、扩大基础、基础加深和地基加固处理等措施。

3 明洞基础应有一定的嵌岩深度和护基宽度。当地基为斜坡地形时，地基可开挖成台阶。在有冻害地区，基底埋置深度应不小于最大冻结深度以下 250mm。

4 当地基外侧受水流冲刷影响时，应采取加固和防护措施。

5 在横向斜坡地形，明洞外侧基础埋置深度超过路面以下 3.0m 时，宜在路面以下设置钢筋混凝土横向水平拉杆，并锚固于内侧基础或岩体中。

8.5.5 明洞洞顶回填、拱背处理应根据明洞设置目的、作用，以及地形条件、边仰坡病害确定，并应符合下列规定：

1 边仰坡有严重的危石、崩坍威胁时，应予清除或进行加固处理。为防护一般的落石、崩坍危害，明洞拱背回填土厚度不宜小于 1.2m，填土表面应设置一定的排水坡度。

2 采用明洞式洞门时，明洞拱背可部分裸露，裸露部分宜设厚度不小于 20mm 的砂浆层或装饰层。

3 立交明洞上的填土厚度应结合公路、铁路、沟渠及其他人工构造物的高程、自然环境、美化要求和结构设计等综合研究确定；对拱形明洞，必要时可设护拱。

4 明洞顶设置过水渠、过泥石流渡槽及其他构造物时，设计应考虑其影响。一般过水沟渠或普通排水沟沟底距洞顶外缘不应小于 1.0m。当为排泄山沟洪水、泥石流等渡槽时，渡槽沟底距洞顶外缘不宜小于 1.5m。

8.5.6 明洞边墙背后回填应根据明洞类型、地质条件、设计要求和施工方法确定，并符合下列规定：

1 考虑边墙地层弹性抗力时，边墙背后应用混凝土、浆砌片石或干砌片石回填。

2 明洞边墙按回填土计算土压力时，边墙背后回填料的内摩擦角不应低于原地层计算摩擦角或设计回填料的计算摩擦角。

8.6 构造要求

8.6.1 隧道建筑物各部结构的截面最小厚度，应符合表 8.6.1 的规定。两车道、三车道隧道及地下风机房的衬砌圬工结构最小厚度不宜小于 300mm。

表 8.6.1 截面最小厚度（mm）

建筑材料种类	隧道和明洞衬砌			洞门端墙、翼墙和洞口挡土墙
	拱圈	边墙	仰拱	
混凝土	200	200	200	300
片石混凝土	—	—	—	500

8.6.2 混凝土基础台阶的刚性角不应大于45°；当为砌体基础时，不应大于35°。

8.6.3 钢筋混凝土构件中纵向受力钢筋的混凝土保护层最小厚度应符合表8.6.3的规定。

表8.6.3 混凝土保护层最小厚度 （mm）

构 件 厚 度	保护层最小厚度	
	非侵蚀性环境	侵蚀性环境
<150	根据情况确定	根据情况确定
150～300	30	40～55
301～500	35	40～60
>500	40	50～60

注：严重侵蚀性环境地段取大值，轻微侵蚀性环境地段取小值。

8.6.4 钢筋混凝土结构构件中纵向受力主钢筋的截面最小配筋率应符合表8.6.4的规定。

表8.6.4 钢筋混凝土结构构件中纵向受力主钢筋的截面最小配筋率 （%）

受 力 类 型	最小配筋率			
受压构件	全部受力主钢筋	0.6		
	一侧受力主钢筋	0.2		
受弯构件、偏心受拉、轴心受拉构件一侧的受拉钢筋	钢筋种类	混凝土强度等级		
		C25	C30	C40	C50
	HPB300	0.25	0.30	0.35	0.40
	HRB400	0.20	0.20	0.25	0.30

注：1. 受压构件全部受力主钢筋最小配筋，当采用HRB400钢筋时，应按表中规定减小0.1%。
　　2. 偏心受拉构件中的受压钢筋，应按受压构件一侧受力主钢筋考虑。
　　3. 受压构件的全部受力主钢筋和一侧受力主钢筋的配筋率以及轴心受拉构件和小偏心受拉构件一侧受拉钢筋的配筋率应按构件的全截面面积计算；受弯构件、大偏心受拉构件一侧受拉钢筋的配筋率应按全截面面积扣除受压翼缘面积后的截面面积计算。
　　4. 当钢筋沿构件截面周边布置时，"一侧受力主钢筋"系指沿受力方向两个对边中的一边布置的受力主钢筋。

8.6.5 钢筋混凝土构件钢筋弯起 （图8.6.5） 应符合下列规定：

1 当受力主钢筋需弯起时，弯起钢筋的弯终点 B 处应留有锚固长度。该长度在受拉区不应小于20d （d 为钢筋直径），在受压区不应小于10d。光圆钢筋在端部尚应设弯钩。

2 弯起钢筋的弯起角，对于梁宜取45°或60°，对于板不宜小于30°。

3 弯起钢筋为HPB300时，最小弯曲半径 R 为10d （d 为钢筋直径）；弯起钢筋为HRB400时，最小弯曲半径 R 为12d。

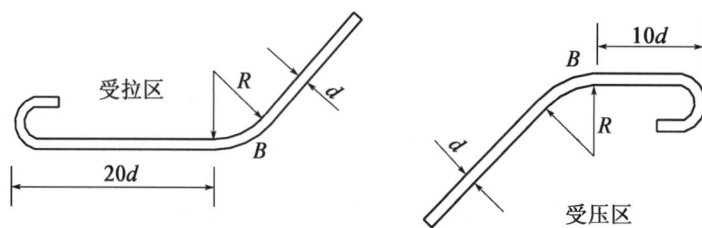

图 8.6.5 弯起钢筋端部构造

8.6.6 钢筋混凝土构件钢筋锚固应符合下列规定：

1 钢筋锚固长度应符合表 8.6.6 的规定。

表 8.6.6 钢筋锚固长度

锚 固 条 件		钢 筋 类 别	
		HPB300	HRB400、HRB500
受压钢筋自不受力处算起的锚固长度	≥30d	不设弯钩	—
	<30d	10d 加直钩	—
	≥20d	—	不设弯钩
	<20d	—	10d 加直钩
受拉构件的钢筋按黏结力计算的锚固长度	在无横向压力区域	30d 加半圆钩	20d 加直钩
	在有横向压力区域	15d 加半圆钩	10d 加直钩
受弯构件、偏心受压构件的受拉钢筋自不受力处算起的锚固长度	在受压区	10d 加直钩	10d 不设弯钩
	在受拉区（在困难情况下）	20d 加半圆钩	20d 加直钩
弯起钢筋伸到受压区的长度	≥20d	不设与纵筋平行的直段，端部采用直钩	不设与纵筋平行的直段，且不设弯钩
	<20d	设与纵筋平行长度为 10d 的直段，并加直钩	设与纵筋平行长度为 15d 的直段，且不设弯钩

注：1. HRB400、HRB500 钢筋的直径大于 25mm 时，其锚固长度应乘以修正系数 1.1。

2. HRB400、HRB500 级的环氧树脂涂层钢筋，其锚固长度应乘以修正系数 1.25。

3. 钢筋在混凝土施工过程中易受扰动（如滑模施工）时，其锚固长度应乘以修正系数 1.1。

4. HRB400、HRB500 钢筋在锚固区的混凝土保护层厚度大于钢筋直径的 3 倍且配有箍筋时，其锚固长度可乘以修正系数 0.8。

2 受力主钢筋末端需设弯钩时，弯钩内径应为 4d（d 为钢筋直径），弯后直段长度应为 5d。

8.6.7 受力主钢筋连接应符合下列规定：

1 受力主钢筋接头宜设置在受力较小处，在同一根钢筋上宜少设接头。

2 直径大于 25mm 的光圆钢筋以及所有螺纹钢筋的接头均应采用焊接或机械连接，焊接或机械连接接头的抗拉强度不应低于钢筋本身的强度。

3 焊接接头应相互错开，焊接接头连接区段长度为 35d（d 为钢筋较大直径）且不小于500mm，凡接头中点位于该连接区段长度内的焊接接头均属于同一连接区段。

4 位于同一连接区段内受力钢筋的焊接接头、机械连接接头面积百分率，对受拉主钢筋接头，不应大于50%。受压主钢筋的接头面积百分率可不受此限制。

5 直径较小的光面钢筋可以采用搭接，此时钢筋端部应弯成半圆形弯钩，两钩切点间的距离对受拉钢筋不得小于$30d$，对受压钢筋不得小于$20d$，在搭接范围内应用铁丝绑扎或焊接。

6 其他情况下的钢筋连接应符合现行《混凝土结构设计规范》（GB 50010）的相关规定。

8.6.8 仅受轴心压力并配有受力主钢筋及一般箍筋的构件配筋构造应符合下列规定：

1 受力主钢筋截面积不应小于构件截面积的0.6%，且不宜大于3%。

2 受力主钢筋的直径不宜小于12mm。

3 箍筋的直径不应小于受力主钢筋直径的1/4，且不应小于6mm。

8.6.9 隧道衬砌配筋构造应符合下列规定：

1 受力钢筋最小直径不应小于16mm。

2 受力主钢筋截面积不应小于构件截面积的0.6%，且不宜大于3%。

3 衬砌内外侧应设垂直于受力主筋的分布钢筋，分布钢筋直径不宜小于12mm，间距不宜大于300mm。

4 衬砌内外两层受力钢筋之间应设连接箍筋，箍筋的直径不应小于6mm。箍筋两端应设弯钩，弯钩内径不应小于受力钢筋直径，弯后直段长度不应小于$5d$（d为钢筋直径）。

5 衬砌箍筋应布置在环向受力钢筋和分布钢筋的交叉位置，间距不应大于分布钢筋间距的2倍，环向受力钢筋和箍筋应进行绑扎或焊接。

6 宜在内外层环向受力钢筋之间设构造限位钢筋，限位钢筋直径不宜小于16mm，限位钢筋间距不宜小于$2.0m \times 2.0m$，限位钢筋应布置在环向受力钢筋与分布钢筋的交叉位置。设有限位钢筋位置可不设箍筋，限位钢筋应与环向受力钢筋和分布钢筋绑扎和焊接。

8.6.10 隧道钢筋混凝土构件的表面裂缝最大宽度计算值应不大于0.2mm，腐蚀环境较严重时不应大于0.15mm，并应符合相关规范规定。

8.6.11 在需严格控制裂缝宽度地段，隧道衬砌分布筋间距可适当减小，但不宜小于主筋间距。

8.6.12 对严重腐蚀环境下的构件，浇筑在混凝土中并部分暴露在外的吊环、连接件等铁件应与混凝土构件中的钢筋隔离，或对外露铁件采取可靠的防腐措施。

8.6.13 其他隧道结构构件钢筋及考虑地震设防的钢筋，其构造要求应符合现行《混凝土结构设计规范》（GB 50010）的相关规定。

8.6.14 电缆沟、水沟盖板钢筋直径和间距应符合表8.6.14的要求。

表 8.6.14　盖板中钢筋的直径和间距（mm）

类　别	直　径 d	板　厚 h	间　距
纵向受力钢筋（主筋）	受力钢筋常用 6，8，10	$h \leqslant 150$	$\leqslant 200$
		$h > 150$	$\leqslant 1.5h$，且 $\leqslant 300$
构造钢筋	分布钢筋常用 $d \geqslant 6$		$\leqslant 200$

9 结构计算

9.1 一般规定

9.1.1 隧道结构应按破损阶段法验算构件截面的强度。结构抗裂有要求时，对混凝土构件应进行抗裂验算，对钢筋混凝土构件应验算其裂缝宽度。

9.1.2 本章适用于静力问题的分析。

9.2 衬砌计算

9.2.1 深埋隧道中的整体式衬砌、浅埋隧道中的整体式或复合式衬砌的二次衬砌及明洞衬砌等宜采用荷载结构法计算。深埋隧道中复合式衬砌的二次衬砌也可采用荷载结构法计算。荷载结构法计算原理可见本规范附录 L。

9.2.2 采用荷载结构法计算隧道衬砌的内力和变形时，应考虑弹性抗力等因素。弹性抗力的大小及分布，对回填密实的衬砌可采用局部变形理论，按式（9.2.2）计算确定。

$$\sigma = k\delta \qquad (9.2.2)$$

式中：σ——弹性抗力的强度（MPa）；

k——围岩弹性抗力系数，无实测数据时，可按表 A.0.7-1 选用；

δ——衬砌朝向围岩的变形值（m），变形朝向洞内时取零。

9.2.3 带仰拱的衬砌计算，应考虑仰拱对结构内力的影响。

9.2.4 按破损阶段验算构件截面的强度时，应根据不同的荷载组合，分别采用不同的安全系数，并不应小于表9.2.4-1 和表9.2.4-2 所示的数值。验算施工阶段的强度时，安全系数可采用表9.2.4-1 和表9.2.4-2 "永久荷载＋基本可变荷载＋其他可变荷载"栏内的数值乘以折减系数0.9。

表 9.2.4-1 混凝土和砌体结构各种荷载组合的强度安全系数

破坏原因	混凝土			砌体		
	永久荷载＋基本可变荷载	永久荷载＋基本可变荷载＋其他可变荷载	永久荷载或永久荷载＋偶然荷载	永久荷载＋基本可变荷载	永久荷载＋基本可变荷载＋其他可变荷载	永久荷载＋偶然荷载
混凝土或砌体达到抗压极限强度	2.4	2.0	1.8	2.7	2.3	2.0
混凝土达到抗拉极限强度	3.6	3.0	2.7	—	—	—

表 9.2.4-2 钢筋混凝土结构各种荷载组合的强度安全系数

破坏原因	永久荷载或永久荷载＋基本可变荷载	永久荷载＋基本可变荷载＋其他可变荷载	永久荷载＋偶然荷载
钢筋达到极限强度或混凝土达到抗压或抗剪极限强度	2.0	1.7	1.5
混凝土达到抗拉极限强度	2.4	2.0	1.8

9.2.5 复合式衬砌的初期支护应主要按工程类比法设计。必要时，支护参数可按本规范附录 M 地层结构法计算确定，并按使用阶段和施工阶段分别验算。

9.2.6 围岩稳定性分析时，可采用有限元强度折减法验算施工过程中的围岩安全系数，可将初期支护施工后的围岩安全系数作为判断围岩稳定性的依据。

9.2.7 复合式衬砌中的二次衬砌与初期支护共同承担围岩压力及其他外部荷载时，可采用地层结构法计算内力和变形，并可采用荷载结构法验算，验算时荷载按本规范第 6.2.2 条计算取值。

9.2.8 进行衬砌计算时，围岩的特性参数值应按地质资料选用，无资料时可按本规范表 A.0.7-1 选用。隧道开挖后，应根据实际地质和监控量测结果对其修正。

9.2.9 按承载能力设计时，复合式衬砌初期支护的变形量不应超过设计预留变形量。

9.2.10 整体式衬砌、明洞衬砌的混凝土偏心受压构件，其轴向力的偏心距不宜大于截面厚度的 0.45 倍；对半路堑式明洞外墙、棚洞、明洞边墙和砌体偏心受压构件，不应大于截面厚度的 0.3 倍。基底偏心距应符合本规范表 9.4.1 的规定。

9.2.11 混凝土和砌体矩形截面轴心及偏心受压构件的抗压强度应按式（9.2.11）计算：

$$KN \leqslant \varphi \alpha R_a bh \tag{9.2.11}$$

式中：K——安全系数，按本规范表9.2.4-1采用；

N——轴向力（kN）；

φ——构件纵向弯曲系数，对隧道衬砌、明洞拱圈及墙背紧密回填的边墙，可取 $\varphi = 1$；对其他构件，应根据其长细比按表9.2.11-1采用；

α——轴向力的偏心影响系数，按表9.2.11-2采用。

R_a——混凝土或砌体的抗压极限强度，按本规范表5.2.4和表5.2.15采用；

b——截面宽度（m）；

h——截面厚度（m）。

表 9.2.11-1　混凝土及砌体构件的纵向弯曲系数

H/h	< 4	4	6	8	10	12	14	16
纵向弯曲系数 φ	1.00	0.98	0.96	0.91	0.86	0.82	0.77	0.72
H/h	18	20	22	24	26	28	30	
纵向弯曲系数 φ	0.68	0.63	0.59	0.55	0.51	0.47	0.44	

注：1. H 为构件的高度，h 为截面短边的边长（当中心受压时）或弯矩作用平面内的截面边长（当偏心受压时）。

2. 当 H/h 为表列数值的中间值时，可按内插法求得。

表 9.2.11-2　偏心影响系数 α

e_0/h	α	e_0/h	α	e_0/h	α	e_0/h	α	e_0/h	α
0.00	1.000	0.10	0.954	0.20	0.750	0.30	0.480	0.40	0.236
0.02	1.000	0.12	0.923	0.22	0.698	0.32	0.426	0.42	0.199
0.04	1.000	0.14	0.886	0.24	0.645	0.34	0.374	0.44	0.170
0.06	0.996	0.16	0.845	0.26	0.590	0.36	0.324	0.46	0.142
0.08	0.979	0.18	0.799	0.28	0.535	0.38	0.278	0.48	0.123

注：1. e_0 为轴向力偏心距。

2. $\alpha = 1.000 + 0.648 \ (e_0/h) - 12.569 \ (e_0/h)^2 + 15.444 \ (e_0/h)^3$。

9.2.12 按抗裂要求，混凝土矩形截面偏心受压构件的抗拉强度应按式（9.2.12）计算：

$$KN \leqslant \frac{1.75 R_1 bh}{\dfrac{6e_0}{h} - 1} \tag{9.2.12}$$

式中：K——安全系数，按本规范表9.2.4-1采用；

N——轴向力（kN）；

R_1——混凝土的抗拉极限强度，按本规范表5.2.4采用；

b——截面宽度（m）；

h——截面厚度（m）；

e_0——轴向力偏心距。

9.2.13 整体式衬砌的拱脚截面，当混凝土为间歇浇筑或边墙用砌体、拱圈用混凝土时，其偏心距不应大于截面厚度的 0.3 倍，计算截面抗压强度安全系数应采用本规范表9.2.4-1中对砌体规定的数值。

9.2.14 钢筋混凝土受弯和偏心受压构件的截面强度可按本规范附录 N 计算。

9.2.15 对受弯构件，按荷载的基本组合计算的最大挠度值不应大于表 9.2.15 规定的允许值。

表 9.2.15 受弯构件的允许挠度

构 件 类 型		允 许 挠 度
梁、板构件	$l_0 \leqslant 5m$	$l_0/250$
	$5m < l_0 \leqslant 8m$	$l_0/300$
	$l_0 > 8m$	$l_0/400$

9.2.16 钢筋混凝土受弯构件在各种荷载组合作用下的变形，可根据给定的刚度按材料力学的方法计算。

9.2.17 隧道采用分步开挖方法施工时，支护结构在较长时间内分步建成时，支护结构应考虑施工过程的受力。

9.2.18 洞口段衬砌结构计算，宜考虑边仰坡与隧道结构的相互影响。可根据影响程度加强衬砌结构或增加纵向配筋。

9.3 明洞计算

9.3.1 明洞衬砌内力可采用荷载结构模型计算，根据回填要求，侧向荷载可考虑弹性抗力或计算土压力作用。

9.3.2 明洞衬砌应按破损阶段计算构件截面强度，并应根据不同荷载组合，采用本规范表9.2.4-2的安全系数值。

9.4 洞门计算

9.4.1 采用端墙式洞门时，洞门端墙、翼墙可视作挡土墙，按极限状态验算其强度，并应验算绕墙趾倾覆及沿基底滑动的稳定性。验算时应符合表9.4.1的规定，并应符合现行《公路路基设计规范》（JTG D30）、《公路圬工桥涵设计规范》（JTG D61）、《公路桥涵地基与基础设计规范》（JTG D63）的有关规定。对高洞门墙，应计算控制截面的拉应力。

表9.4.1 洞门墙主要验算规定

墙身截面荷载效应值 S_d	≤结构抗力效应值 R_d（按极限状态计算）
墙身截面偏心距 e	≤0.3倍截面厚度
基底应力 σ	≤地基容许承载力
基底偏心距 e	岩石地基≤$B/5 \sim B/4$；土质地基≤$B/6$（B为墙底厚度）
滑动稳定安全系数 K_c	≥1.3
倾覆稳定安全系数 K_0	≥1.6

10 防水与排水

10.1 一般规定

10.1.1 隧道防排水设计应遵循"防、排、截、堵相结合，因地制宜，综合治理"的原则，妥善处理地表水、地下水，洞内外防排水系统应完整通畅。

10.1.2 高速公路、一级公路、二级公路隧道防排水应满足下列要求：

1 拱部、边墙、设备箱洞不渗水，路面无湿渍。

2 有冻害地段的隧道衬砌背后不积水、排水沟不冻结。

3 车行横通道、人行横通道等服务通道拱部不滴水，边墙不淌水。

10.1.3 三级公路、四级公路隧道防排水应满足下列要求：

1 拱部不滴水，边墙不淌水，设备箱洞不渗水，路面不积水、不淌水。

2 有冻害地段的隧道衬砌背后不积水、排水沟不冻结。

10.1.4 采取的隧道防排水措施，应注意保护自然环境。当隧道内渗漏水可能引起地表水减少，影响居民生产、生活用水时，应对围岩采取堵水措施。

10.2 防水

10.2.1 地表水可能渗入隧道时，宜采取防治措施，废弃的坑穴、钻孔等应填实封闭。

10.2.2 隧道采用复合式衬砌时，应在初期支护与二次衬砌之间设置防水层。防水层宜采用防水板与无纺布的组合，并应符合下列规定：

1 防水板宜采用易于焊接的防水卷材，厚度不应小于 1.0mm，接缝搭接长度不应小于 100mm。

2 无纺布密度不应小于 300g/m²。

3 无纺布不宜与防水板黏合使用。

10.2.3 隧道模筑混凝土衬砌应满足抗渗要求，混凝土的抗渗等级不宜小于 P8。

10.2.4 隧道模筑混凝土衬砌施工缝、沉降缝、伸缩缝应采取可靠的防水措施。

10.2.5 存在侵蚀性地下水时，应针对侵蚀类型采用抗腐蚀性、抗侵蚀性防排水材料，可适当提高混凝土防水等级。

10.2.6 围岩渗水、涌水较大的地段，可采取向围岩内注浆堵水措施。

10.2.7 隧道预留洞室的防水构成宜与正洞防水一致。

10.3 排水

10.3.1 隧道洞内宜按地下水与运营清洗污水、消防污水分离排放的原则设置纵向排水系统。

10.3.2 隧道内排水应符合下列规定：
1 路面两侧应设路侧边沟。
2 路侧边沟排水坡度宜与隧道纵坡一致。
3 路侧边沟宜采用矩形断面。路侧边沟为暗沟时，应按 25～30m 间距设滤水箅和沉沙池。
4 当隧道内不设中心水沟时，衬砌背后的地下水可引入路侧边沟，路侧边沟沟底低于路面结构层底不宜小于 50mm。
5 应采取措施防止电缆沟积水。

10.3.3 路面结构层以下设中心水沟时，应符合下列规定：
1 中心水沟宜与路侧边沟分开设置。
2 中心水沟可设在隧道中央，也可设在隧道两侧，位置、数量和深度应根据隧道长度、路面宽度、仰拱形式、冻结深度等确定。
3 中心水沟断面宜采用矩形，断面尺寸应根据隧道长度、纵坡、地下水涌水量确定。
4 中心水沟宜按 50～200m 间距设沉沙池，并根据需要设检查井。检查井位置、构造应便于清理和检查，检查井间距不宜大于 200m。
5 检测井井盖可被路面面层覆盖。

10.3.4 路面结构底排水应符合下列规定：
1 路面垫层或仰拱填充层顶面应设不小于 1.5% 的横向排水坡度，在设有中心水沟的地段，应向中心水沟倾斜。
2 在隧底有渗水的地段，宜沿隧道纵向每隔 3～8m 设横向透水盲管，横向透水盲管宜设在垫层或仰拱填充施工缝位置或隧底冒水位置。

3 不设中心水沟的隧道，横向透水盲沟排水坡度宜与路面横坡一致，并应与较低一侧路侧边沟连通，连通口不应低于路侧边沟沟底。

4 设有中心水沟的隧道，横向透水盲沟排水坡度不应小于 1.5%，并应向中心水沟倾斜，与中心水沟连通。

5 横向透水盲管宜采用透水性较好的渗水管，直径不应小于 50mm。

10.3.5 隧道衬砌排水设计应符合下列规定：

1 二次衬砌边墙背后底部应设纵向排水盲管，其排水坡度应与隧道纵坡一致，管径不应小于 100mm，纵向排水盲管设置位置不得侵占二次衬砌空间。

2 防水层与初期支护间应设环向排水盲管，其间距不宜大于 10m，水量较大的地段应加密，围岩有集中水渗出时可单独加设竖向排水盲管直接引排。环向排水盲管、竖向排水盲管应与纵向排水盲管连通，直径不应小于 50mm。

3 横向导水管应在衬砌边墙脚穿过二次衬砌与纵向排水盲管连通，设有中心水沟的隧道应连接至中心水沟，不设中心水沟的隧道应连接至路侧边沟。横向导水管直径不宜小于 80mm，排水坡度不宜小于 1%，沿隧道纵向间距不宜大于 10m，水量较大的地段应加密。

10.3.6 地下水发育、含水层明显，又有长期充分补给来源、堵水效果不明显、地下水对隧道存在安全隐患时，可利用辅助坑道、平行导坑排水或设置泄水洞等截、排水设施。

10.3.7 预测涌水量较大的隧道，应加大洞内中心水沟、路侧边沟的排水断面。

10.4 洞口及明洞防排水

10.4.1 隧道、辅助坑道的洞口及明洞边坡、仰坡开挖线 3～5m 以外应根据实际情况和需要设置截水沟。截水沟的布置应避免影响边、仰坡景观效果。

10.4.2 隧道洞口出洞方向的路堑为上坡时，可在洞口外路基两侧设置反向排水边沟或采取引排措施，洞外水不应流入隧道。

10.4.3 明洞防排水设计应符合下列规定：

1 明洞衬砌外缘应敷设外贴式防水层。

2 明洞与暗洞连接处防水层接头应密封搭接。

3 回填土顶面宜铺设黏土隔水层，并与边仰坡夯实连接，黏土隔水层以上宜设厚度不小于 20cm 的耕植土。

4 明洞回填顶面应根据情况设排水沟。

5 明洞式洞门的明洞拱背裸露时，应在拱背设防水砂浆层或贴瓷砖。

6 靠山侧边墙底或边墙后宜设置纵向和竖向盲沟，将水引至边墙泄水孔排出。

10.5 寒冷地区隧道防排水

10.5.1 寒冷地区隧道防排水除应符合本规范第 10.3 节、第 10.4 节规定外，尚应符合下列规定：

1 地下水可能产生冻结的地段，宜设中心水沟。中心水沟沟底应位于冻结深度以下。

2 中心水沟不能满足排水和防冻要求时，可设防寒泄水洞。防寒泄水洞应置于隧道路面以下 3~5m。防寒泄水洞拱部和边墙应设泄水通道。

3 连接洞内中心水沟、防寒泄水洞的洞口路基引出段应采用暗沟。暗沟应埋置于冻结深度以下，并在暗沟转角处设检查井。暗沟出口应设碎石防寒出水口。

4 隧道衬砌混凝土抗渗等级可适当提高。

10.5.2 衬砌背后纵向盲沟、横向导水管应具有防冻能力。

11 特殊形式隧道

11.1 一般规定

11.1.1 由于地形地质条件限制、隧道周边构造物影响及路线总体设计需要，隧道可采用小净距隧道、连拱隧道、分岔隧道、棚洞等特殊形式。

11.1.2 应综合考虑地质、地形、结构安全、施工条件、环境保护等因素，合理确定隧道布置形式。

11.2 小净距隧道

11.2.1 在洞口地形狭窄、路线布设困难或为减少洞口占地的短隧道、中隧道或长隧道、特长隧道洞口局部地段，可采用小净距隧道。

11.2.2 小净距隧道设计应符合下列要求：

1 应采用复合式衬砌结构，支护参数应根据工程类比、施工方法、计算分析综合确定，并根据现场监控量测结果进行调整。

2 应根据围岩地质条件和两洞净距，对施工顺序、开挖方法、临时支护措施等提出要求，并根据中夹岩的稳定性提出中夹岩的保护或加固措施。

3 两隧道净距在 0.8 倍开挖跨度以内时，小净距隧道段长度宜控制在 1 000m 以内。

11.3 连拱隧道

11.3.1 在地形狭窄或布线困难的特殊地段可采用连拱隧道。

11.3.2 连拱隧道设计应符合下列规定：

1 连拱隧道中墙结构宜采用复合式中墙。

2 应采用复合式衬砌结构，支护参数应根据工程类比、施工方法、计算分析综合确定，并根据现场监控量测结果进行调整。

3 二次衬砌应采用钢筋混凝土结构。

4　应根据围岩地质条件，以及施工中多种不利工况下的结构受力和围岩稳定性分析，对施工顺序、开挖方法、临时支护措施等提出具体要求。

5　连拱隧道有偏压时，支护参数、施工方法、施工工序的确定应考虑偏压影响。

6　采用整体式中墙时，中墙顶两侧纵向施工缝应高于中墙顶纵向排水管的布设位置，并采取相应的止水措施。中墙内应预埋竖向排水管。竖向排水管直径不应小于100mm，纵向间距不宜大于10m。

7　采用复合式中墙的连拱隧道，施工中导洞轴线宜偏离中隔墙中线设置。

8　应根据结构需要设置变形缝，两侧主洞结构变形缝和中墙结构变形缝应设置在同一断面位置。

9　应采取有效措施，防止施工中主洞拱部水平推力对中墙结构产生不利影响。

10　连拱段长度不宜大于500m。

11.4　分岔隧道

11.4.1　在洞口地形狭窄或有特殊要求，或洞外路线左右幅分离布置特别困难的长隧道或特长隧道洞口局部地段，可采用分岔隧道。Ⅴ、Ⅵ级围岩中不宜采用分岔隧道。

11.4.2　分岔隧道设计应符合下列规定：

1　分岔隧道洞口段路线中线平面线形宜采用曲线。洞口段路线中线采用直线时，左右洞平面线形可采用满足运营安全要求的小偏角"S"形曲线逐渐分离，并满足隧道洞门前后3s设计速度行程范围内的线形一致的要求。左右洞采用较小偏角"S"形曲线分离时，设计纵坡一般情况下不宜大于2%，特殊情况下不宜大于2.5%。

2　分岔段的长度、分岔段内结构变化位置应根据围岩地质条件、左右洞线间距和施工方法等综合确定。分岔段长度不宜大于600m。

3　分岔隧道应采用复合式衬砌结构，支护参数可通过工程类比或计算分析确定。

4　应根据围岩地质条件，对施工顺序、开挖方法、临时支护措施等提出具体要求，并应进行施工中多种不利工况下的结构受力和围岩稳定性分析。

5　分岔隧道中的连拱衬砌段、小净距衬砌段起始段10~15m范围，结构应适当加强，宜按降低一级围岩级别进行隧道结构设计。

6　分岔隧道洞口浅埋地段，双向行车大跨隧道段和部分连拱隧道段可采用明洞结构。

7　结构形式变化处应设置变形缝。

8　衬砌结构形式变化处应设挡头墙，挡头墙应根据地质条件结合防水进行设计。

11.4.3　分岔隧道左右洞均采用全纵向通风方式时，洞门形式应考虑左右洞口送排风窜流影响，根据情况采取下列措施：

1　洞口为大跨隧道时，应在大跨隧道内和洞口延伸段一定长度设中央分隔墙。

2 洞口为连拱隧道时，宜将左右洞洞门错开设置或采取隔离措施。

3 洞口为小净距隧道且洞口送排风有窜流影响时，可将左右洞洞门错开设置或采取隔离措施。

4 调整洞口进出风方式。

11.5 棚洞

11.5.1 在沿河傍山、陡峻路段及边仰坡较高的隧道斜交洞口段，可设置棚洞。

11.5.2 根据地形条件、地质条件、气候条件、防护和环境要求，棚洞结构可分别采用拱形棚洞、半拱形棚洞、矩形棚洞。

11.5.3 棚洞建筑限界应满足隧道建筑限界的基本要求。与隧道洞口连接的棚洞，建筑限界应与隧道建筑限界相同；高速公路上的独立棚洞，建筑限界宽度宜与路基建筑限界宽度相同。棚洞内轮廓形状和尺寸应根据地形条件、设置目的和结构形式拟定。

11.5.4 作用在棚洞结构上的荷载应考虑边坡与棚洞的相互作用，回填荷载、堆积荷载应按永久荷载考虑。

11.5.5 应根据棚洞形式、受力条件、约束条件，对棚洞整体稳定性进行分析，对主要结构构件进行截面强度验算和裂缝验算。

11.5.6 棚洞结构设计应符合下列规定：
1 棚洞结构应采用钢筋混凝土结构。
2 拱形及半拱形棚洞主体结构应采用整体式结构。
3 矩形棚洞应采用整体框架结构或简支结构。
4 应根据地质情况和结构形式设沉降缝，棚洞长度大于40m时宜设伸缩缝。

11.5.7 棚洞基础设计应符合下列规定：
1 棚洞基础应置于稳固的地基上。当基础位于软弱地基上时，可采取整体式钢筋混凝土底板、桩基、扩大基础、基础加深等措施。
2 棚洞基底高程低于边沟沟底开挖高程应不小于200mm；在有冻害地区，基底埋置深度不应小于冰结线以下250mm。
3 当地基外侧受水流冲刷影响时，应采取加固和防护措施。
4 在横向斜坡地形，棚洞外侧基础埋置深度超过路面以下3m时，宜在路面以下设置钢筋混凝土横向水平拉杆，并锚固于内侧基础或岩体中；棚洞外侧为立柱时，可加设纵梁与相邻立柱连接。

11.5.8 棚洞靠山侧和顶部结构外表面应设防水层，施工缝、沉降缝、变形缝应进行防水设计。

11.5.9 靠山一侧结构背面应设排水盲沟，在靠山一侧墙脚应按 5～10m 间距设泄水孔。

12 辅助通道

12.1 一般规定

12.1.1 为满足运营通风、防灾救援或增开工作面、改善施工通风与排水条件等需要，可设置辅助通道。

12.1.2 辅助通道选址应综合考虑地形、地质条件及施工和运营的需要，宜避免在岩溶发育和地下水丰富地段设置。

12.1.3 应根据隧道长度、地形、地质、水文等条件，结合通风、防灾救援、排水、弃渣、工期和环境保护等要求，通过技术经济比较确定辅助通道形式、长度和数量。

12.1.4 运营辅助通道净空断面应根据地质条件、使用功能和施工条件确定。当运营辅助通道兼作施工辅助通道时，应满足施工辅助通道对净空断面的最低要求。

12.1.5 运营辅助通道应按永久建筑物设计，宜采用复合式衬砌，也可采用喷锚衬砌，且应有完善的防排水设施。

12.1.6 施工辅助通道净空断面应根据地质条件、施工机械设备、服务主隧道的施工长度、施工通风及工作环境等要求确定。

12.1.7 施工辅助通道应根据围岩地质条件，采用合适的衬砌结构，应满足施工期间围岩稳定和衬砌结构安全的要求。隧道主体工程竣工后不予利用的施工辅助通道，应采取下列处理措施：

1 对运营期间可能出现坍塌围岩段，应进行加固或回填处理，回填时应设置排水通道。对没有回填的地段，应能保证通道围岩和衬砌的长期稳定，并应留有养护维修人员可到达的通道。

2 施工辅助通道与主洞交叉口、洞口应设防止其他人员进出的安全门。

12.1.8 连接洞外的辅助通道洞（井）口位置选择、场地布置及弃渣处理应符合环境保护要求，少占耕地，防止弃渣堵塞河道、沟渠、道路，并应减少对农田、水利设施和生活用水影响。洞（井）口应有防止地表水流入洞内和防止洪水危害的措施。

12.1.9 斜井与竖井防排水宜按"堵排结合"的原则进行设计。

12.2 竖井

12.2.1 竖井位置应结合地面地形、地质条件确定，宜布置在隧道两侧。

12.2.2 井口场地应满足提升系统布设和竖井建筑物的布置，利于空气的排放和出渣。

12.2.3 断面形状和尺寸应满足使用功能要求，并应考虑施工设备和施工作业所需要的空间，宜采用圆形断面。

12.2.4 竖井衬砌结构形式应根据围岩级别和使用要求确定，宜采用复合式衬砌，支护参数可根据工程类比法确定或按本规范附录 P 中表 P.0.7 选用；竖井衬砌可不设防水层。

12.2.5 井口应设混凝土或钢筋混凝土锁口圈，锁口圈底部宜采用钢筋混凝土扩大基础，并与锁口圈连成整体。

12.2.6 与井底联络通道连接处衬砌应采用复合式衬砌或整体式衬砌。

12.2.7 井口锁口圈下连接部位、地质较差的井身段及马头门上方模注混凝土衬砌宜设壁座，其形式、间距可根据地质条件确定。

12.2.8 应设安全防护设施和检查步梯或爬梯，施工阶段井筒内应设安全步梯。

12.3 斜井

12.3.1 斜井布置和长度应结合使用功能、地形条件、地质条件、提升方式、洞口场地等综合确定，并应符合下列规定：
1 有轨运输段宜采用直线，直线段长度不宜大于 1 200m。
2 无轨运输长度不宜大于 2 000m。
3 井口位置应满足提升系统布设和建筑物的布置，利于空气的排放和出渣。

12.3.2 斜井断面形状和尺寸应满足使用功能要求，宜采用马蹄形断面。施工期间应满足施工设备和施工作业所需要的空间，并应符合下列规定：

    1 断面内一侧应设宽度不小于 0.75m 的人行道，另一侧应设宽度不小于 0.25m 的间隙。

    2 轨道运输时，两条轨道中心线之间的距离不应小于 0.7m；有摘挂钩作业的车场，两列列车车体的最突出部分之间的间隙不应小于 0.2m。

12.3.3 运输提升方式应根据提升量、斜井长度及井口地形选择，各种提升方式的斜井倾角应符合下列规定：

    1 有轨箕斗提升时，不宜大于 35°。

    2 轨道矿车提升时，不宜大于 25°。

    3 胶带输送机提升时，不宜大于 15°。

    4 无轨运输时，不宜大于 7°。

12.3.4 应根据使用功能确定斜井井底与主隧道之间的距离；斜井与隧道中线连接处的平面交角不宜小于 40°。

12.3.5 井口和井底变坡点应设置竖曲线，竖曲线半径宜采用 12~20m。采用有轨运输时，各运输段的井身纵坡宜一致。

12.3.6 采用有轨提升时，应设置避车洞；倾角大于 15°时，应设置休息平台；采用无轨运输时，应根据需要设置错车道。

12.3.7 衬砌结构形式应根据使用要求确定，支护参数可根据工程类比法确定或按本规范附录 P 中表 P.0.8 选用；用作运营通风时，内壁表面应平整。

12.3.8 井口段、地质不良地段、井底与水平横通道的连接段，宜采用复合式衬砌或整体式衬砌。

12.3.9 采用整体式衬砌或复合式衬砌时应根据连续衬砌长度设变形缝，变形缝应竖向设置。

12.3.10 倾角大于 30°的斜井，衬砌基础宜做成台阶状或设置基座。

12.3.11 倾角在 15°以上的斜井，采用轨道运输时，必须采取相应的安全措施，必须在适当位置设挡车设备，应有轨道防滑措施。

12.4 平行通道与横通道

12.4.1 根据隧道施工和运营需要可设平行通道与横通道。

12.4.2 单洞隧道平行通道宜设在地下水补给源一侧；双洞隧道平行通道应根据两洞间距和地形条件确定。

12.4.3 平行通道与隧道的净距应根据地质条件、施工方法、运营、疏散救援等因素确定。对单洞隧道，规划可能将平行通道扩建为交通隧道时，净距确定应有利于通道扩建。

12.4.4 平行通道纵坡宜与主洞纵坡一致，坑底高程宜低于隧道底面高程 0.2 ～ 0.6m。平行通道排水应与主洞隧道排水统一设计。

12.4.5 平行通道应根据功能需要确定净空断面，并应根据运输方式设置错车道。

12.4.6 沿河、傍山或隧道一侧有沟谷、低洼地形可利用时，可设主洞与洞外直接连接的横通道。横通道通向地面为上坡时，应有可靠的截水和抽、排水措施。

12.4.7 横通道洞门设置、洞口段结构设计应符合本规范第 7 章、第 8 章的相关规定。

12.4.8 横通道的位置宜避免穿越断层、破碎带等不良地质地段，不应顺断层、破碎带布设。

12.4.9 平行通道与横通道衬砌参数可根据工程类比确定或按本规范附录 P 中表 P.0.8 选用。

12.5 风道及地下机房

12.5.1 风道设置应满足下列要求：
1 风道宜采用整体式衬砌或复合式衬砌，内壁面应平整。
2 风道在弯曲、变径、分岔等断面变化处宜采用连续变断面曲线连接；当采用不同断面突变连接时，应设过渡墙。
3 风道隔板宜采用混凝土结构，与衬砌应整体连接。

12.5.2 风道衬砌参数可采用工程类比和使用要求确定，也可参照本规范附录 P 中 P.0.8 选用。

12.5.3 地下风机房设计应满足下列要求：

1 在满足围岩和衬砌结构稳定的条件下宜靠近隧道布置。
2 应满足设备布置、吊装、搬运和工作通道所需空间。
3 设有吊装行车时，洞室纵坡宜采用平坡。
4 风机分期安装时，应预留空间。

12.5.4 地下风机房衬砌结构可采用喷锚衬砌、复合式衬砌；衬砌参数可根据地下风机房规模，采用工程类比或计算确定。当有吊装设备时，应采用复合式衬砌，二次衬砌应能承受设备吊装荷载。设备安装有特殊要求时，应做特殊设计。

12.5.5 风道、地下风机房防排水应满足使用要求，边沟排水坡度不应小于0.3%。

12.6 交叉口

12.6.1 施工和运营所使用的横通道与主洞交叉口，横通道与斜井、平行导坑等的交叉口，风道与主洞交叉口等，宜避开地质不良区段。

12.6.2 交叉口段衬砌结构宜采用整体式衬砌或复合式衬砌，应根据需要设沉降缝。

13 辅助工程措施

13.1 一般规定

13.1.1 隧道通过浅埋段、严重偏压段、自稳性差的软弱地层、断层破碎带以及大面积淋水或涌水地段时，可采取下列辅助工程措施：

1 超前管棚、超前小导管、超前锚杆、超前钻孔注浆、超前水平旋喷桩、超前玻璃纤维锚杆、地表砂浆锚杆、地表注浆、锁脚锚杆、小导管径向注浆、临时支撑等围岩稳定措施。

2 超前围岩预注浆堵水、围岩径向注浆堵水、超前钻孔排水、泄水洞排水、井点降水等涌水处理措施。

13.1.2 应根据地形、地质条件、隧道断面大小、埋置深度、施工方法，采用相应的辅助工程措施。采取的工程措施应有效、可靠、耐久、经济，符合现场实际。

13.2 围岩稳定措施

13.2.1 在地质较差的隧道洞口段、地面沉降有较高控制要求的浅埋段及塌方段、围岩破碎段、土质地层等，可采用超前管棚支护。超前管棚设计应符合下列规定：

1 应沿隧道开挖轮廓线 100～200mm 外布设，应有一定外插角，倾角大小应能保证管棚钢管不侵入隧道开挖轮廓线内。

2 钢管环向间距宜为 350～500mm。

3 一次支护长度宜为 10～45m，两次管棚支护间、管棚与其他超前支护间应有不小于 3.0m 的水平搭接长度。

4 钢管宜选用热轧无缝钢管，外径宜为 80～180mm，钢管分节段采用"V"形对焊或丝扣连接，钢管节段长度宜为 1.6～4.0m。钢管每一连接头与相邻钢管接头应错开不小于 500mm 的距离。

5 钢管内应插入钢筋笼或钢筋束，并应注满强度等级不低于 M20 的水泥砂浆。

6 钢管管壁可钻注浆孔，注浆孔孔径宜为 6～10mm，间距宜为 200～300mm，呈梅花形布置。

7 尾端应支承在套拱上。套拱应为整体式钢筋混凝土结构或钢架结构，套拱内应预埋钢管导向管，套拱基础应能保证套拱稳定。

13.2.2 在隧道开挖后掌子面不能自稳地段、拱部易出现剥落或局部坍塌的地段；塌方段、浅埋段、地质较差的洞口段，可采用超前小导管支护。超前小导管设计应符合下列规定：

1 宜采用直径为 42～50mm 的无缝钢管，长度宜为 3.0～5.0m。

2 管壁应钻注浆孔，孔径宜为 6～8mm，间距宜为 150～250mm，呈梅花形布置，尾端应有不小于 500mm 长不钻孔。

3 环向设置间距宜为 300～400mm，外插角宜为 5°～12°，纵向水平搭接长度不应小于 1.0m。

4 尾端应支承在钢架上。

5 应通过导管向围岩体注浆。

13.2.3 在无地下水的软弱地层、薄层水平层状岩层、开挖数小时内拱顶围岩可能剥落或局部坍塌的地段，可采用超前锚杆。超前锚杆设计应符合下列规定：

1 宜采用普通砂浆锚杆，直径宜为 22～28mm。围岩破碎不易成孔的地段可采用自进式锚杆，自进式锚杆直径可取 28～76mm。

2 长度宜为 3.0～5.0m，采用自进式锚杆时长度宜为 5.0～10.0m。

3 环向间距宜为 300～400mm，外插角宜为 5°～15°，纵向水平搭接长度不应小于 1.0m。

4 尾端应支承在钢架上。

5 砂浆宜采用早强砂浆，其强度等级不应低于 M20。

6 自进式锚杆应注水泥浆，其强度等级不应低于 M20。

13.2.4 在软弱围岩及断层破碎带、堆积土地层，隧道开挖可能引起掌子面突泥、流坍地段，可采用超前钻孔注浆对隧道周边围岩或开挖掌子面进行加固。超前钻孔注浆设计应符合下列规定：

1 应根据地质条件及地下水情况，确定加固范围，选用注浆材料。

2 应根据加固范围、浆液材料、扩散半径以及工程要求等条件布置注浆孔，应使各注浆孔浆液扩散范围相互重叠。

3 注浆范围宜控制在开挖轮廓线外 3.0m 以内。

4 注浆钻孔孔径应不小于 75mm，注浆压力应根据现场试验确定。

5 一次注浆加固段纵向长度可取 30～50m。

13.2.5 在含水率大的淤泥质黏土、黏性土、粉土、砂性土地段，可采用超前水平旋喷桩。超前水平旋喷桩设计应符合下列规定：

1 根据需要可采用周边加固或全断面加固。

2 旋喷桩直径：单管法宜为 0.3～1.0m；二重管法宜为 0.6～1.4m；三重管法宜为 0.7～2.0m。

3 周边加固时,旋喷桩孔外倾角宜为3°~10°,环向间距应以相邻孔浆液能互相搭接形成拱形结构为原则。

4 一次施作长度宜为10~20m,每一循环搭接长度应不小于2.0m。

5 当需要增加旋喷桩的抗拉、抗弯强度时,可在旋喷桩内插入型钢、钢筋笼、钢筋束或钢管。

13.2.6 在软弱地层采用大断面或全断面开挖、浅埋地段严格控制地面沉降的隧道,可采用超前玻璃纤维锚杆对掌子面前方进行加固。超前玻璃纤维锚杆设计应符合下列规定:

1 已采用超前管棚或超前小导管支护时,加固范围宜在掌子面范围内。

2 在掌子面区域,锚杆间距宜为1.0~3.0m;在隧道周边围岩区域,锚杆间距宜为300~600mm;可根据围岩稳定性进行调整。

3 加固纵向长度宜为10~30m,每一循环搭接长度应不小于6.0m。

4 全螺纹实心锚杆直径宜为18~32mm;全螺纹中空锚杆直径宜为18~60mm。

5 地质条件较差时宜选用中空注浆锚杆,注浆材料采用水泥浆或水泥砂浆。

6 应做好掌子面排水,并监测掌子面纵向挤出位移。

13.2.7 在稳定性差的浅埋段、洞口地段,可采用地表砂浆锚杆加固地层。地表砂浆锚杆设计应符合下列规定:

1 宜垂直设置,根据地形及主结构面具体情况也可倾斜设置。

2 宜采用直径为16~22mm的螺纹钢筋,由单根或多根钢筋并焊组成,间距宜为1.0~1.5m,呈梅花形布置。

3 锚孔直径应大于杆体直径30mm,充填砂浆强度不应低于M20。

4 沿隧道纵向加固范围应超出不良地质地段5~10m,横向加固宽度宜按计算破裂面确定或1~2倍开挖宽度控制。

5 锚杆不宜侵入隧道开挖范围。

6 应在锚固砂浆达到设计强度的70%以上后,进行下方隧道的开挖。

13.2.8 在地层松散、围岩稳定性较差、掌子面自稳能力弱、开挖过程中可能引起塌方的浅埋段或洞口地段,可采用地表注浆加固地层。地表注浆设计应符合下列规定:

1 注浆孔应竖向设置。

2 注浆孔直径不宜小于110mm。

3 注浆孔深应低于隧道开挖底1.0m以下。

4 沿隧道纵向加固范围应超出不良地质地段5~10m,加固宽度可取1.5~2.0倍隧道宽度。

5 孔间距宜为单孔浆液扩散半径的1.4~1.7倍,可按梅花形或矩形排列布孔。

6 注浆压力可按现场试验确定。

13.2.9 在设有钢架支护的地段，宜设锁脚锚杆（管）。锁脚锚杆（管）设计应符合下列规定：

1 应设在钢架底端或钢架接头位置，2 根锁脚锚杆为一组，并应与钢架焊接。

2 2 根锁脚锚杆（管）合力方向应与初期支护轴线方向成 15°~30° 的夹角。

3 锁脚锚杆宜采用 $\phi22$~$\phi32$mm 螺纹钢，锁脚锚管宜采用 $\phi42$~$\phi54$mm、壁厚不小于 3.0mm 的无缝钢管，锁脚锚杆（管）长度宜为 2.5~4.0m。

4 锚孔及锁脚锚管内应注满砂浆，砂浆强度等级应与普通砂浆锚杆相同。

13.2.10 隧道围岩破碎、岩体层间接合较差的地段，可采用小导管径向注浆加固围岩。小导管长度不宜小于 3.5m、间距宜为 1.0~2.5m。

13.2.11 隧道施工变形较大、施工工序转换较复杂或紧急抢险时，可设置施工临时封闭和临时支撑措施。采用的临时封闭和临时支撑措施应方法有效、方便施工、利于后期拆除。

13.3 涌水处理措施

13.3.1 隧道涌水处理宜遵循"以堵为主、排堵结合、注重环保"的设计原则。应根据地质地形条件、隧道结构形式、断面大小和环保要求等，选择涌水处理措施。

13.3.2 地下水丰富且排水时挟带泥沙引起前方围岩失稳的破碎带、风化带，可能存在涌水突泥隐患的地段或排水后对隧道周边地下水和地表水影响较大的地段，可采用超前围岩预注浆堵水。超前围岩预注浆堵水设计应符合下列规定：

1 应根据工程与水文地质条件等因素，超前围岩预注浆可选用超前全断面帷幕注浆、超前周边预注浆、超前局部预注浆等措施。

2 帷幕注浆、周边注浆的注浆圈厚度宜为隧道开挖线以外 3~6m，一次注浆段长度可按 10~30m 控制。

3 注浆孔底中心间距宜为 1.5~3.0m，或取浆液扩散半径的 1.5~1.7 倍。

4 浆液扩散半径宜根据地层孔隙、裂隙及连通性、注浆压力、浆液种类等在现场试验确定，或按工程类比法选定，并应在施工中不断修正。

13.3.3 围岩自稳性较好，但地下水丰富，地下排放对隧道周边地下水和地表水影响较大的地段，隧道开挖后对围岩暴露的股状水、裂隙水、大面积淋水可采用围岩径向注浆堵水。围岩径向注浆堵水设计应符合下列规定：

1 根据围岩地质条件、涌水形态、涌水规模和防排水要求等因素，可选用全断面径向注浆、局部径向注浆和补充注浆等措施。

2 注浆圈厚度不宜超过开挖轮廓线以外 6.0m，也不宜小于 2.0m。

13.3.4 开挖前方有高压地下水或有充分补给源的涌水，排放地下水对围岩稳定、周边水环境影响较小的地段，可采用超前钻孔排水。超前钻孔排水设计应符合下列规定：

1 孔径不应小于76mm，每断面钻孔数不应少于3个。

2 深度不宜小于10m。

3 孔底位置超前掌子面距离小于1~2个开挖循环进尺且仍需继续超前钻孔排水时，应实施下一循环超前钻孔排水。

4 孔口应设置防突涌水保护装置。

13.3.5 对地下水丰富、出水季节性强、洞内排水能力不足而又无法封堵的隧道，可采用泄水洞排水。泄水洞排水设计应符合下列规定：

1 可布置在隧道两侧，也可布置在隧道下方；沿隧道纵向有多段出水地层时，宜与正洞平行或接近平行布置；有地下暗河或明显集中出水点的隧道，地形条件允许时，可横向布置；泄水洞布置不得危及隧道围岩和结构稳定。

2 纵坡应能保证自流排水，最小纵坡不宜小于0.5%。

3 出水口位置不应对下游地区造成危害。

4 底高程应低于正洞底高程。

13.3.6 在地下水位高于隧道开挖底高程3.0m以上、补给源明确的砂质土、碎石土及亚黏土地层的浅埋隧道，施工期间可采用井点降水。井点降水设计应符合下列规定：

1 应根据地层渗透系数、降水范围及地下水量等因素确定井点位置、深度和数量。

2 应在地表沿隧道两侧布置井点降水钻孔，地下水补给来源一侧可多布。

3 降水后水位线应低于隧底开挖线0.5~1.0m。

14 特殊地质地段设计

14.1 一般规定

14.1.1 当隧道通过膨胀性围岩、岩溶、采空区、流沙、瓦斯及有害气体、黄土、高地应力区、多年冻土等特殊地质地段时，应根据具体情况，采用相应辅助工程措施，保证结构物安全和施工安全。

14.1.2 穿越特殊地质地段的隧道，除应进行特殊设计外，在施工中还应对地下水位变化进行观测，对围岩变形和支护衬砌结构变形或受力进行监测。当设计与实际情况不符时，应及时修正设计。

14.2 膨胀性围岩

14.2.1 断面形状宜采用圆形或接近圆形的断面。

14.2.2 支护结构应按"先柔后刚、先让后顶、分层支护"的设计思想进行设计。

14.2.3 在膨胀变形相对较大的地段，可采用双层初期支护，也可在初期支护内采用可缩式钢架，锚杆宜加长、加密，长短结合。

14.2.4 隧道开挖预留变形量应根据围岩膨胀变形量确定，应较普通围岩地段大。钢架的加工尺寸应随开挖断面的增加而加大，贴近开挖轮廓。

14.2.5 应采用复合式衬砌，二次衬砌宜采用钢筋混凝土结构，初期支护、二次衬砌均应设仰拱。

14.2.6 应采取截、排水措施，减少围岩遇水膨胀变形。

14.3 岩溶

14.3.1 根据岩溶与隧道的位置关系，可采取跨越、加固溶洞、回填溶洞、引排截流岩溶水、清除或加固充填物、封堵地表陷坑、疏排地表水等综合治理措施。

14.3.2 隧道穿越规模较大的空溶洞或暗河通道时，可采取跨越方式通过。

14.3.3 当隧道拱顶以上有较大空溶洞时，根据溶洞洞壁稳定程度，可采取喷锚等措施对溶腔壁进行加固；衬砌拱背应进行回填或设护拱。当隧道两侧有空腔时，可采取加厚衬砌边墙、设混凝土或浆砌片石反压墙等措施。

14.3.4 对隧道底部有充填的溶洞，应根据溶洞充填物的特征以及溶洞与隧道的位置关系，采取桩基、注浆、换填、跨越等措施进行处理。

14.3.5 应根据实际情况对岩溶水采取截、引、排等处理措施，并应保护、疏通、恢复岩溶原有排水通道。

14.4 采空区

14.4.1 应根据采空区所处的围岩条件，采空区的类型、规模、稳定性及其与隧道的相互关系，分析相互影响，选择适宜的隧道支护结构和工程措施。

14.4.2 隧道穿越采空区，可采取跨越、围岩加固、采空区支护结构加固、采空区封闭回填、疏排积水等措施；对穿越有害气体的采空区，应参照有害气体处置要求处理。

14.4.3 采空区影响范围内的隧道衬砌结构宜加强，对存在有害气体的采空区，隧道衬砌应有封闭气体的能力。

14.4.4 对隧道压覆或穿越的未开采区，应提出禁采范围。

14.5 流沙

14.5.1 穿越流沙地层的隧道，应根据流沙特性、规模，贯入度、相对密度、粒径分布、塑性指数、地层承载力、滞水层分布、地下水压力和透水系数等因素，选择适宜的隧道支护结构和工程措施。

14.5.2 穿越流沙地层隧道设计应符合下列规定：
1 应加强地层排水，宜将地下水位降至隧道底以下0.5m。
2 应有出现流沙溢出时的封堵措施。
3 对流沙溢出口附近围岩应进行加固。

4 流沙地层围岩应采用超前加固措施。

5 初期支护钢架宜封闭成环，分部开挖时应设置临时底梁或临时仰拱。

6 流沙地层控制拱顶沉降可采用木垛支撑或钢桁架支撑作为临时竖向支撑。

7 二次衬砌应采用钢筋混凝土结构。

14.6 瓦斯及有害气体

14.6.1 隧道通过含瓦斯及有害气体地层的地段，应根据气体含量、涌出量和气压，采取抽排、隔离、封闭与加固措施，进行超前探测、施工通风、气体检查等设计。

14.6.2 隧道衬砌应采用带仰拱的复合式封闭结构，并提高二次模筑混凝土衬砌的抗渗性能，复合式封闭结构应向不含瓦斯及有害气体地段延伸，延伸距离不应小于20m。

14.6.3 二次模筑混凝土衬砌的施工缝应进行气密性处理，其封闭瓦斯性能不应低于混凝土衬砌。采用双层模筑混凝土衬砌时，两层衬砌施工缝应错开设置，错开距离不应小于2.0m。

14.6.4 含瓦斯地层的喷射混凝土厚度不应小于150mm，二次模筑混凝土衬砌厚度不应小于400mm。

14.6.5 预埋件及预留洞室设置不应降低衬砌结构的防渗能力。

14.6.6 对其他有害气体，需结合具体气体情况，宜参照瓦斯隧道封、堵的原则和通风要求进行设计。

14.7 黄土

14.7.1 黄土隧道应根据黄土类型和物理力学性能、黄土天然含水率、隧道断面大小和施工方法等确定衬砌结构。

14.7.2 黄土隧道宜采用曲墙带仰拱的复合式衬砌结构。不设系统锚杆时，应加强钢架支护，并增设锁脚锚杆。二次衬砌宜采用钢筋混凝土结构。

14.7.3 地基承载力不足时，可采取设置锁脚锚杆（管）、增大拱脚截面、设钢管桩等防止衬砌结构整体下沉的措施。

14.7.4 应回填、铺砌对隧道有影响的地表冲沟、陷穴、裂缝，并应设置地表水引排设施。

14.7.5 位于地下水位线以下的隧道应根据黄土性质、地下水的发育特征，采取降、排、堵相结合的综合治水措施。

14.7.6 湿陷性黄土地基可采取灰土换填、挤密桩、旋喷桩、树根桩、钢管桩等加固措施。

14.7.7 黄土隧道洞口设计应符合下列规定：

1 洞口边、仰坡坡脚以及可能被冲刷基础位置，应进行铺砌。边、仰坡交界处应采用圆弧连接。

2 湿陷性黄土地基，应根据黄土物理力学性质和洞门结构形式，采取换填或挤密桩等加固措施；非湿陷性黄土地基承载力不足时，可采取换填、扩大基础等措施。

14.8 高地应力区

14.8.1 高地应力区隧道设计应符合下列规定：

1 隧道轴线与最大主应力方向水平投影夹角宜小于30°。

2 隧道衬砌断面应采用近似圆形断面。

14.8.2 高地应力区隧道应结合地应力大小、水文地质及围岩条件，按照硬质岩段可能发生岩爆、软质岩段可能发生大变形进行分级，针对不同的等级选择相应的开挖方式与防治措施。岩爆及大变形分级可按表14.8.2-1、表14.8.2-2确定。

表 14.8.2-1 岩 爆 分 级 表

岩 爆 分 级	名 称	判 据
I	轻微岩爆	$0.3 \leqslant \sigma_{\theta max}/R_b < 0.5$
II	中等岩爆	$0.5 \leqslant \sigma_{\theta max}/R_b < 0.7$
III	强烈岩爆	$0.7 \leqslant \sigma_{\theta max}/R_b < 0.9$
IV	剧烈岩爆	$0.9 \leqslant \sigma_{\theta max}/R_b$

注：$\sigma_{\theta max}$ 为洞壁最大切向应力；R_b 为岩石单轴抗压强度。

表 14.8.2-2 大 变 形 分 级 表

大变形分级	名 称	判据（%）
I级	轻微大变形	$2 \leqslant U_a/a < 3$
II级	中等大变形	$3 \leqslant U_a/a < 5$
III级	强烈大变形	$5 \leqslant U_a/a$

注：U_a 为变形量；a 为隧道宽度。

14.8.3 岩爆处置应遵循"以防为主、防治结合"的原则,对可能发生岩爆段应进行监测、预报,应根据岩爆分级采取下列措施:

1 轻微岩爆和中等岩爆段的初期支护可采用钢筋网喷混凝土或纤维喷混凝土、系统锚杆、超前锚杆等联合处置措施。

2 中等岩爆段,可对掌子面及附近围岩喷洒水或对围岩及前方掌子面打设注水孔注水,可增设格栅钢架。

3 强烈岩爆段,可对掌子面及附近围岩喷洒水或对围岩打设注水孔注水、在掌子面上打应力释放孔,可采取钢筋网喷混凝土或纤维喷混凝土、系统锚杆、多排超前锚杆、加强钢架支护等综合治理措施。

4 剧烈岩爆段,应采用可屈服的支护系统,并应采取超前应力解除、高压注水等降低地应力量级的措施。

14.8.4 大变形防治应遵循"加固围岩、预留变形、先柔后刚、先放后抗、分次支护、及早封闭、底部加强"的综合整治原则,应根据大变形不同情况采取下列措施:

1 轻微大变形段,可采取长短锚杆组合、钢筋网喷混凝土或纤维喷混凝土、设置钢架、加强二次衬砌等措施。

2 中等大变形段,可采取长锚杆、钢筋网喷混凝土或纤维喷混凝土、可缩式钢架、二次衬砌采用钢筋混凝土等措施。

3 强烈大变形段,可采取预加固地层、分部开挖、长锚杆、钢筋网喷混凝土或纤维喷混凝土、喷混凝土层留纵缝、可缩式钢架、增设缓冲层、二次衬砌采用钢筋混凝土等措施。

4 中等、强烈大变形段,可根据变形情况,采用两次或多次喷锚支护、增加锚索、加大预留变形量等措施。

14.9 多年冻土

14.9.1 多年冻土区隧道布设应符合下列规定:

1 隧道宜选择在地下水位低、围岩干燥、冻融对围岩影响小的地段。

2 洞口位置宜避开冰锥、冰丘、多年冻土沼泽等地段。

3 应避免顺地下冰层布置隧道。

14.9.2 隧道洞门基础应置于冻胀性或融沉性地层线以下1.0m;洞门墙背有厚层地下冰时,应进行换填处理。

14.9.3 洞口边仰坡应根据冻土状态确定坡率,应对开挖坡面采取保温隔热措施。

14.9.4 多年冻土区隧道应采用曲墙带仰拱的复合式衬砌。结合冻土性质及冻胀危害分析，隧道净空断面可适当增大，预留结构补强空间或采用双层模筑混凝土衬砌。

14.9.5 模筑混凝土衬砌宜采用低温、早强、耐冻混凝土，应满足抗渗、抗冻和耐久性要求，外加剂不应对钢筋产生腐蚀，混凝土抗渗等级不宜低于 P10。

15 隧道路基与路面

15.1 一般规定

15.1.1 隧道路基应为稳定、密实、匀质路基，为路面结构提供均匀的支承。

15.1.2 隧道路面应具有足够的强度、平整、耐久、抗滑、耐磨等性能。

15.1.3 隧道路面结构应根据交通量、设计速度、平纵线形指标、当地环境条件、材料供应情况、全寿命周期费用分析等因素，进行经济、技术比较后确定。

15.1.4 隧道路面结构下应设排水系统。

15.2 隧道路基

15.2.1 设仰拱的隧道，仰拱填充层可为路基层，其填充材料和填充要求应符合本规范第 5 章、第 8 章的相关规定。

15.2.2 不设仰拱的隧道，路基应为稳定的石质地基。

15.3 隧道路面

15.3.1 高速公路、一级公路隧道宜采用沥青混合料上面层与混凝土下面层组成的复合式路面。其他等级公路隧道可采用复合式路面或水泥混凝土路面。

15.3.2 应根据隧道结构和地质条件确定隧道路面结构。不设仰拱的隧道路面应设置基层和面层，可根据需要增设整平层；设仰拱的隧道可只设基层和面层。

15.3.3 路面基层设计应符合下列规定：

1 不设仰拱的隧道路面基层应置于坚实的地基上。

2 基层宜采用素混凝土，厚度宜为 150 ~ 200mm，抗压强度等级不应低于 C20 或弯拉强度不应低于 1.8MPa，且应设置与混凝土面层相对应的横向缩缝。

3　一次摊铺宽度大于 7.5m 时，应设纵向缩缝。

4　增设整平层时，整平层平均厚度不宜小于 150mm。

15.3.4　隧道采用水泥混凝土路面面层时应符合下列规定：

1　二、三、四级公路宜采用设接缝的水泥混凝土面层。水泥混凝土面层厚度：三、四级公路宜为 200～220mm，二级公路宜为 220～240mm；混凝土强度等级：三、四级公路宜为 C35～C40，抗折强度宜为 4.0～4.5MPa；二级公路不宜小于 C40，抗折强度宜为 4.5～5.0MPa。

2　高速公路、一级公路应采用连续配筋混凝土面层或钢纤维混凝土面层。水泥混凝土面层厚度宜为 240～260mm，混凝土强度等级宜为 C40～C50，抗折强度不宜小于 5.0MPa。

3　面层厚度、接缝构造与布设间距、钢纤维混凝土钢纤维掺量、面层特殊部位的配筋均应符合现行《公路水泥混凝土路面设计规范》（JTG D40）的有关规定；洞口段应设胀缝；衬砌结构变化处应结合衬砌变形缝统一设置横向接缝。

4　各级水泥混凝土路面结构可靠度设计标准、材料性能和结构参数及变异水平、设计方法、标准轴载、材料组成和性质参数均应符合现行《公路水泥混凝土路面设计规范》（JTG D40）的有关规定。高速公路、一级公路隧道水泥混凝土路面粗、细集料的级别均宜采用 I 级。

5　路面表面构造深度在交工验收时应满足现行《公路水泥混凝土路面设计规范》（JTG D40）对特殊路段的有关规定，对不利条件下的路面构造深度应取大值。表面构造应具有耐磨损性能，当采用刻槽时，宜采用纵向刻槽，高速公路、一级公路、进洞口段及坡度较大的隧道宜同时采用纵向和横向刻槽。当采用复合式路面时，作为下面层的水泥混凝土表面构造可不受本款要求限制。

6　混凝土路面加铺层应根据使用要求及旧混凝土路面状况，经技术经济比较后选用水泥混凝土加铺结构或沥青混凝土加铺结构；加铺层结构设计应符合现行《公路水泥混凝土路面设计规范》（JTG D40）、《公路沥青路面设计规范》（JTG D50）的有关规定。

15.3.5　连续配筋混凝土面层配筋宜符合下列规定：

1　宜采用直径为 8～12mm 的冷轧带肋钢筋焊接网，也可采用直径为 12～20mm 的纵向和横向冷轧带肋钢筋。配筋可按式（15.3.5）确定，且最小配筋率不宜小于 0.15%。

$$A_s = \frac{16L_s h\mu}{f_{sy}} \tag{15.3.5}$$

式中：A_s——每延米混凝土面层宽（或长）所需的钢筋面积（mm^2）；

　　　L_s——纵向钢筋时，为横缝间距（m）；横向钢筋时，为无拉杆的纵缝或自由边之间的距离（m）；

h——面层厚度（mm）；

μ——面层与基层之间的摩阻系数，可取 1.8；

f_{sy}——钢筋的屈服强度或强度标准值（MPa）。

2 纵向和横向钢筋设在面层上部时，均应采用单层布置，纵向钢筋的净保护层厚度不应小于 50mm，横向钢筋应位于纵向钢筋以下。

3 纵向和横向钢筋宜采用相同或相近的直径，直径差不应大于 4mm。纵向钢筋的间距不应大于 200mm，横向钢筋的间距不应大于 800mm，且不应小于 100mm 或集料最大粒径的 2.5 倍。边缘钢筋至纵缝或自由边的距离宜为 100~150mm。

4 纵向钢筋的焊接长度不宜小于 10 倍（单面焊）或 5 倍（双面焊）钢筋直径，相邻钢筋焊接位置应错开，各焊接端连线与纵向钢筋的夹角应小于 60°。

15.3.6 复合式路面沥青混凝土面层应符合下列规定：

1 沥青混凝土面层应具有与水泥混凝土面板黏结牢固、防水渗入、抗滑耐磨以及抗开裂、抗车辙、抗剥离的良好性能，相关性能要求应符合现行《公路沥青路面设计规范》（JTG D50）的有关规定。

2 沥青混凝土面层宜采用双层式，厚度宜为 80~100mm。

3 沥青面层的混合料类型宜与洞外路段相同，特长隧道可采用温拌沥青混合料，各种外加剂的掺入应不影响混合料的路用性能。

4 沥青面层与混凝土面板间应设置黏结层，黏结层宜采用改性乳化沥青或热喷 SBS 改性沥青 + 预拌沥青碎石。

5 隧道结构变形缝、非连续配筋且无拉杆的水泥混凝土面层接缝和胀缝处，以及存在后期不均匀沉降的软弱地层的隧道段，应在水泥混凝土面板相应位置采取设置加筋土工材料或应力吸收层等减缓反射裂缝的措施。

15.3.7 沥青上面层在调平层上铺装时，混凝土调平层厚度不宜小于 80mm，并应设钢筋网；纤维混凝土调平层厚度不宜小于 60mm；调平层混凝土强度应与下层钢筋混凝土结构路面板一致，并应结合紧密。

15.3.8 洞内采用水泥混凝土路面而洞外采用沥青路面时，应设置与洞外路段保持一致的洞内过渡段，并应符合下列规定：

1 高速公路和一级公路的中隧道、长隧道和特长隧道，洞内进口过渡段长度不应小于隧道照明入口段、过渡段合计长度，且不应小于 300m，洞内出口过渡段长度不应小于 3s 设计速度行程长度。

2 高速公路和一级公路短隧道及二、三、四级公路隧道，洞内进、出口路面过渡段长度不应小于 3s 设计速度行程长度，且不应小于 50m。

15.3.9 隧道不同路面结构衔接应符合下列规定：

1 桥隧相接或与固定构造物相衔接的胀缝无法设置传力杆时，可在距接缝 10～15m 长的水泥混凝土路面结构内配置双层钢筋网。

2 隧道内水泥混凝土路面面层与沥青路面面层衔接时，沥青路面面层一侧应设不少于3m 长的过渡段。过渡段的路面采用两种路面呈阶梯状叠合布置，其下面变厚水泥混凝土过渡板厚度不应小于200mm。过渡板与水泥混凝土面层相接处的接缝内宜设直径25mm、长700mm、间距400mm 的拉杆。

16 抗震设计

16.1 抗震设防分类和设防标准

16.1.1 根据公路等级、隧道重要性以及修复（抢通）的难易程度将山岭公路隧道抗震设防分为 B、C、D 三类，见表 16.1.1。

表 16.1.1 各公路隧道抗震设防类别适用范围

抗震设防类别	适 用 范 围
B	1. 高速公路、一级公路隧道； 2. 三车道、四车道隧道； 3. 连拱隧道； 4. 复杂地质条件的地下风机房洞室群
C	1. 单洞两车道的二级、三级公路隧道； 2. 通风斜井、竖井及风道、平行通道
D	1. 四级公路隧道； 2. 附属洞室

16.1.2 各抗震设防类别隧道的抗震设防目标应符合表 16.1.2 的规定。

表 16.1.2 各抗震设防类别隧道的抗震设防目标

抗震设防类别	设 防 目 标	
	E1 地震作用	E2 地震作用
B	地震后衬砌结构应力低于弹性极限，处于弹性状态；结构无破坏，结构物功能保持震前状态（性能要求 1）	地震后衬砌结构应力超过弹性极限，但在屈服强度以内，结构处于弹性向弹塑性过渡状态；结构局部轻微损伤，不需维修或简单加固后可继续使用（性能要求 2）
C	地震后衬砌结构应力低于弹性极限，处于弹性状态；结构无破坏，结构物功能保持震前状态（性能要求 1）	地震后衬砌结构应力超过屈服强度，未达到结构最大承载力，结构处于弹塑性状态、未失稳；结构产生损伤破坏，但不应出现局部或整体坍塌，通过修复和加固可以恢复结构物功能（性能要求 3）
D	地震后衬砌结构应力低于弹性极限，处于弹性状态；结构无破坏，结构物功能保持震前状态（性能要求 1）	—

16.1.3 B、C 类隧道宜进行 E1 和 E2 地震作用下的抗震分析和抗震验算，D 类隧道可只进行 E1 地震作用下的抗震分析和抗震验算，并应满足抗震措施要求。基本地震动峰值加速度 $0.05g$ 和 $0.10g$ 地区的 B 类、C 类和 D 类隧道，可只进行抗震措施设计。

16.1.4 各类隧道抗震措施的设防标准，应符合下列规定：

1 B 类隧道应按高于本地区地震动峰值加速度一级的要求加强其抗震措施。

2 C 类隧道应按本地区地震动参数确定其抗震措施和地震作用。

3 D 类隧道允许比本地区地震动参数的要求适当降低其抗震措施，但地震动峰值加速度等于 $0.05g$ 时不应降低。

16.2 地震作用

16.2.1 未进行专门工程场地地震安全性评价的公路隧道，抗震设计要考虑的地震作用，应采用所在地区设防地震动相应的设计基本地震参数以及抗震重要性系数 C_i 来表征。

16.2.2 隧址区设计基本地震动参数应根据现行《中国地震动参数区划图》（GB 18306）规定的地震动参数确定。地震动峰值加速度分区对应的各分区地震动峰值加速度范围，以及对应的地震烈度应符合表 16.2.2 的规定。

表 16.2.2　地震动峰值加速度分区与各分区地震动峰值加速度范围
及地震烈度之间对应关系

地震动峰值加速度 A（g）	0.05	0.10	0.15	0.20	0.30	0.40
抗震设防地震动分档（g）	[0.04，0.09)	[0.09，0.14)	[0.14，0.19)	[0.19，0.28)	[0.28，0.38)	[0.38，0.75)
抗震设防烈度	VI	VII		VIII		IX

16.2.3 各类隧道的抗震重要性系数 C_i，应符合表 16.2.3 的规定。

表 16.2.3　各类隧道的抗震重要性系数 C_i

抗震设防类别	E1 地震作用	E2 地震作用
B	0.43	1.3
C	0.34	1.0
D	0.26	—

16.2.4 位于地震动峰值加速度 $0.40g$ 地区的特长隧道，应按照有关规定，进行专门的工程场地地震安全性评价，确定地震作用。开展工程场地地震安全性评价的隧道，其

各级地震作用相应的地震动峰值加速度值不应低于根据本规范表 16.2.3 抗震重要性系数所确定的地震动峰值加速度值。

16.3 抗震验算

16.3.1 应根据抗震设防目标进行结构强度验算、变形验算和洞门稳定性验算，地震作用应与永久荷载和可变荷载进行组合。

16.3.2 进行 E1 地震作用下的强度验算时，结构强度安全系数应符合表 16.3.2 的规定。

表 16.3.2 结构强度安全系数

受 力 特 征	材 料 种 类	
	钢筋混凝土	混 凝 土
混凝土达到抗压极限强度	—	1.8
混凝土达到抗拉极限强度	—	2.5
钢筋达到设计强度或混凝土达到抗压极限强度	1.5	—
混凝土达到抗拉极限强度（主拉应力）	1.8	—

16.3.3 进行结构整体变形性能验算时，二次衬砌结构应采用最大收敛值作为验算指标。抗震性能要求为 2 时，最大收敛界限值应不大于隧道跨度的 5.0‰；抗震性能要求为 3 时，最大收敛界限值应不大于隧道跨度的 15.0‰。

16.3.4 抗震验算时，钻爆法山岭公路隧道宜采用静力法进行横向抗震计算，需要进行纵向或三维计算时应按表 16.3.4 采用。

表 16.3.4 隧道抗震计算方法

抗 震 计 算	计 算 方 法	结构性能状态
横向抗震计算	静力法	弹性
	横向反应位移法	弹性
	动力分析法（时程）（二维或三维）	弹性或弹塑性
纵向抗震计算	纵向反应位移法	弹性
	动力分析法（时程）	弹性或弹塑性
三维空间模型抗震计算	动力分析法（时程）	弹性或弹塑性

16.4 抗震措施

16.4.1 隧道宜设置于抗震有利地段，不宜设在岩堆、滑坡体、泥石流沟、崩塌、围岩落石等不良地质及排水困难的沟谷低洼处或不稳定的悬崖陡壁下。

16.4.2 隧道洞口位置的选择应结合洞口段的地形和地质条件确定，并应采取措施控制洞口仰坡和边坡的开挖高度，防止发生崩塌和滑坡等震害。

16.4.3 在抗震设防烈度较高的地区，洞口边仰坡较陡时，宜采用明洞式洞门，并采取防止落石撞击的措施。

16.4.4 明洞衬砌应采用钢筋混凝土结构，并沿隧道纵向设置防震缝。

16.4.5 设计基本地震动峰值加速度大于或等于 $0.20g$ 的地区，隧道洞门端墙与衬砌环框间、端墙与洞口挡土墙或翼墙间的施工接缝处，应采取加设短钢筋或设置榫头等抗震连接措施。

16.4.6 隧道洞口段、浅埋偏压段、深埋软弱围岩段和断层破碎带等地段的结构，其抗震加强长度应根据地形、地质条件确定。抗震设防段两端应向围岩质量较好的地段延伸，两车道及其以下隧道宜延伸 5~10m，三车道隧道及其以上隧道宜延伸 10~20m。

16.4.7 抗震设防地段衬砌结构构造应符合下列规定：
  1 软弱围岩段的隧道衬砌应采用带仰拱的曲墙式衬砌。
  2 明暗洞交界处、软硬岩交界处及断层破碎带，宜结合沉降缝、伸缩缝综合设置防震缝。
  3 通道交叉口部及未经注浆加固处理的断层破碎带区段采用复合式支护结构时，二次衬砌应采用钢筋混凝土结构。
  4 当隧道穿越活动断层时，衬砌断面宜根据断层最大位错量评估值进行隧道断面尺寸的超挖设计。断层设防段宜设置防震缝。

16.5 洞内设施

16.5.1 洞内设施，包括洞内附属构造物和附属机电设备，自身及其与结构主体的连接，均应进行抗震设计。

16.5.2 附属构造物和机电设备与主体结构应有可靠连接，避免地震时脱落伤人。

16.5.3 安装在隧道内的机电设施支座和连接，应符合地震时使用功能的要求，且不应导致相关部件的损坏。

17 改扩建设计

17.1 一般规定

17.1.1 为改善隧道通行条件、增加通行能力，或提高公路等级和标准，利用既有隧道或既有隧道线位时，可对既有隧道进行改建、扩建或增建。受地形地质条件限制的局部路段，经评估论证，可维持原隧道通行。

17.1.2 进行隧道改扩建时，除应按本规范第3章进行必要的调查外，尚应对既有隧道的设计、施工、维修养护及运营情况等应进行调查。

17.2 隧道改扩建方案设计

17.2.1 隧道改扩建设计应结合路线总体设计、隧道接线条件、工程地质、既有隧道现状、交通组织、建设条件进行经济技术比较，充分利用既有隧道，合理确定改扩建形式和技术标准。

17.2.2 增建和扩建隧道的线形及横断面设计应满足现行《公路工程技术标准》（JTG B01）和本规范第4章的相关规定。

17.2.3 既有双洞四车道隧道扩建成六车道隧道时，宜采用原位扩建。

17.2.4 既有双洞四车道隧道扩建为八车道隧道时，可采用原位扩建或利用原有隧道再增建隧道方案。

17.2.5 既有双洞四车道连拱隧道扩建为双洞六车道隧道时，宜保留既有连拱隧道，改为同向分行，新增一个单洞三车道隧道。

17.2.6 既有双洞四车道连拱隧道扩建为双洞八车道隧道时，可保留既有连拱隧道，新增一个四车道隧道或两个两车道隧道，也可采用改连拱隧道为单洞四车道隧道，新增一个单洞四车道隧道。

17.2.7 同向采用两个隧道分行时，应设置必要的交通安全设施。

17.2.8 单洞双向行驶两车道隧道扩建为双洞四车道隧道时，宜利用既有隧道，增建一个两车道隧道。

17.2.9 改扩建后对不再作为通车使用的既有隧道，宜用作维修、养护服务通道和应急疏散救援通道。疏散救援通道应能保证隧道结构的长期稳定。

17.2.10 隧道扩建宜在并行新建隧道施工完成后进行。新建隧道施工时应减小对既有隧道结构的影响，必要时应对既有隧道结构采取临时保护或加固措施。

17.2.11 隧道改扩建设计应包含施工方案设计和交通组织设计，宜采用不中断交通的施工方案。

17.3 隧道扩建

17.3.1 既有隧道扩建应符合下列要求：

1 隧道线位应与既有隧道保持一致，扩建隧道净空应尽可能利用既有隧道净空。

2 隧道路面设计高程宜与既有隧道保持一致。

3 既有隧道内的紧急停车带、车行横通道、人行横通道的位置、间距及尺寸应尽可能利用。

17.3.2 扩建隧道结构设计应包括对既有隧道结构的拆除方案设计和临时支护设计，扩建隧道应进行扩建施工多种工况下的结构受力状态和围岩稳定性计算，衬砌结构和构造应符合本规范其他章节的相关规定。

17.3.3 隧道扩建围岩压力计算应符合下列规定：

1 既有隧道施工时对围岩扰动不大，施工期间未发生大变形、塌方等，且经过一定时间运营后，围岩无明显变异的段落，可参照新建隧道计算围岩压力。

2 既有隧道施工中发生过塌方的段落，应根据塌方高度及塌方横向范围，确定围岩级别和围岩压力。

17.3.4 既有隧道扩建宜采用单侧扩挖方式，扩挖范围宜包括既有隧道全部开挖范围。

17.3.5 扩建隧道对临近隧道产生明显爆破震动和对围岩稳定、结构内力产生不良影响时，应采取可靠的技术措施降低影响。

17.4 隧道改建

17.4.1 改建前，应对既有隧道的现状进行全面调查、检测，分析评价既有隧道的健康状况。

17.4.2 隧道改建应符合下列规定：

1 隧道改建应按现行《公路工程技术标准》（JTG B01）执行；当技术和经济条件限制时，可采用原有技术标准。

2 既有隧道土建结构在能保证通行能力和营运安全的前提下，应尽可能利用，不宜改变既有结构和衬砌背后的排水系统。

3 改建后，隧道设计行车速度与隧道前后路段设计行车速度差不应大于20km/h。

17.4.3 既有隧道新增紧急停车带时，应采用局部扩挖的方式。

17.4.4 隧道改建同时又有并行增建隧道时，隧道改建宜在增建隧道施工完成后实施。

17.5 增建隧道

17.5.1 增建隧道结构设计应符合新建隧道的相关规定。

17.5.2 增建隧道布置应减少对既有隧道的影响。

17.5.3 增建隧道与既有隧道为小净距时，应按小净距隧道考虑围岩压力。

17.5.4 增建隧道与既有隧道间设置横通道时，增建隧道设计高程应满足横通道纵坡设计要求；横通道开洞位置应避开既有隧道衬砌结构变形缝和施工缝，避开距离不宜小于2m。

17.5.5 应根据既有隧道运营要求、结构现状、与既有隧道净距、围岩级别等因素，考虑增建隧道爆破施工对相邻既有隧道结构的影响。

18 洞内预留预埋及构造物

18.1 一般规定

18.1.1 应根据隧道交通工程与设施的要求进行洞内预留、预埋及构造物设计，预留、预埋及构造物设计应与相关专业进行协调。

18.1.2 预留洞室和预埋件应能保证隧道结构的稳定和结构强度，不得损害隧道衬砌结构的支护能力。

18.2 预留预埋

18.2.1 预留洞室尺寸拟定应能满足设备放置空间和维护操作空间要求。

18.2.2 预留洞室应避开衬砌结构变形缝和施工缝布置，避开距离不宜小于 1.5m。

18.2.3 预留洞室应做好防水设计，预留洞室内应不渗不漏。

18.2.4 隧道内各类设施的悬挂及安装预埋件应根据其承重和耐久性要求，进行强度和防腐设计，并应符合下列规定：
1 隧道内预埋件设计使用年限，应与结构设计使用年限一致。
2 有承重要求的预埋件，应满足使用承载力要求。
3 吊挂风机预埋件的强度应能承受不小于风机重量 15 倍的荷载。

18.2.5 预埋在衬砌内的各种管线，应置于衬砌截面的中部，管壁距衬砌内外侧边缘不应小于 100mm。

18.2.6 在有强电敷设的隧道，应根据电专业要求预埋接地扁钢，预埋接地要求可由电专业具体设计。

18.3 电缆沟

18.3.1 应根据机电工程和消防工程需要设置电缆沟，电缆沟宜布置在两侧检修道下。

18.3.2 电缆沟尺寸应根据隧道内电缆、消防管布置需求拟定断面形式和尺寸，应考虑便于电缆、消防管的敷设和维护。

18.3.3 电缆沟盖板应能承受人行荷载；盖板应按一定距离设开启吊钩或开启孔或开启缝，盖板顶面应与路缘石顶面平齐。

18.3.4 电缆沟外侧壁应采用钢筋混凝土结构，应能确保受车辆撞击后，管内设施不被损坏。

18.3.5 电缆沟应满足自流排水要求。

附录 A　围岩分级有关规定

A.0.1　岩石坚硬程度定量指标用岩石单轴饱和抗压强度（R_c）表达，宜采用实测值；若无实测值时，可采用实测的岩石点荷载强度指数（$I_{S(50)}$）的换算值，即按式（A.0.1）计算：

$$R_c = 22.82 I_{S(50)}^{0.75}$$ 　　　　　（A.0.1）

A.0.2　岩体完整程度的定量指标用岩体完整性系数（K_v）表达，应符合下列规定：

1　K_v 宜用弹性波探测值；若无探测值时，可用岩体体积节理数（J_v）按表 A.0.2 确定对应的 K_v 值。

表 A.0.2　J_v 与 K_v 对照表

J_v（条/m³）	< 3	3 ~ 10	10 ~ 20	20 ~ 35	≥35
K_v	> 0.75	0.75 ~ 0.55	0.55 ~ 0.35	0.35 ~ 0.15	≤0.15

2　岩体完整性指标 K_v 测试和计算方法，应针对不同的工程地质岩组或岩性段，选择有代表性的点、段，测试岩体弹性纵波速度，并应在同一岩体取样测定岩石纵波速度，按式（A.0.2-1）计算：

$$K_v = (v_{pm}/v_{pr})^2$$ 　　　　　（A.0.2-1）

式中：v_{pm}——岩体弹性纵波速度（km/s）；

v_{pr}——岩石弹性纵波速度（km/s）。

3　岩体体积节理数 J_v（条/m³）测试和计算方法，应针对不同的工程地质岩组或岩性段，选择有代表性的露头或开挖壁面进行节理（结构面）统计。除成组节理外，对延伸长度大于1m的分散节理亦应予以统计。已为硅质、铁质、钙质充填再胶结的节理，可不予统计。每一测点的统计面积不应小于 $2 \times 5m^2$。岩体 J_v 值应根据节理统计结果，按式（A.0.2-2）计算：

$$J_v = S_1 + S_2 + \cdots + S_n + S_k$$ 　　　　　（A.0.2-2）

式中：S_n——第 n 组节理每米长测线上的条数；

S_k——每立方米岩体非成组节理条数（条/m³）。

A.0.3　岩体基本质量影响因素的修正系数 K_1、K_2、K_3 的取值可分别按表 A.0.3-1、表 A.0.3-2 和表 A.0.3-3 确定。无表中所示情况时，修正系数可取零。

表 A.0.3-1　地下水影响修正系数 K_1

地下水出水状态	BQ			
	>550	550~451	350~251	<250
潮湿或点滴状出水，$p≤0.1$ 或 $Q≤25$	0	0	0.2~0.3	0.4~0.6
淋雨状或涌流状出水，$0.1<p≤0.5$ 或 $25<Q≤125$	0~0.1	0.1~0.2	0.4~0.6	0.7~0.9
淋雨状或涌流状出水，$p>0.5$ 或 $Q>125$	0.1~0.2	0.2~0.3	0.7~0.9	1.0

注：在同一地下水状态下，岩体基本质量指标 BQ 越小，修正系数 K_1 取值越大；同一岩体，地下水量、水压越大，修正系数 K_1 取值越大。

表 A.0.3-2　主要软弱结构面产状影响修正系数 K_2

结构面产状及其与洞轴线的组合关系	结构面走向与洞轴线夹角 <30°　结构面倾角 30°~75°	结构面走向与洞轴线夹角 >60°　结构面倾角 >75°	其他组合
K_2	0.4~0.6	0~0.2	0.2~0.4

注：1. 一般情况下，结构面走向与洞轴线夹角越大，结构面倾角越大，修正系数 K_2 取值越小；结构面走向与洞轴线夹角越小，结构面倾角越小，修正系数 K_2 取值越大；

　　2. 本表特指存在一组起控制作用结构面的情况，不适用于有两组或两组以上起控制作用结构面的情况。

表 A.0.3-3　初始应力状态影响修正系数 K_3

初始应力状态	BQ				
	>550	550~451	450~351	350~251	≤250
极高应力区	1.0	1.0	1.0~1.5	1.0~1.5	1.0
高应力区	0.5	0.5	0.5	0.5~1.0	0.5~1.0

注：1. BQ 值越小，修正系数 K_3 取值越大。

　　2. 围岩极高及高初始应力状态的评估，可按附录 A 中表 A.0.4 规定进行。

A.0.4　根据岩体（围岩）钻探和开挖过程中出现的主要现象，如岩芯饼化或岩爆现象，可按表 A.0.4 详估围岩的应力情况。

表 A.0.4　高初始应力地区围岩在开挖过程中出现的主要现象

应力情况	主　要　现　象	R_c/σ_{max}
极高应力	1. 硬质岩：开挖过程中有岩爆发生，有岩块弹出，洞壁岩体发生剥离，新生裂缝多，成洞性差； 2. 软质岩：岩芯常有饼化现象，开挖过程中洞壁岩体有剥离，位移极为显著，甚至发生大位移，持续时间长，不易成洞	<4
高应力	1. 硬质岩：开挖过程中可能出现岩爆，洞壁岩体有剥离和掉块现象，新生裂缝较多，成洞性差； 2. 软质岩：岩芯时有饼化现象，开挖过程中洞壁岩体位移显著，持续时间较长，成洞性差	4~7

注：σ_{max} 为垂直洞轴线方向的最大初始应力。

A.0.5　岩石坚硬程度的定性划分应符合下列规定：

1 岩石坚硬程度可按表 A.0.5-1 定性划分。

表 A.0.5-1 岩石坚硬程度的定性划分

名 称		定 性 鉴 定	代表性岩石
硬质岩	坚硬岩	锤击声清脆，有回弹，震手，难击碎；浸水后，大多无吸水反应	未风化~微风化的花岗岩、正长岩、闪长岩、辉绿岩、玄武岩、安山岩、片麻岩、石英片岩、硅质板岩、石英岩、硅质胶结的砾岩、石英砂岩、硅质石灰岩等
	较坚硬岩	锤击声较清脆，有轻微回弹，稍震手，较难击碎；浸水后，有轻微吸水反应	1. 中等（弱）风化的坚硬岩； 2. 未风化~微风化的熔结凝灰岩、大理岩、板岩、白云岩、石灰岩、钙质胶结的砂页岩等
软质岩	较软岩	锤击声不清脆，无回弹，较易击碎；浸水后，指甲可刻出印痕	1. 强风化的坚硬岩； 2. 中等（弱）风化的较坚硬岩； 3. 未风化~微风化的凝灰岩、千枚岩、砂质泥岩、泥灰岩、泥质砂岩、粉砂岩、页岩等
	软岩	锤击声哑，无回弹，有凹痕，易击碎；浸水后，手可掰开	1. 强风化的坚硬岩； 2. 中等（弱）风化~强风化的较坚硬岩； 3. 中等（弱）风化的较软岩； 4. 未风化的泥岩、泥质页岩、绿泥石片岩、绢云母片岩等
	极软岩	锤击声哑，无回弹，有较深凹痕，手可捏碎；浸水后，可捏成团	1. 全风化的各种岩石； 2. 强风化的软岩； 3. 各种半成岩

2 岩石风化程度可按表 A.0.5-2 确定。当波速比 k_v、风化系数 k_f 及野外特征与表列不对应时，岩石风化程度宜综合判断。

表 A.0.5-2 岩石风化程度的划分

名 称	野 外 特 征	风化程度参数指标	
		波速比 k_v	风化系数 k_f
未风化	岩石结构构造未变，岩质新鲜	0.9~1.0	0.9~1.0
微风化	岩石结构构造、矿物成分和色泽基本未变，部分裂隙面有铁锰质渲染或略有变色	0.8~0.9	0.8~0.9
中等（弱）风化	岩石结构构造大部分破坏，矿物成分和色泽已明显变化，长石、云母和铁镁矿物已风化蚀变	0.6~0.8	0.4~0.8
强风化	岩石结构构造大部分破坏，矿物成分和色泽已明显变化，长石、云母和铁镁矿物已风化蚀变	0.4~0.6	<0.4
全风化	岩石结构构造完全破坏，已崩解和分解成松散土状或砂状，矿物全部变色，光泽消失，除石英颗粒外的矿物大部分风化蚀变为次生矿物	0.2~0.4	—

注：1. 波速比 k_v 为风化岩石弹性纵波速度与新鲜岩石弹性纵波速度之比。

2. 风化系数 k_f 为风化岩石单轴饱和抗压强度之比。

3 岩体节理发育程度可按表 A.0.5-3 划分。

表 A.0.5-3 岩体节理发育程度划分

节理间距 d（mm）	$d > 400$	$200 < d \leqslant 400$	$20 < d \leqslant 200$	$d \leqslant 20$
节理发育程度	不发育	发育	很发育	极发育

4 R_c 与岩石坚硬程度定性划分的关系可按表 A.0.5-4 确定。

表 A.0.5-4 R_c 与岩石坚硬程度定性划分的关系

R_c（MPa）	> 60	60 ~ 30	30 ~ 15	15 ~ 5	< 5
坚硬程度	坚硬岩	较坚硬岩	较软岩	软岩	极软岩

A.0.6 岩石完整程度的定性划分应符合下列规定：

1 岩体完整程度可按表 A.0.6-1 定性划分。

表 A.0.6-1 岩体完整程度的定性划分

名称	结构面发育程度		主要结构面的结合程度	主要结构面类型	相应结构类型
	组数	平均间距（m）			
完整	1 ~ 2	> 1.0	好或一般	节理、裂隙、层面	整体状或巨厚层结构
较完整	1 ~ 2	> 1.0	差	节理、裂隙、层面	块状或厚层状结构
	2 ~ 3	1.0 ~ 0.4	好或一般		块状结构
较破碎	2 ~ 3	1.0 ~ 0.4	差	节理、裂隙、层面、小断层	裂隙块状或中厚层结构
	≥ 3	0.2 ~ 0.4	好		镶嵌碎裂结构
			一般		中、薄层状结构
破碎	≥ 3	0.2 ~ 0.4	差	各种类型结构面	裂隙块状结构
		≤ 0.2	一般或差		碎裂状结构
极破碎	无序		很差		散体状结构

注：平均间距指主要结构面（1 ~ 2 组）间距的平均值。

2 结构面结合程度可按表 A.0.6-2 划分。

表 A.0.6-2 结构面结合程度划分

结合程度	结构面特征
好	张开度小于 1mm，为硅质、铁质或钙质胶结，或结构面粗糙，无填充物； 张开度 1 ~ 3mm，为硅质或铁质胶结； 张开度大于 3mm，结构面粗糙，为硅质胶结
一般	张开度小于 1mm，结构面平直，钙泥质胶结或无填充物； 张开度 1 ~ 3mm，为钙质胶结； 张开度大于 3mm，结构面粗糙，为铁质或钙质胶结
差	张开度 1 ~ 3mm，结构面平直，为泥质胶结或钙泥质胶结； 张开度大于 3mm，多为泥质或岩屑胶结
很差	泥质充填或泥夹岩屑充填，充填物厚度大于起伏差

3 岩层厚度分类可按表 A.0.6-3 确定。

表 A.0.6-3 岩 层 厚 度 分 类

单层厚度 h（m）	h>1.0	0.5<h≤1.0	0.1<h≤0.5	h≤0.1
岩层厚度分类	巨厚层	厚层	中厚层	薄层

4 K_v 与定性划分的岩体完整程度的对应关系可按表 A.0.6-4 确定。

表 A.0.6-4 K_v 与定性划分的岩体完整程度的对应关系

K_v	>0.75	0.75～0.55	0.55～0.35	0.35～0.15	<0.15
完整程度	完整	较完整	较破碎	破碎	极破碎

A.0.7 各级岩质围岩的物理力学参数及结构面抗剪强度，应通过室内或现场试验获得。当无实测数据时，可按下列各表选取：

1 各级岩质围岩物理力学参数可按表 A.0.7-1 选用。

表 A.0.7-1 各级岩质围岩物理力学参数

围岩级别	重度 γ（kN/m³）	弹性抗力系数 k（MPa/m）	变形模量 E（GPa）	泊松比 μ	内摩擦角 φ（°）	黏聚力 c（MPa）	计算摩擦角 φ_c（°）
Ⅰ	>26.5	1 800～2 800	>33	<0.2	>60	>2.1	>78
Ⅱ		1 200～1 800	20～33	0.2～0.25	50～60	1.5～2.1	70～78
Ⅲ	26.5～24.5	500～1 200	6～20	0.25～0.3	39～50	0.7～1.5	60～70
Ⅳ	24.5～22.5	200～500	1.3～6	0.3～0.35	27～39	0.2～0.7	50～60
Ⅴ	17～22.5	100～200	<1.3	0.35～0.45	20～27	0.05～0.2	40～50
Ⅵ	15～17	<100	<1	0.4～0.5	<20	<0.2	30～40

注：1. 本表数值不包括黄土地层。
　　2. 选用计算摩擦角时，不再计内摩擦角和黏聚力。

2 岩体结构面抗剪断峰值强度参数可按表 A.0.7-2 选用。

表 A.0.7-2 岩体结构面抗剪断峰值强度参数

序号	两侧岩体的坚硬程度及结构面的结合程度	内摩擦角 φ（°）	黏聚力 c（MPa）
1	坚硬岩，结合好	>37	>0.22
2	坚硬～较坚硬岩，结合一般； 较软岩，结合好	37～29	0.22～0.12
3	坚硬～较坚硬岩，结合差； 较软岩～软岩，结合一般	29～19	0.12～0.08
4	较坚硬～较软岩，结合差～结合很差； 软岩，结合差；软质岩的泥化面	19～13	0.08～0.05
5	较坚硬岩及全部软质岩，结合很差； 软质岩泥化层本身	<13	<0.05

3 各级土质围岩物理力学参数可按表 A.0.7-3 选用。

表 A.0.7-3 各级土质围岩物理力学参数

围岩级别	土体类别	重度（kN/m³）	弹性抗力系数 k（MPa/m）	变形模量 E（GPa）	泊松比 μ	内摩擦角 φ（°）	黏聚力 c（MPa）
IV	黏质土	20～30	200～300	0.030～0.045	0.25～0.33	30～45	0.060～0.250
	砂质土	18～19		0.024～0.030	0.29～0.31	33～40	0.012～0.024
	碎石土	22～24		0.050～0.075	0.15～0.30	43～50	0.019～0.030
V	黏质土	16～18	100～200	0.005～0.030	0.33～0.43	15～30	0.015～0.060
	砂质土	15～18		0.003～0.024	0.31～0.36	25～33	0.003～0.012
	碎石土	17～22		0.010～0.050	0.20～0.35	30～43	＜0.019
VI	黏质土	14～16	＜100	＜0.005	0.43～0.50	＜15	＜0.015
	砂质土	14～15		0.003～0.005	0.36～0.42	10～25	＜0.003

附录 B 隧道建筑限界与内轮廓图

B.0.1 四级公路两车道隧道建筑限界与内轮廓如图 B.0.1-1、图 B.0.1-2 所示。

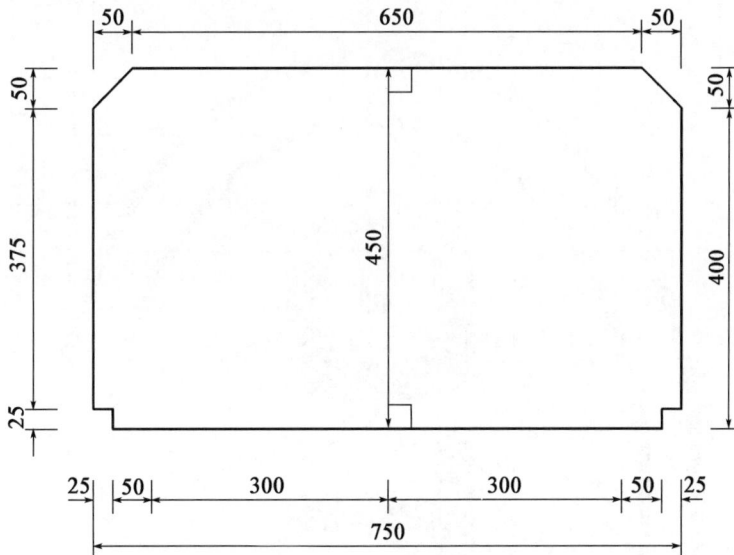

图 B.0.1-1 四级公路两车道隧道建筑限界（20km/h）（尺寸单位：cm）

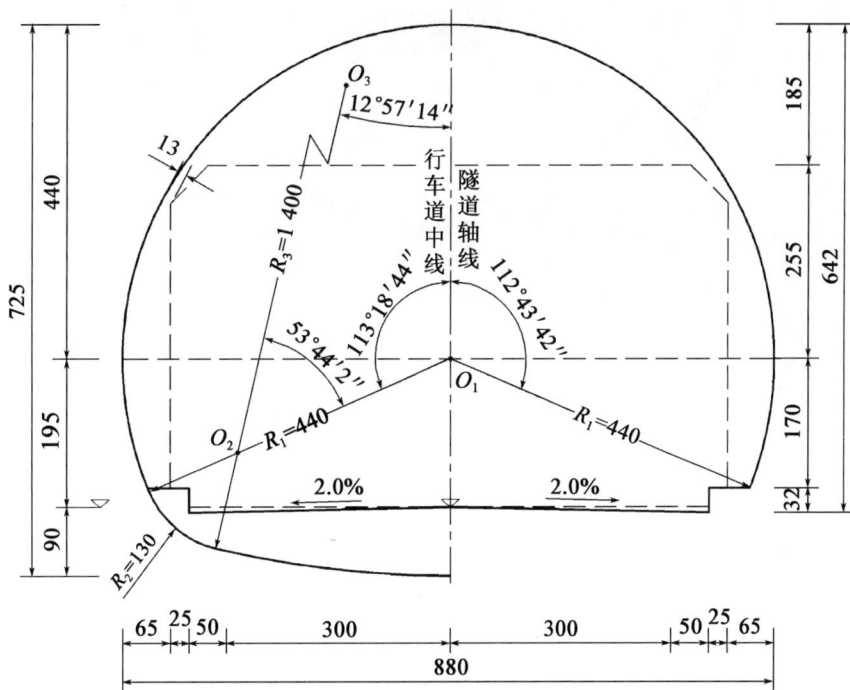

图 B.0.1-2 四级公路两车道隧道内轮廓图（20km/h）（尺寸单位：cm）

B.0.2 三级公路两车道隧道建筑限界与内轮廓如图 B.0.2-1、图 B.0.2-2 所示。

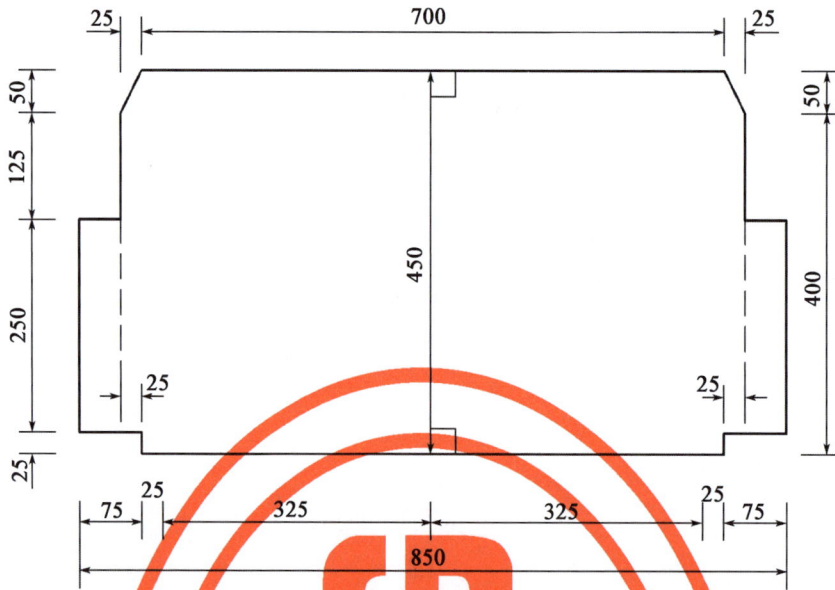

图 B.0.2-1 三级公路两车道隧道建筑限界 (30km/h) (尺寸单位：cm)

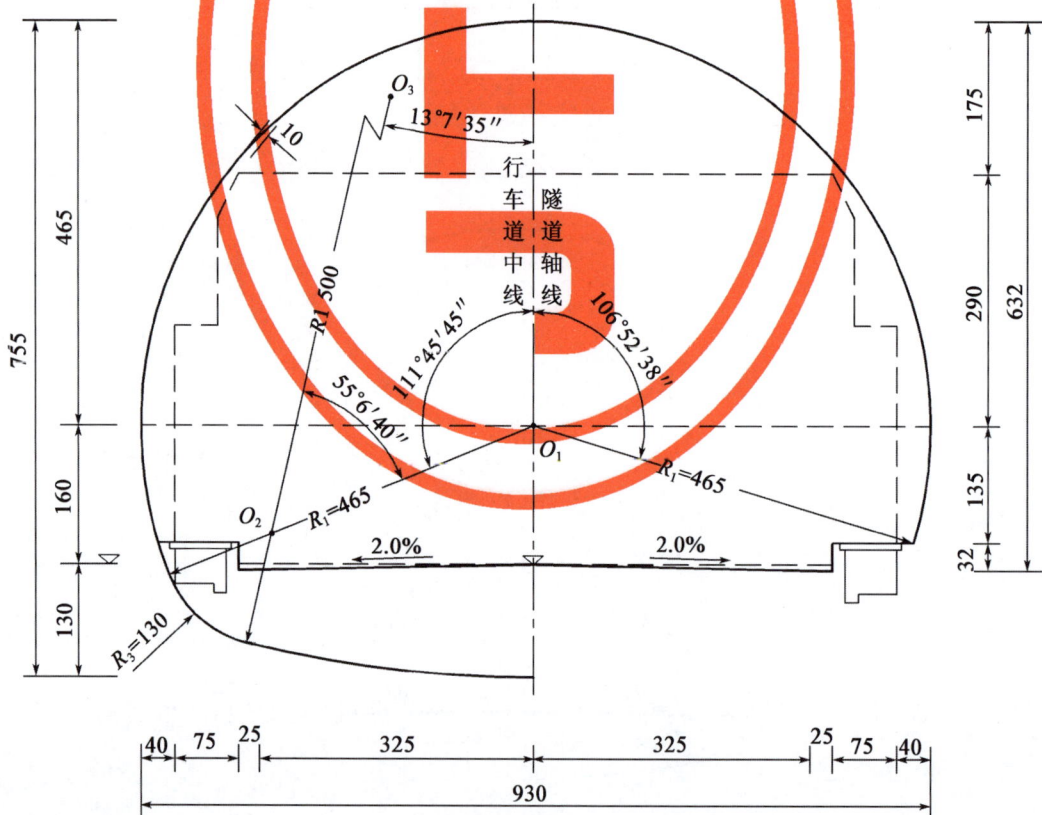

图 B.0.2-2 三级公路两车道隧道内轮廓图 (30km/h) (尺寸单位：cm)

B.0.3 三级公路两车道隧道建筑限界与内轮廓如图 B.0.3-1、B.0.3-2 所示。

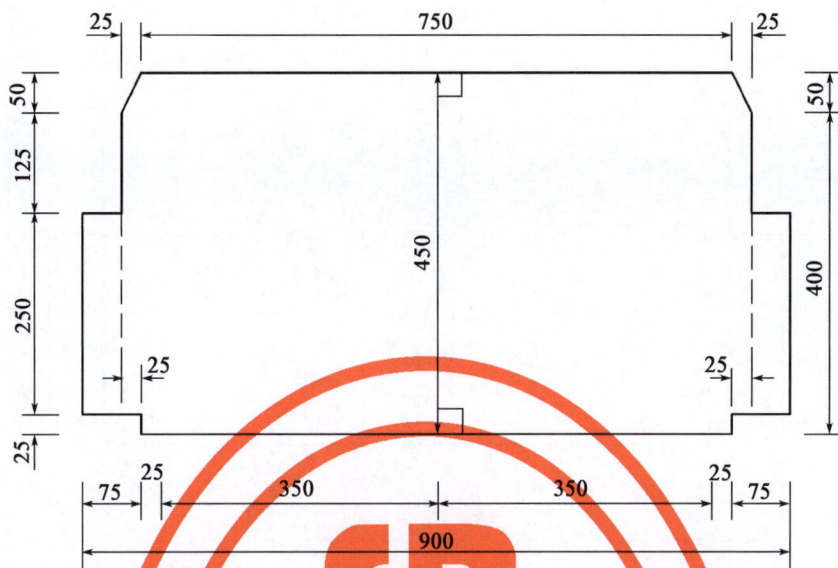

图 B.0.3-1 三级公路两车道隧道建筑限界（40km/h）（尺寸单位：cm）

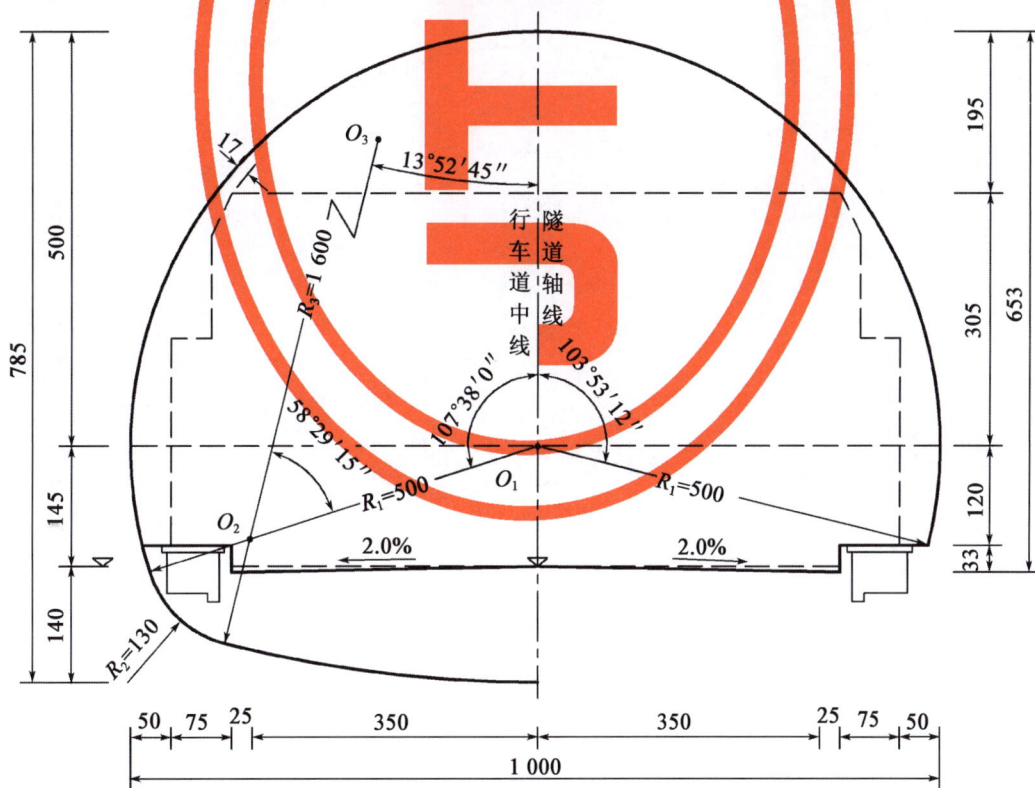

图 B.0.3-2 三级公路两车道隧道建筑限界（40km/h）（尺寸单位：cm）

B. 0. 4 二级公路两车道隧道限界图（60km/h）如图 B. 0. 4-1、图 B. 0. 4-2 所示。

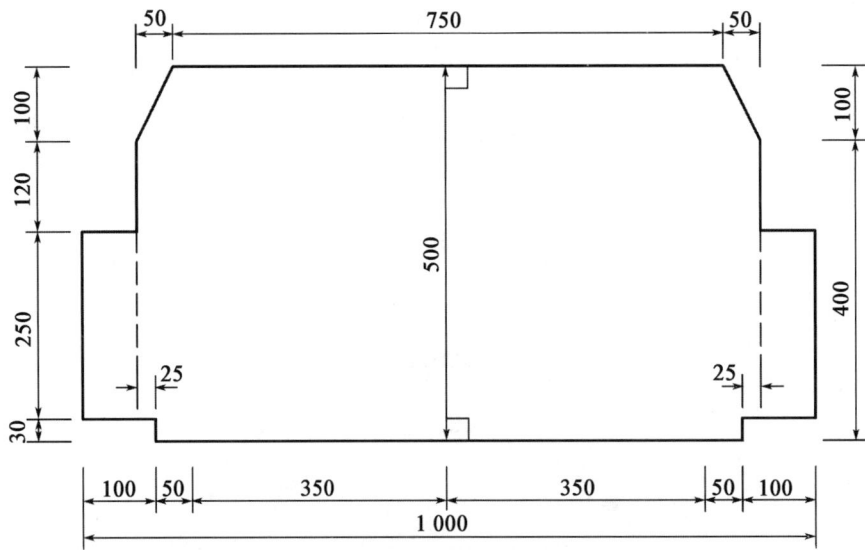

图 B. 0. 4-1 二级公路两车道隧道限界图（60km/h）（尺寸单位：cm）

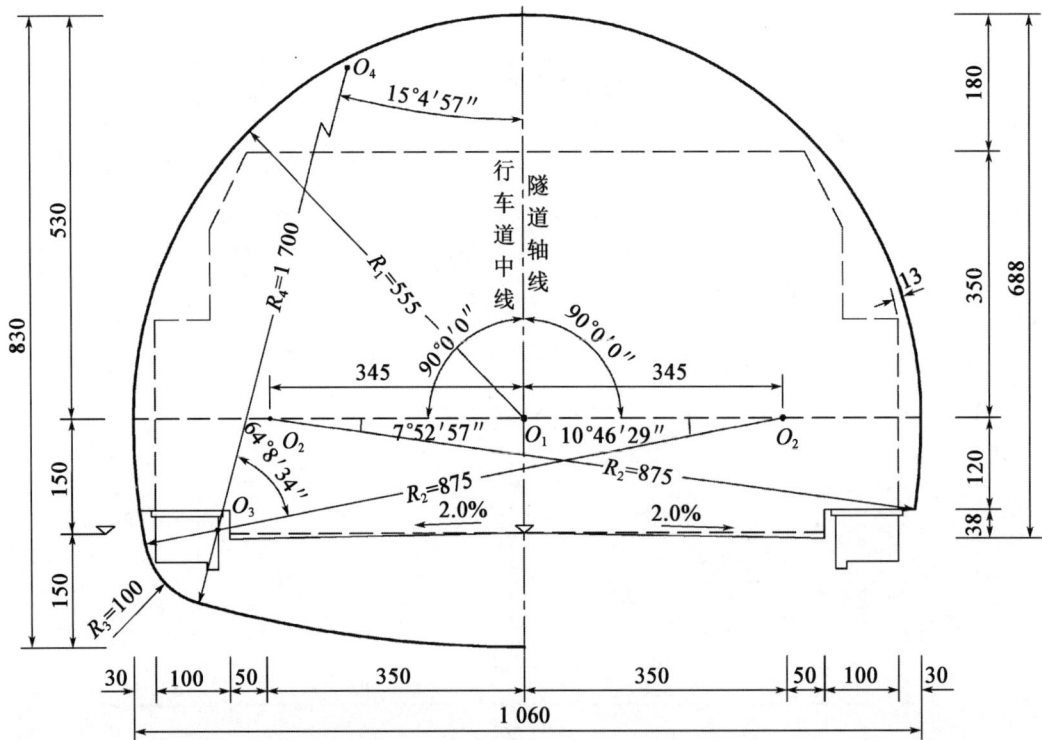

图 B. 0. 4-2 二级公路两车道隧道内轮廓图（60km/h）（尺寸单位：cm）

B.0.5 二级公路两车道隧道限界图（80km/h）如图 B.0.5-1、图 B.0.5-2 所示。

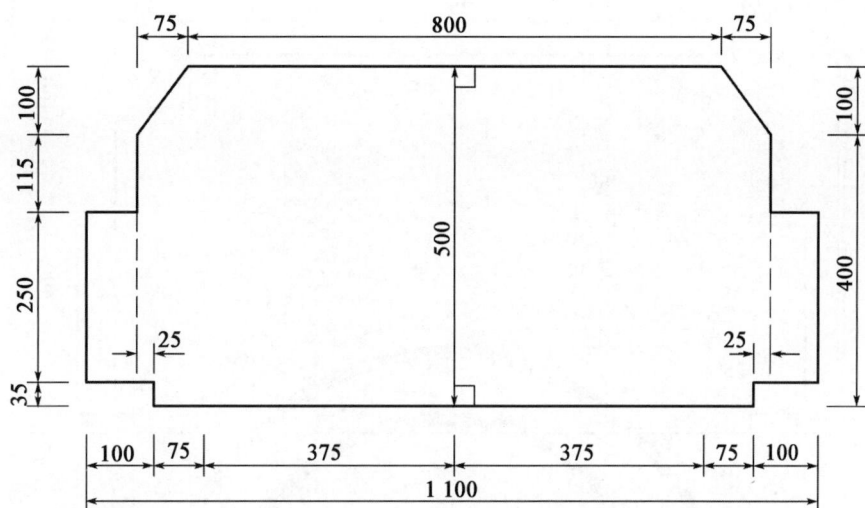

图 B.0.5-1　二级公路两车道隧道限界图（80km/h）（尺寸单位：cm）

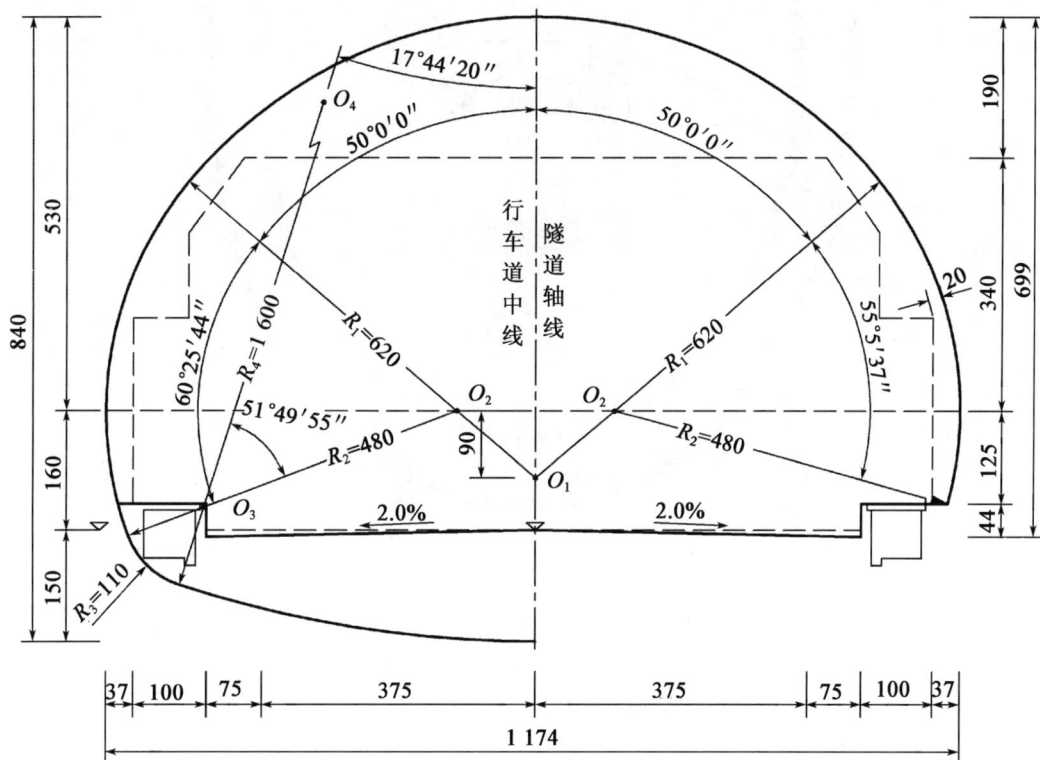

图 B.0.5-2　二级公路两车道隧道内轮廓图（80km/h）（尺寸单位：cm）

B. 0. 6 一级公路两车道隧道限界图（60km/h）如图 B. 0. 6-1、图 B. 0. 6-2 所示。

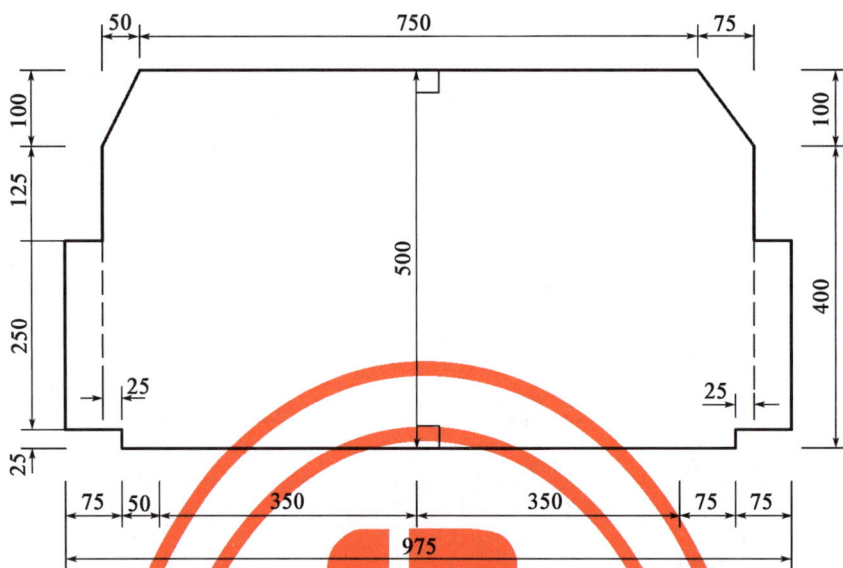

图 B. 0. 6-1 一级公路两车道隧道限界图（60km/h）（尺寸单位：cm）

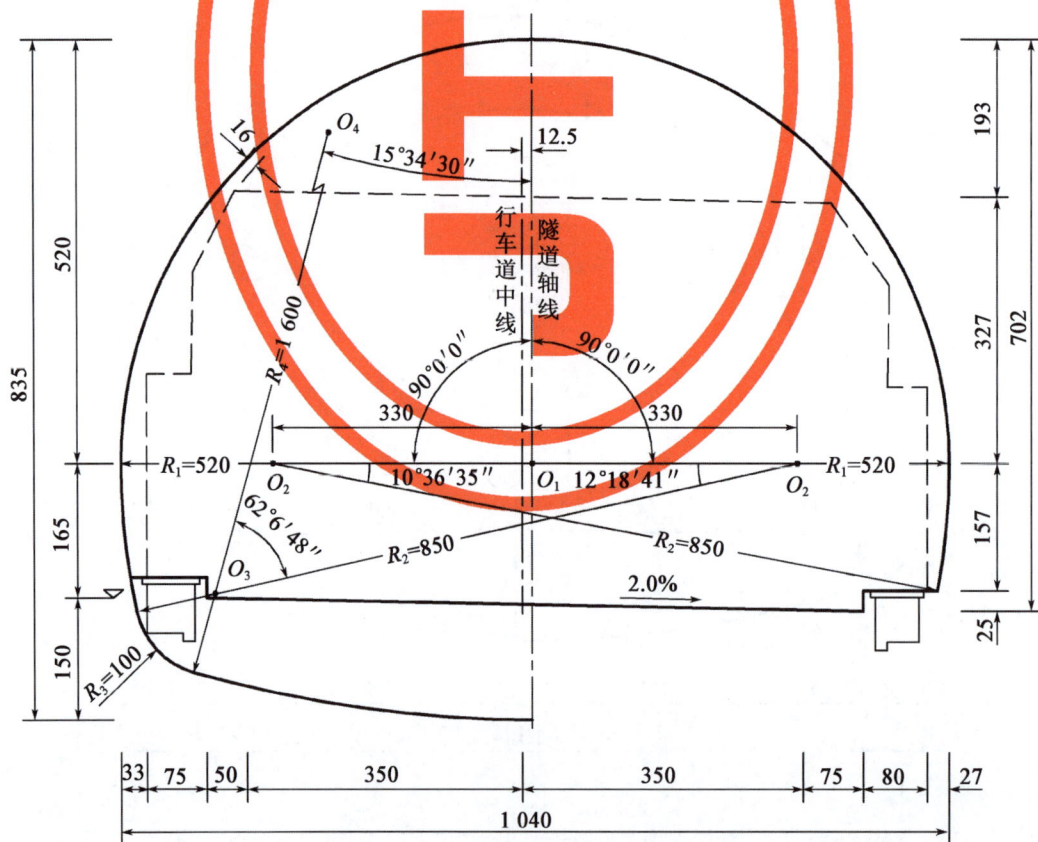

图 B. 0. 6-2 一级公路两车道隧道内轮廓图（60km/h）（尺寸单位：cm）

B.0.7 高速公路、一级公路两车道隧道限界图（80km/h）如图 B.0.7-1、图 B.0.7-2 所示。

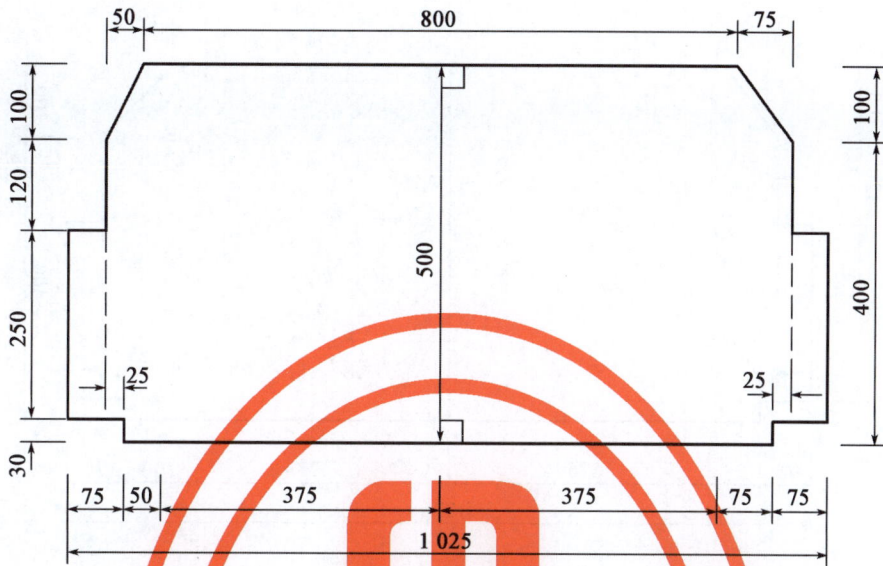

图 B.0.7-1　高速公路、一级公路两车道隧道限界图（80km/h）（尺寸单位：cm）

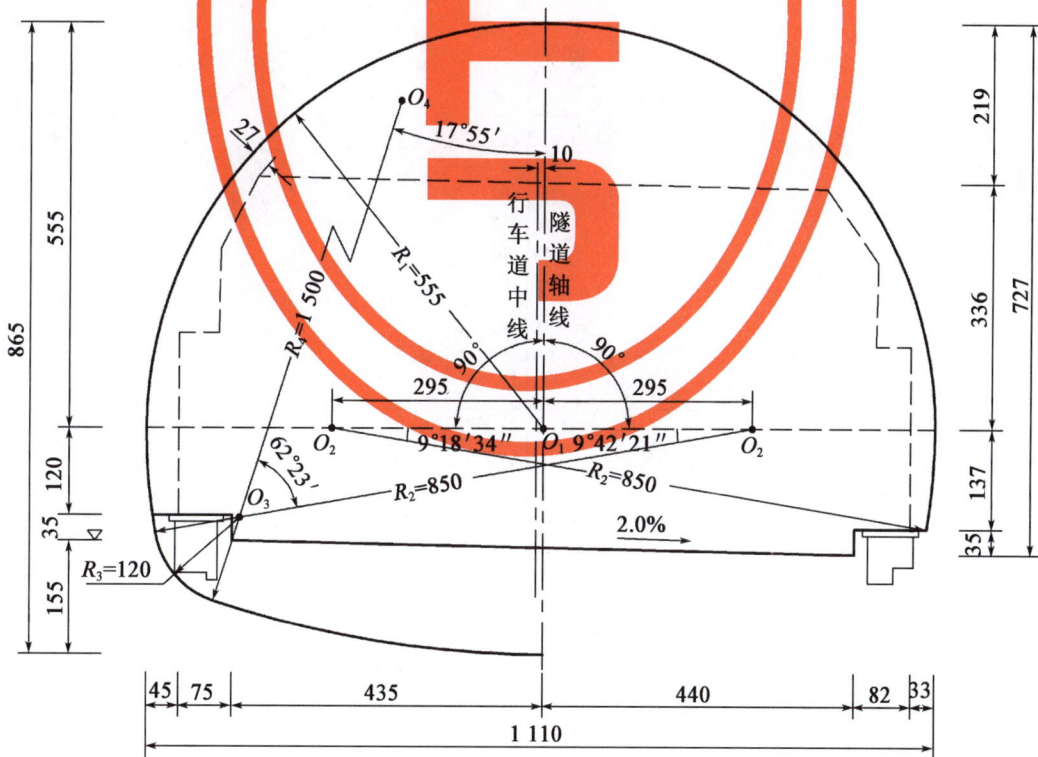

图 B.0.7-2　高速公路、一级公路两车道隧道内轮廓图（80km/h）（尺寸单位：cm）

B.0.8 高速公路、一级公路两车道隧道限界图（100km/h）如图 B.0.8-1、图 B.0.8-2所示。

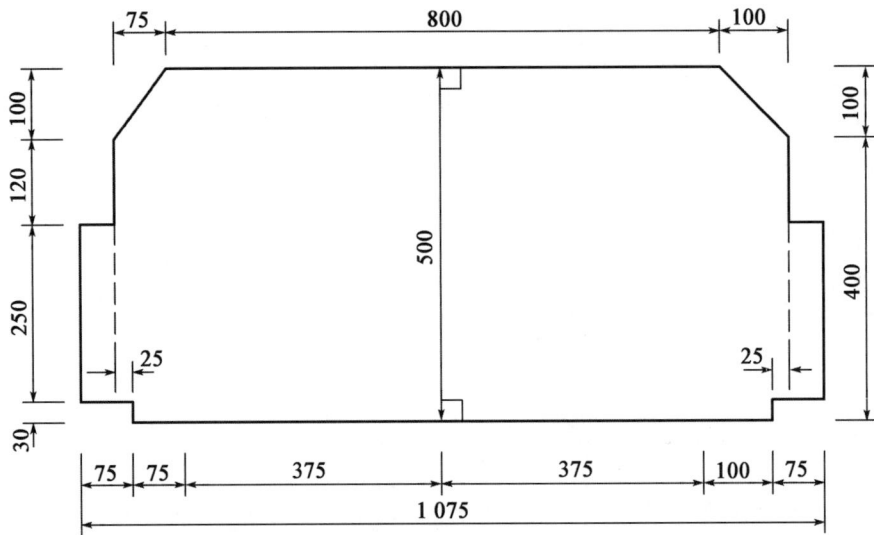

图 B.0.8-1 高速公路、一级公路两车道隧道限界图（100km/h）（尺寸单位：cm）

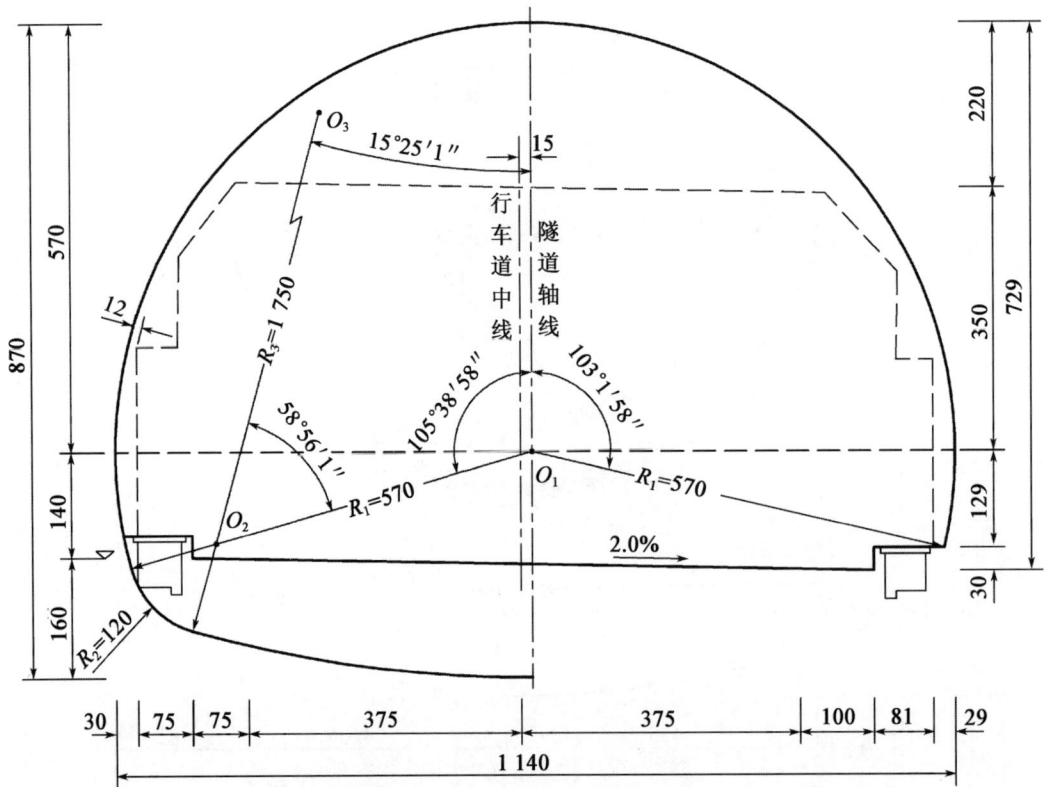

图 B.0.8-2 高速公路、一级公路两车道隧道内轮廓图（100km/h）（尺寸单位：cm）

B.0.9 高速公路、一级公路两车道隧道限界图（120km/h）如图 B.0.9-1、图 B.0.9-2 所示。

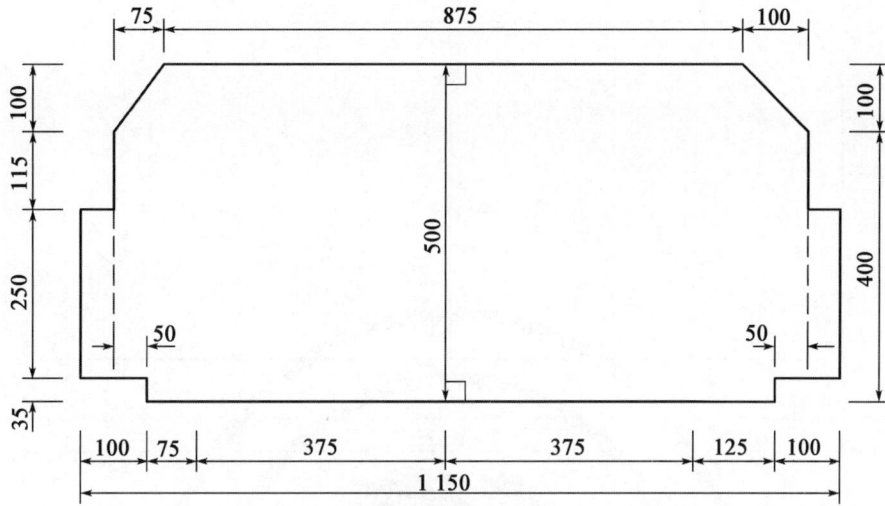

图 B.0.9-1 高速公路两车道隧道限界图（120km/h）（尺寸单位：cm）

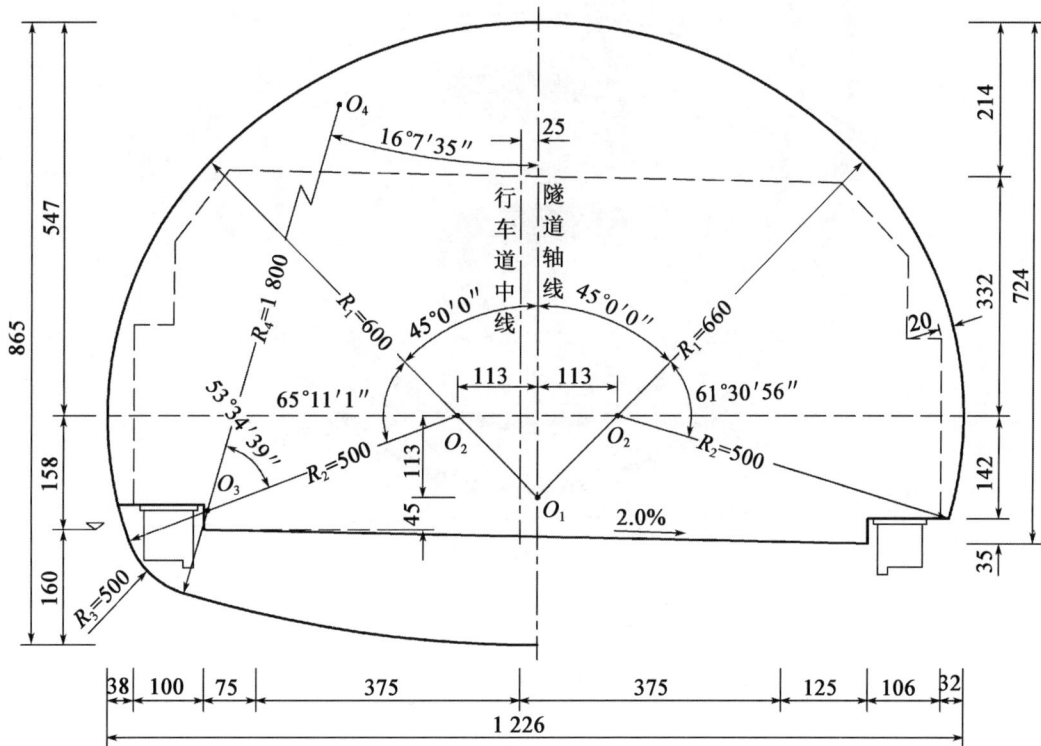

图 B.0.9-2 高速公路两车道隧道内轮廓图（120km/h）（尺寸单位：cm）

B. 0. 10 一级公路三车道隧道限界图（60km/h）如图 B. 0. 10-1、图 B. 0. 10-2 所示。

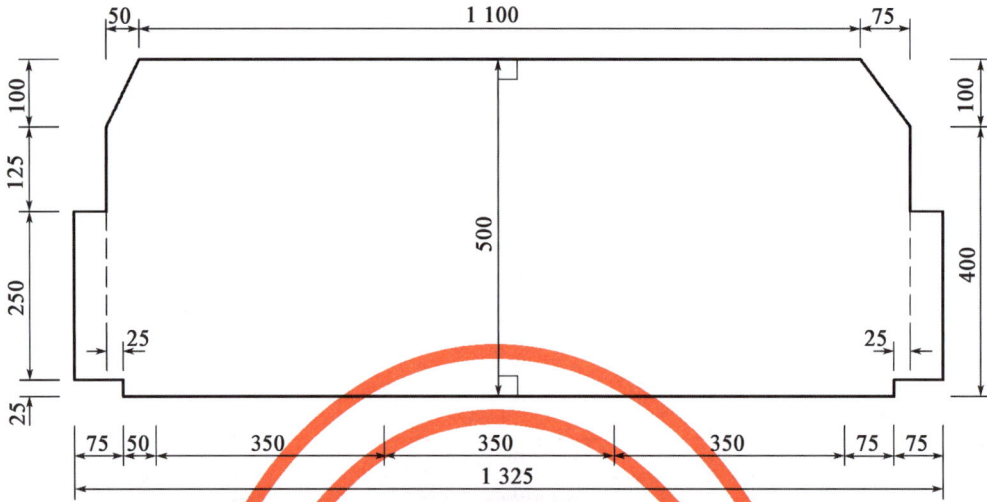

图 B. 0.10-1　一级公路三车道隧道限界图（60km/h）（尺寸单位：cm）

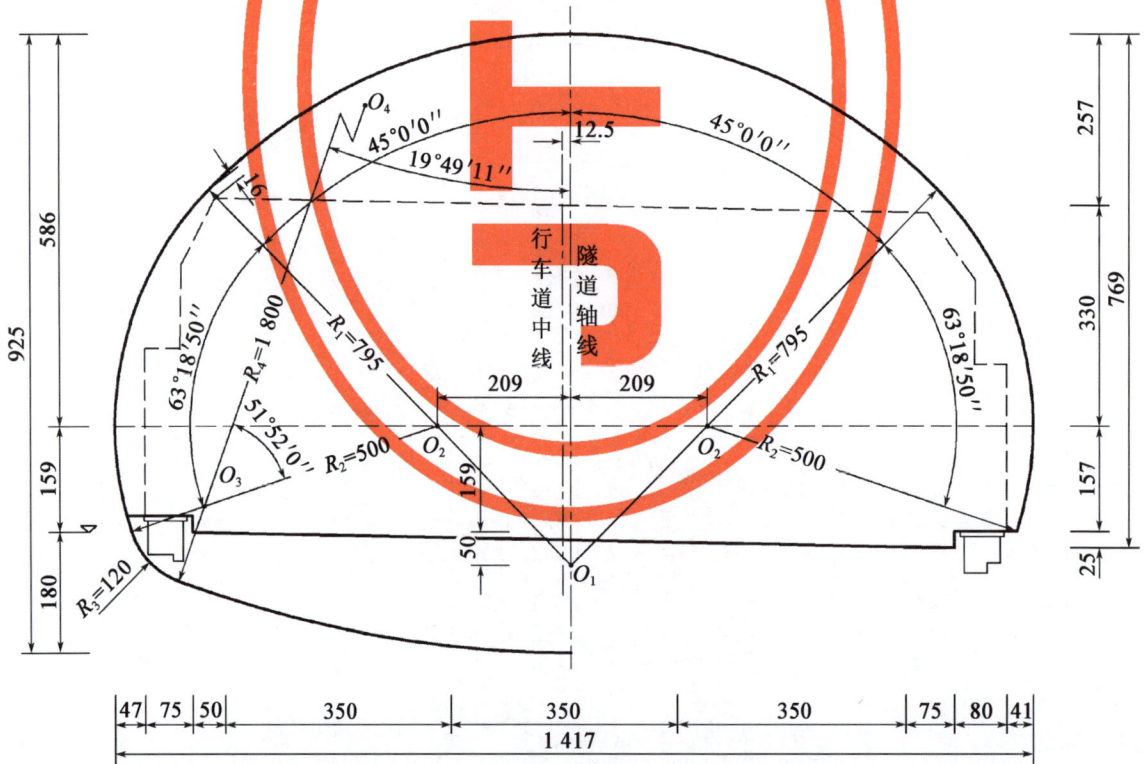

图 B. 0.10-2　一级公路三车道隧道内轮廓图（60km/h）（尺寸单位：cm）

B.0.11 高速公路、一级公路三车道隧道限界图（80km/h）如图 B.0.11-1、图 B.0.11-2 所示。

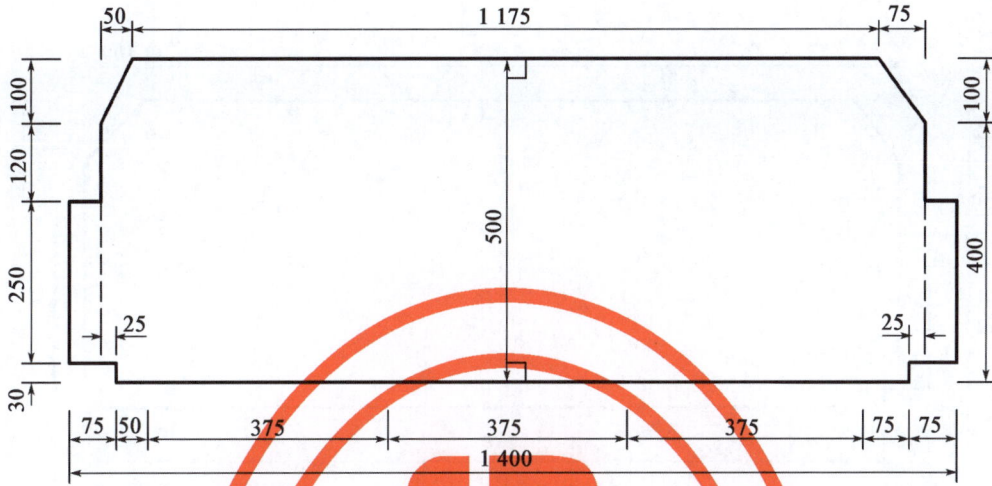

图 B.0.11-1　高速公路、一级公路三车道隧道限界图（80km/h）（尺寸单位：cm）

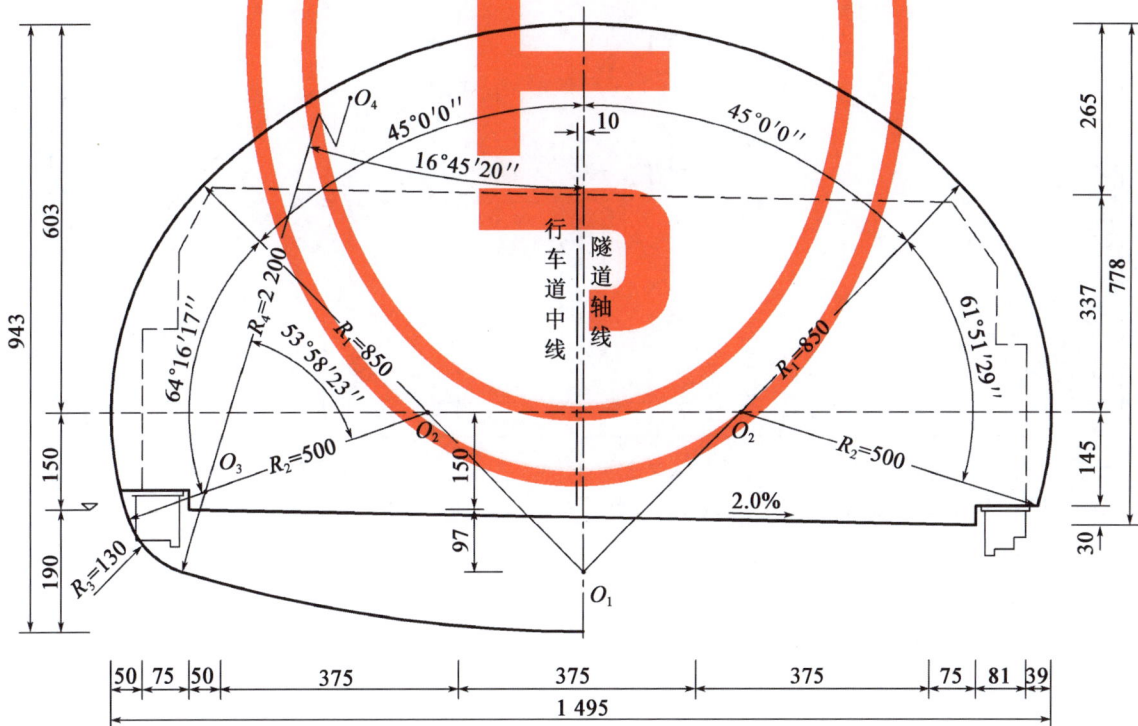

图 B.0.11-2　高速公路、一级公路三车道隧道内轮廓图（80km/h）（尺寸单位：cm）

B.0.12 高速公路、一级公路三车道隧道限界图（100km/h）如图 B.0.12-1、图 B.0.12-2 所示。

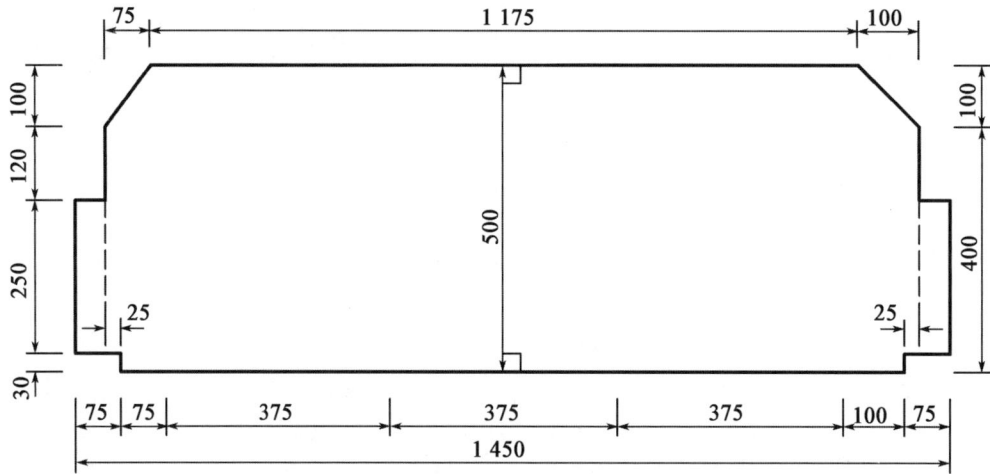

图 B.0.12-1　高速公路、一级公路三车道隧道限界图（100km/h）（尺寸单位：cm）

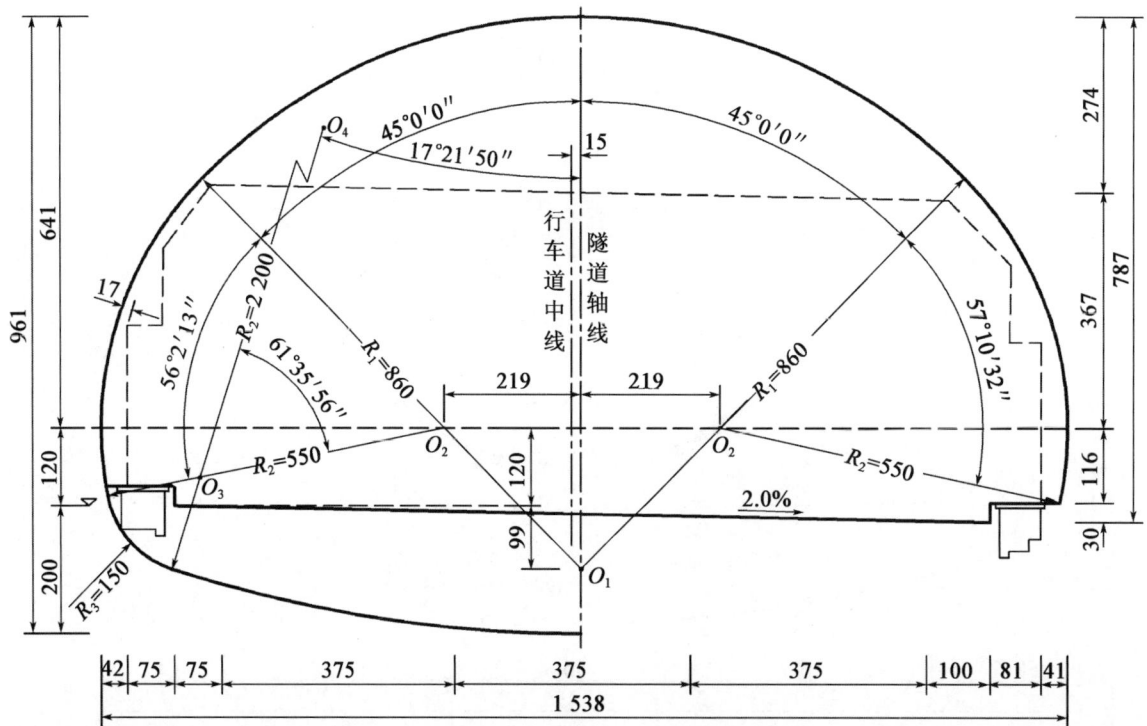

图 B.0.12-2　高速公路、一级公路三车道隧道内轮廓图（100km/h）（尺寸单位：cm）

B.0.13 高速公路、一级公路三车道隧道限界图（120km/h）如图 B.0.13-1、图 B.0.13-2 所示。

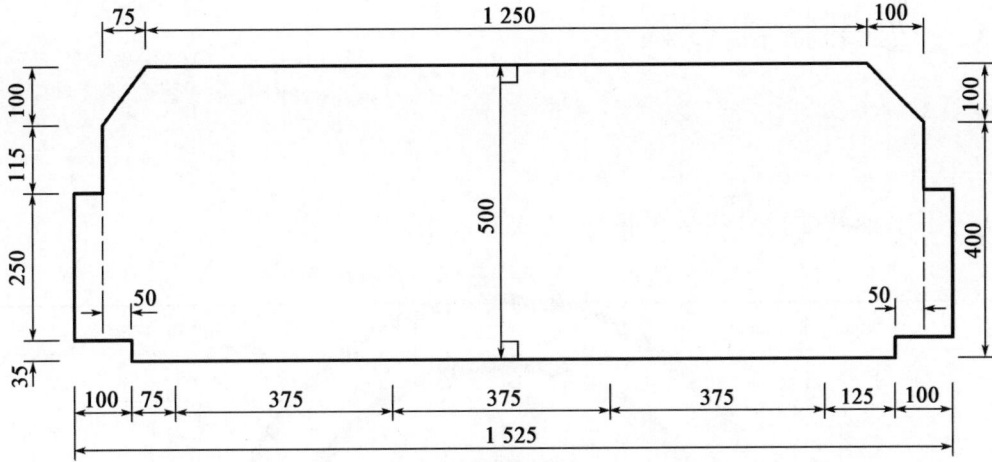

图 B.0.13-1 高速公路、一级公路三车道隧道限界图（120km/h）（尺寸单位：cm）

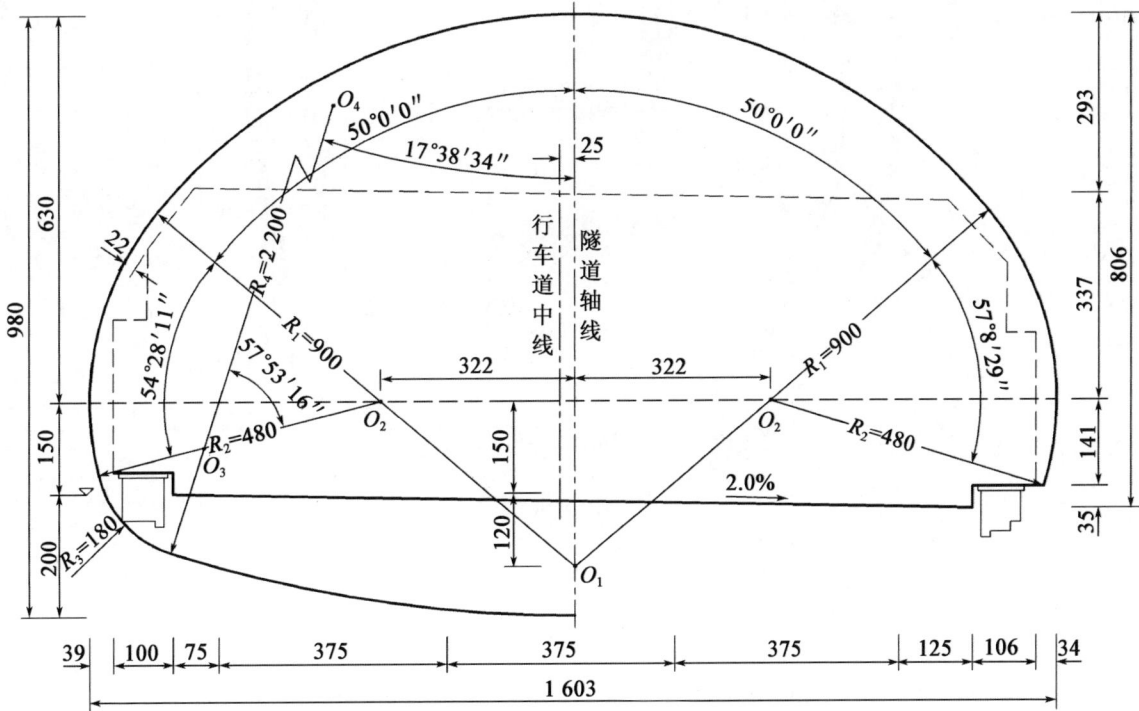

图 B.0.13-2 高速公路、一级公路三车道隧道内轮廓图（120km/h）（尺寸单位：cm）

附录 C 型钢特性参数表

C.0.1 工字钢截面特性参数可按表 C.0.1 选用。

表 C.0.1 工字钢截面特性参数表

型号	截面尺寸（mm）						截面面积（cm²）	理论质量（kg/m）	截面特性参数						
									X-X				Y-Y		
	h	b	d	t	r	r_1			I_x（cm⁴）	W_x（cm³）	i_x（cm）	I_x,S_x	I_Y（cm⁴）	W_Y（cm³）	i_Y（cm）
I 10	100	68	4.5	7.6	6.5	3.3	14.345	11.261	245	49	4.14	8.59	33	9.72	1.52
I 12.6	126	74	5.0	8.4	7.0	3.5	18.118	14.223	188	77.5	5.20	10.80	46.9	12.7	1.61
I 14	140	80	5.5	9.1	7.5	3.8	21.516	16.890	712	102	5.76	12.00	64.4	16.1	1.73
I 16	160	88	6.0	9.9	8.0	4.0	26.131	20.513	1 130	141	6.58	13.80	93.1	21.2	1.89
I 18	180	94	6.5	10.7	8.5	4.3	30.756	24.143	1 660	185	7.36	15.40	122	26.0	2.00
I 20a	200	100	7.0	11.4	9.0	4.5	35.578	27.929	2 370	237	8.15	17.20	158	31.5	2.12
I 20b	200	102	9.0	11.4	9.0	4.5	39.578	31.069	2 500	250	7.96	16.90	169	33.1	2.06
I 22a	220	110	7.5	12.3	9.5	4.8	42.128	33.070	3 400	309	8.99	18.90	225	40.9	2.31
I 22b	220	112	9.5	12.3	9.5	4.8	46.528	36.524	3 570	325	8.78	18.70	239	42.7	2.27
I 25a	250	116	8.0	13.0	10.0	5.0	48.541	38.105	5 020	402	10.20	21.60	280	48.3	2.40
I 25b	250	118	10.0	13.0	10.0	5.0	53.541	42.030	5 280	423	9.94	21.30	309	52.4	2.40
I 28a	280	122	8.5	13.7	10.5	5.3	55.404	43.492	7 110	508	11.30	24.60	345	56.6	2.50
I 32a	320	130	9.5	15.0	11.5	5.8	67.156	52.747	11 100	692	12.80	27.50	460	70.8	2.62
I 32b	320	132	11.5	15.0	11.5	5.8	73.556	57.741	11 600	726	12.60	27.10	502	76.0	2.61
I 32c	320	134	13.5	15.0	11.5	5.8	79.956	62.765	12 200	760	12.30	26.80	544	81.2	2.61
I 36a	360	136	10.0	15.8	12.0	6.0	76.480	60.037	15 800	875	14.40	30.70	552	81.2	2.69
I 36b	360	138	12.0	15.8	12.0	6.0	83.680	65.689	16 500	919	14.10	30.30	582	84.3	2.64
I 36c	360	140	14.0	15.8	12.0	6.0	90.880	71.341	17 300	962	13.80	29.90	612	87.4	2.60
I 40a	400	142	10.5	16.5	12.5	6.3	86.112	37.598	21 700	1 090	15.90	34.10	660	93.2	2.77
I 40b	400	144	12.5	16.5	12.5	6.3	94.112	73.878	22 800	1 140	15.60	33.60	692	96.2	2.71
I 40c	400	146	14.5	16.5	12.5	6.3	102.112	80.158	23 900	1 190	15.20	33.20	727	99.6	2.65
I 45a	450	150	11.5	18.0	13.5	6.8	102.446	80.420	32 200	1 430	17.70	38.60	855	114.0	2.89
I 45b	450	152	13.5	18.0	13.5	6.8	111.446	87.485	33 800	1 500	17.40	38.00	894	118.0	2.84

型号	截面尺寸（mm）						截面面积（cm²）	理论质量（kg/m）	截面特性参数						
									X-X				Y-Y		
	h	b	d	t	r	r_1			I_x（cm⁴）	W_x（cm³）	i_x（cm）	I_x, S_x	I_Y（cm⁴）	W_Y（cm³）	i_Y（cm）
Ⅰ45c	450	154	15.5	18.0	13.5	6.8	120.446	94.550	35 300	1 570	17.10	37.60	938	122.0	2.79
Ⅰ50a	500	158	12.0	20.0	14.0	7.0	119.304	93.654	46 500	1 860	19.70	42.80	1 120	142.0	3.07
Ⅰ50b	500	160	14.0	20.0	14.0	7.0	129.304	104.504	48 600	1 940	19.40	42.40	1 170	146.0	3.01
Ⅰ50c	500	162	16.0	20.0	14.0	7.0	139.304	109.354	50 600	2 080	19.00	41.80	1 220	151.0	2.96
Ⅰ56a	560	166	12.5	21.0	14.5	7.3	135.435	106.316	65 600	2 340	22.00	47.70	1370	165.0	3.18
Ⅰ56b	560	168	14.5	21.0	14.5	7.3	146.635	115.108	68 500	2 450	21.60	47.20	1 490	174.0	3.16
Ⅰ56c	560	170	16.5	21.0	14.5	7.3	157.835	123.900	71 400	2 550	21.30	46.70	1 560	183.0	3.16
Ⅰ63a	630	176	13.0	22.0	15.0	7.5	154.658	121.407	93 900	2 980	24.50	54.20	1 700	193.0	3.31
Ⅰ63b	630	178	15.0	22.0	15.0	7.5	167.258	131.298	98 100	3 000	24.20	53.50	1 810	204.0	3.29
Ⅰ63c	630	180	17.0	22.0	15.0	7.5	179.858	141.189	102 000	3 300	23.30	52.90	1 920	214.0	3.27

注：表中截面特征参数：I-惯性矩；W-截面系数；i-惯性半径；S-半截面的净力矩。

C.0.2 宽翼缘 H 形钢截面特性参数可按表 C.0.2 选用。

表 C.0.2　宽翼缘 H 形钢截面特性参数表

类别	型号（高×宽）	截面尺寸（mm）					截面面积（cm²）	理论质量（kg/m）	截面特性参数					
									惯性矩（cm⁴）		惯性半径（cm）		截面模数（cm³）	
		H	B	T_1	t_2	R			I_x	I_Y	i_x	i_Y	W_x	W_Y
HW	100 × 100	100	100	6	8	8	21.59	16.9	386	134	4.23	2.49	77.1	26.7
	125 × 125	125	125	6.5	9	8	30	23.6	843	293	5.3	3.13	135	46.9
	150 × 150	150	150	7	10	8	39.65	31.1	1 620	563	6.39	3.77	216	75.1
	175 × 175	175	175	7.5	11	13	51.43	40.4	2 918	983	7.53	4.37	334	112
	200 × 200	200	200	8	12	13	63.53	49.9	4 717	1 601	8.62	5.02	472	160
		200	204	12	12	13	71.53	56.2	4 984	1 701	8.35	4.88	498	167
	250 × 250	244	252	11	11	13	81.31	63.8	8 573	2 937	10.27	6.01	703	233
		250	250	9	14	13	91.43	71.8	10 689	3 648	10.81	6.32	855	292
		250	255	14	14	13	103.93	81.6	11 340	3 875	10.45	6.11	907	304
	300 × 300	294	302	12	12	13	106.33	83.5	16 384	5 513	12.41	7.2	1 115	365
		300	300	10	15	13	118.45	93.0	20 010	6 753	13	7.55	1 334	450
		300	305	15	15	13	133.45	104.8	21 135	7 102	12.58	7.29	1 409	466

类别	型号（高×宽）	截面尺寸（mm）					截面面积（cm²）	理论质量（kg/m）	截面特性参数					
									惯性矩（cm⁴）		惯性半径（cm）		截面模数（cm³）	
		H	B	T_1	t_2	R			I_x	I_Y	i_x	i_Y	W_x	W_Y
HW	350×350	338	351	13	13	13	133.27	104.6	27 352	9 376	14.33	8.39	1 618	534
		344	348	10	16	13	144.01	113.0	32 545	11 242	15.03	8.84	1 892	646
		344	354	16	16	13	164.65	129.3	34 581	11 841	14.49	8.48	2 011	669
		350	350	12	19	13	171.89	134.9	39 637	13 582	15.19	8.89	2 265	776
		350	357	19	19	13	196.39	154.2	42 138	14 427	14.65	8.57	2 408	808
	400×400	388	402	15	15	22	178.45	140.1	48 040	16 255	16.41	9.54	2 476	809
		394	398	11	18	22	186.81	146.6	55 597	18 920	17.25	10.06	2 822	951
		394	405	18	18	22	214.39	168.3	59 165	19 951	16.61	9.65	3 003	985
		400	400	13	21	22	218.69	171.7	66 455	22 410	17.43	10.12	3 323	1 120
		400	408	21	21	22	250.69	196.8	70 722	23 804	16.8	9.74	3 536	1 167
		414	405	18	28	22	295.39	231.9	93 518	31 022	17.79	10.25	4 518	1 532
		428	407	20	35	22	360.65	283.1	12 089	39 357	18.31	10.45	5 649	1 934
		458	417	30	50	22	528.55	414.9	19 093	60 516	19.01	10.7	8 338	2 902
		498	432	45	70	22	770.05	604.5	30 473	94 346	19.89	11.07	12 238	4 368
	500×500	492	465	15	20	22	257.95	202.5	115 559	33 531	21.17	11.4	4 698	1 442
		502	465	15	25	22	304.45	239.0	145 012	41 910	21.82	11.73	5 777	1 803
		502	470	20	25	22	329.55	258.7	150 283	43 295	21.35	11.46	5 987	1 842
HM	150×100	148	100	6	9	8	26.35	20.7	995.3	150.3	6.15	2.39	134.5	30.1
	200×150	194	150	6	9	8	38.11	29.9	2 586	506.6	8.24	3.65	266.6	67.6
	250×175	244	175	7	11	13	55.49	43.6	5 908	983.5	10.32	4.21	484.3	112.4
	300×200	294	200	8	12	13	71.05	55.8	10 858	1 602	12.36	4.75	738.6	160.2
	350×250	340	250	9	14	13	99.53	78.1	20 867	3 648	14.48	6.05	1 227	291.9
	400×300	390	300	10	16	13	133.25	104.6	37 363	7 203	16.75	7.35	1 916	480.2
	450×300	440	300	11	18	13	153.89	120.8	54 067	8 105	18.74	7.26	2 458	540.3
	500×300	482	300	11	15	13	141.17	110.8	57 212	6 756	20.13	6.92	2 374	450.4
		488	300	11	18	13	159.17	124.9	67 916	8 106	20.66	7.14	2 783	540.4
	550×300	544	300	11	15	13	147.99	116.2	74 874	6 756	22.49	6.76	2 753	450.4
		550	300	11	18	13	165.99	130.3	88 470	8 106	23.09	6.99	3 217	540.4

类别	型号（高×宽）	截面尺寸（mm）					截面面积（cm²）	理论质量（kg/m）	截面特性参数					
									惯性矩（cm⁴）		惯性半径（cm）		截面模数（cm³）	
		H	B	T_1	t_2	R			I_x	I_Y	i_x	i_Y	W_x	W_Y
HM	600×300	582	300	12	17	13	169.21	132.8	97 287	7 659	23.98	6.73	3 343	510.6
		588	300	12	20	13	187.21	147.0	112 827	9 009	24.55	6.94	3 838	600.6
		594	302	14	23	13	217.09	170.4	132 179	10 572	24.68	6.98	4 450	700.1
HN	100×50	100	50	5	7	8	11.85	9.3	191	14.7	4.02	1.11	38.2	5.9
	125×60	125	60	6	8	8	16.69	13.1	407.7	29.1	4.94	1.32	65.2	9.7
	150×75	150	75	5	7	8	17.85	14.0	645.7	49.4	6.01	1.66	86.1	13.2
	175×90	175	90	5	8	8	22.9	18.0	1 174	97.6	7.16	2.06	134.2	21.6
	200×100	198	99	4.5	7	8	22.69	17.8	1 484	113.4	8.09	2.24	149.9	22.9
		200	100	5.5	8	8	26.67	20.9	1753	133.7	8.11	2.24	175.3	26.7
	250×125	248	124	5	8	8	31.99	25.1	3 346	254.5	10.23	2.82	269.8	41.1
		250	125	6	9	8	36.97	29.0	3 868	293.5	10.23	2.82	309.4	47
	300×150	298	149	5.5	8	13	40.8	32.0	5 911	441.7	12.04	3.29	396.7	59.3
		300	150	6.5	9	13	46.78	36.7	6 829	507.2	12.08	3.29	455.3	67.6
	350×175	346	174	6	9	13	52.45	41.2	10 456	791.1	14.12	3.88	604.4	90.9
		350	175	7	11	13	62.91	49.4	12 980	983.8	14.36	3.95	741.7	112.4
	400×150	400	150	8	13	13	70.37	55.2	17 906	733.2	15.95	3.23	895.3	97.8
	400×200	396	199	7	11	13	71.41	56.1	19 023	1446	16.32	4.5	960.8	145.3
		400	200	8	13	13	83.37	65.4	22 775	1 735	16.53	4.56	1 139	173.5
	450×200	446	199	8	12	13	82.97	65.1	27 146	1 578	18.09	4.36	1 217	158.6
		450	200	9	14	13	95.43	74.9	31 973	1 870	18.3	4.43	1 421	187
	500×200	496	199	9	14	13	99.29	77.9	39 628	1 842	19.98	4.31	1 598	185.1
		500	200	10	16	13	112.25	88.1	45 685	2 138	20.17	4.36	1 827	213.8
		506	201	11	19	13	129.31	101.5	54 478	2 577	20.53	4.46	2 153	256.4
	550×200	546	199	9	14	13	103.79	81.5	49 245	1 842	21.78	4.21	1 804	185.2
		550	200	10	16	13	149.25	117.2	79 515	7 205	23.08	6.95	2 891	480.3
	600×200	596	199	10	15	13	117.75	92.4	64 739	1 975	23.45	4.1	2 172	198.5
		600	200	11	17	13	131.71	103.4	73 749	2 273	23.66	4.15	2 458	227.3
		606	201	12	20	13	149.77	117.6	86 656	2 716	24.05	4.26	2 860	270.2
	650×300	646	299	10	15	13	152.75	119.9	107 794	6 688	26.56	6.62	3 337	447.4
		650	300	11	17	13	171.21	134.4	122 739	7 657	26.77	6.69	3 777	510.5
		656	301	12	20	13	195.77	153.7	144 433	9 100	27.16	6.82	4 403	604.6

续上表

类别	型号（高×宽）	截面尺寸（mm）					截面面积（cm²）	理论质量（kg/m）	截面特性参数					
									惯性矩（cm⁴）		惯性半径（cm）		截面模数（cm³）	
		H	B	T_1	t_2	R			I_x	I_Y	i_x	i_Y	W_x	W_Y
HN	700×300	692	300	13	20	18	207.54	162.9	164 101	9 014	28.12	6.59	4 743	600.9
		700	300	13	24	18	231.54	181.8	193 622	10 814	28.92	6.83	5 532	720.9
	750×300	734	299	12	16	18	182.7	143.4	155 539	7 140	29.18	6.25	4 238	477.6
		742	300	13	20	18	214.04	168.0	191 989	9 015	29.95	6.49	5 175	601
		750	300	13	24	18	238.04	186.9	225 863	10 815	30.8	6.74	6 023	721
		758	303	16	28	18	284.78	223.6	271 350	13 008	30.87	6.76	7 160	858.6
	800×300	792	300	14	22	18	239.5	188.0	242 399	9 919	31.81	6.44	6 121	661.3
		800	300	14	26	18	263.5	206.8	280 925	11 719	32.65	6.67	7 023	781.3
	850×300	834	298	14	19	18	227.46	178.6	243 858	8 400	32.74	6.08	5 848	563.8
		842	299	15	23	18	259.72	203.9	291 216	10 271	33.49	6.29	6 917	687
		850	300	16	27	18	292.14	229.3	339 670	12 179	34.1	6.46	7 992	812
		858	301	17	31	18	324.72	254.9	389 234	14 125	34.62	6.6	9 073	938.5
	900×300	890	299	15	23	18	266.92	209.5	330 588	10 273	35.19	6.2	7 429	687.1
		900	300	16	28	18	305.82	240.1	397 241	12 631	36.04	6.43	8 828	842.1
		912	302	18	34	18	360.06	282.6	484 615	15 652	36.69	6.59	10 628	1 037
	1 000×300	970	297	16	21	18	276	216.7	382 977	9 203	37.25	5.77	7 896	619.7
		980	298	17	26	18	315.5	247.7	462 157	11 508	38.27	6.04	9 432	772.3
		990	298	17	31	18	345.3	271.1	535 201	13 713	39.37	6.3	10 812	920.3
		1 000	300	19	36	18	395.1	310.2	626 396	16 256	39.82	6.41	12 528	1 084
		1 008	302	21	40	18	439.26	344.8	704 572	18 437	40.05	6.48	13 980	1 221
HT	100×50	95	48	3.2	4.5	8	7.62	6.0	109.7	8.4	3.79	1.05	23.1	3.5
		97	49	4	5.5	8	9.38	7.4	141.8	10.9	3.89	1.08	29.2	4.4
	100×100	96	99	4.5	6	8	16.21	12.7	272.7	97.1	4.1	2.45	56.8	19.6
	125×60	118	58	3.2	4.5	8	9.26	7.3	202.4	14.7	4.68	1.26	34.3	5.1
		120	59	4	5.5	8	11.4	8.9	259.7	18.9	4.77	1.29	43.3	6.4
	125×125	119	123	4.5	6	8	20.12	15.8	523.6	186.2	5.1	3.04	888	30.3
	150×75	145	73	3.2	4.5	8	11.47	9.0	383.2	29.3	5.78	1.6	52.9	8
		147	74	4	5.5	8	14.13	11.1	488	37.3	5.88	1.62	66.4	10.1
	150×100	139	97	3.2	4.5	8	13.44	10.5	447.3	68.5	5.77	2.26	64.4	14.1
		142	99	4.5	6	8	18.28	14.3	632.7	97.2	5.88	2.31	89.1	19.6

类别	型号（高×宽）	截面尺寸（mm）					截面面积（cm²）	理论质量（kg/m）	截面特性参数					
									惯性矩（cm⁴）		惯性半径（cm）		截面模数（cm³）	
		H	B	T_1	t_2	R			I_x	I_Y	i_x	i_Y	W_x	W_Y
HT	150×150	144	148	5	7	8	27.77	21.8	1 070	378.4	6.21	3.69	148.6	51.1
		147	149	6	8.5	8	33.68	26.4	1 338	468.9	6.3	3.73	182.1	62.9
	175×90	168	88	3.2	4.5	8	13.56	10.6	619.6	51.2	6.76	1.94	73.8	11.6
		171	89	4	6	8	17.59	13.8	852.1	70.6	6.96	2	99.7	15.9
	175×175	167	173	5	7	13	33.32	26.2	1 731	604.5	7.21	4.26	207.2	69.9
		172	175	6.5	9.5	13	44.65	35.0	2 466	849.2	7.43	4.36	286.8	97.1
	200×100	193	98	3.2	4.5	8	15.26	12.0	921	70.7	7.77	2.15	95.4	14.4
		196	99	4	6	8	19.79	15.5	1 260	97.2	7.98	2.22	128.6	19.6
	200×150	188	149	4.5	6	8	26.35	20.7	1 669	331	7.96	3.54	177.6	44.4
	200×200	192	198	6	6	13	43.69	34.3	2 984	1 036	8.26	4.87	310.8	104.6
	250×125	244	124	4.5	4.5	8	25.87	20.3	2 529	190.9	9.89	2.72	207.3	30.8
	250×175	238	173	4.5	4.5	13	39.12	30.7	4 045	690.8	10.17	4.2	339.9	79.9
	300×150	294	148	4.5	4.5	13	31.9	25.0	4 342	324.6	11.67	3.19	295.4	43.9
	300×200	286	198	6	6	13	49.33	38.7	7 000	1 036	11.91	4.58	489.5	104.6
	350×175	340	173	4.5	4.5	13	36.97	29.0	6 823	518.3	13.58	3.74	401.3	59.9
	400×150	390	148	6	6	13	47.57	37.3	10 900	433.2	15.14	3.02	559	58.5
	400×200	390	198	6	6	13	55.57	43.6	13 819	1 036	15.77	4.32	708.7	104.6

注：表中截面特征参数：I-惯性矩；W-截面系数；i-惯性半径；S-半截面的净力矩。

C.0.3 工字钢的截面图及标注符号如图 C.0.3 所示。

C.0.4 H 形钢的截面图及标注符号如图 C.0.4 所示。

C.0.5 U 形钢截面特性参数可按表 C.0.5 选用。

表 C.0.5　U 形钢截面特征参数表

截面尺寸（mm）

规格	H_1	H_2	H_3	B_1	B_2	B_3	B_4	B_5	B_6	B_7	M	b	c	d	R_1	R_2	R_3	R_4	r_1	r_2	r_3	α	β
18UY	99	18	10	122	84	57	—	—	46.2	—	7.5	—	2	2	—	—	9	9	8	4	2	—	—
25UY	110	26	17	134	92	50.8	45	73.8	45	94.1	6.6	—	—	2.5	400	400	12	10	7	2	—	—	—
25U	120	29	15	135	101.5	40	47	39	29	102.3	6.3	1.3	—	0	450	175	14	12	6	4	10	18	2
29U	124	29	16	150.5	116	44	53	42	30	116.6	7.2	3	—	0	450	185	15	16	7	4	—	40	3
36U	138	31.5	17	171	128	50.5	60.5	48.5	35	129.3	7.8	4	—	0	500	200	20	20	9	4	—	40	3
40U	141.9	34.7	20.2	171	128.5	50.5	60.5	48.5	35	129.3	8.5	3.5	—	0	500	200	20	20	9	4	—	40	3

截面参数

规格	截面面积	理论质量	惯性矩		惯性半径		截面模量		静矩
			I_x	I_Y	i_x	i_y	W_x	W_y	S_x
18UY	24.15	18.96	284.26	331.35	3.43	3.70	52.29 / 57.43	54.32	75.40
25UY	31.54	24.76	451.70	508.70	3.78	4.02	81.68 / 82.58	75.92	110.90
25U	31.79	24.95	495.81	551.97	3.95	4.17	79.77 / 85.71	81.77	197.54
29U	37.00	29.00	612.00	771.00	4.07	4.57	106.00 / 92.00	102.00	212.91
36U	45.69	35.87	928.65	1244.75	4.51	5.22	128.55 / 141.22	145.59	330.05
40U	51.02	40.05	1064.07	1366.98	4.57	5.18	141.60	159.94	388.37

注：25UY：37.7mm；H5：46.6mm。

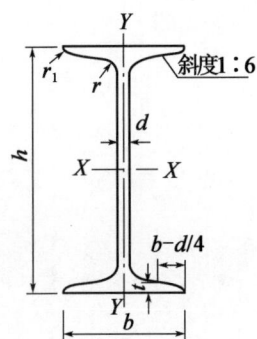

图 C.0.3 工字钢的截面图及标注符号

h-高度；b-腿高度；d-腰厚度；t-平均腿厚度；r-内圆弧半径；r_1-腿端圆弧半径

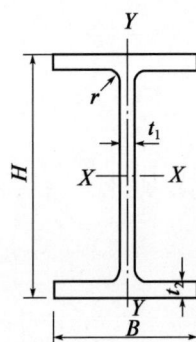

图 C.0.4 H 形钢的截面图及标注符号

H-高度；B-宽度；t_1-腹板厚度；t_2-翼缘厚度；r-工艺圆弧半径

附录 D 浅埋隧道围岩压力计算方法

D.0.1 浅埋和深埋隧道的分界可按荷载等效高度值，并结合地质条件、施工方法等因素综合判定。按荷载等效高度的判定可按式（D.0.1-1）、式（D.0.1-2）计算：

$$H_p = (2 \sim 2.5)h_q \tag{D.0.1-1}$$

$$h_q = \frac{q}{\gamma} \tag{D.0.1-2}$$

式中：H_p——浅埋隧道分界深度（m）；

  h_q——荷载等效高度（m）；

  q——用式（6.2.3）算出的深埋隧道垂直均布压力（kN/m^2）；

  γ——围岩重度（kN/m^3）。

在钻爆法或浅埋暗挖法施工的条件下，Ⅳ～Ⅵ级围岩取：

$$H_p = 2.5h_q \tag{D.0.1-3}$$

Ⅰ～Ⅲ级围岩取：

$$H_p = 2h_q \tag{D.0.1-4}$$

D.0.2 浅埋隧道围岩压力可按下列两种情况分别计算：

1 埋深 H 小于或等于等效荷载高度 h_q 时，垂直压力视为均布：

$$q = \gamma \cdot H \tag{D.0.2-1}$$

式中：q——垂直均布压力（kN/m^2）；

  γ——隧道上覆围岩重度（kN/m^3）；

  H——隧道埋深，指隧道顶至地面的距离（m）。

侧向压力 e 按均布考虑时，其值为：

$$e = \gamma\left(H + \frac{1}{2}H_t\right)\tan^2\left(45 - \frac{\varphi_c}{2}\right) \tag{D.0.2-2}$$

式中：e——侧向均布压力（kN/m^2）；

  H_t——隧道高度（m）；

  φ_c——围岩计算摩擦角（°），其值见表 A.0.7-1 和表 A.0.7-2。

2 埋深大于 h_q、小于或等于 H_p 时，为便于计算，假定岩土体中形成的破裂面是一条与水平成 β 角的斜直线，如图 D.0.2-1 所示。EFHG 岩土体下沉，带动两侧三棱岩土体（如图中 FDB 和 ECA）下沉，整个岩土体 ABDC 下沉时，又要受到未扰动岩土体的阻力；斜直线 AC 或 BD 是假定的破裂面，分析时考虑黏聚力 c，并采用了计算摩擦角

φ_c；另一滑面 *FH* 或 *EG* 则并非破裂面，因此，滑面阻力要小于破裂面 *AC*、*BD* 的阻力，若该滑面的摩擦角为 θ，则 θ 值应小于 φ_c 值。无实测资料时，θ 可按表 D.0.2 采用。

表 D.0.2　各级围岩的 θ 值

围岩级别	Ⅰ、Ⅱ、Ⅲ	Ⅳ	Ⅴ	Ⅵ
θ 值	$0.9\varphi_c$	$(0.7\sim0.9)\,\varphi_c$	$(0.5\sim0.7)\,\varphi_c$	$(0.3\sim0.5)\,\varphi_c$

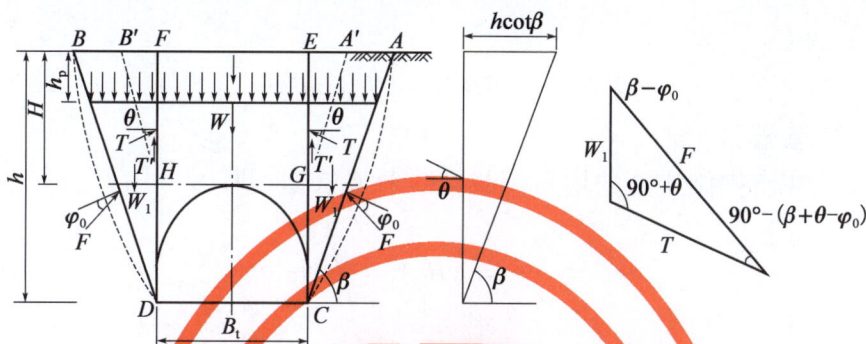

图 D.0.2-1　浅埋隧道围岩压力示意图

由图 D.0.2-1 可见，隧道上覆岩体 *EFHG* 的重力为 *W*，两侧三棱岩体 *FDB* 或 *ECA* 的重力为 W_1，未扰动岩体对整个滑动土体的阻力为 *F*，当 *EFHG* 下沉，两侧受到的阻力 *T* 或 *T'*，作用于 *HG* 面上的垂直压力总值 $Q_浅$ 为：

$$Q_浅 = W - 2T' = W - 2T\sin\theta \tag{D.0.2-3}$$

三棱体自重为：

$$W_1 = \frac{1}{2}\gamma h \frac{h}{\tan\beta} \tag{D.0.2-4}$$

式中：h——隧道底部到地面的距离（m）；

β——破裂面与水平面的夹角（°）。

由图据正弦定理可得：

$$T = \frac{\sin(\beta - \varphi_c)}{\sin[90° - (\beta - \varphi_c + \theta)]}W_1 \tag{D.0.2-5}$$

将式（D.0.2-4）代入可得：

$$T = \frac{1}{2}\gamma h^2 \frac{\gamma}{\cos\theta} \tag{D.0.2-6}$$

$$\lambda = \frac{\tan\beta - \tan\varphi_c}{\tan\beta[1 + \tan\beta(\tan\varphi_c - \tan\theta) + \tan\varphi_c\tan\theta]} \tag{D.0.2-7}$$

$$\tan\beta = \tan\varphi_c + \sqrt{\frac{(\tan^2\varphi_c + 1)\tan\varphi_c}{\tan\varphi_c - \tan\theta}} \tag{D.0.2-8}$$

式中：λ——侧压力系数。

其他符号意义同前。

至此，极限最大阻力 *T* 值可求得。得到 *T* 值后，带入式（D.0.2-3）可求得作用在 *HG* 面上的总垂直压力 $Q_浅$：

— 119 —

$$Q_浅 = W - 2T\sin\theta = W - \gamma h^2 \lambda \tan\theta \qquad (\text{D. 0. 2-9})$$

由于 GC、HD 与 EG、EF 相比往往较小，而且衬砌与岩土体之间的摩擦角也不同，前面分析时均按 θ 计，当中间岩土块下滑时，由 FH 及 EG 面传递，考虑压力稍大些对设计的结构也偏于安全，因此，摩阻力不计隧道部分而只计洞顶部分，即在计算中用 H 代替 h，式（D. 0. 2-9）为：

$$Q_浅 = W - \gamma H^2 \lambda \tan\theta$$

由于 $W = B_t H \gamma$，故：

$$Q_浅 = \gamma H (B_t - H\lambda\tan\theta) \qquad (\text{D. 0. 2-10})$$

式中：B_t——隧道宽度（m）。

换算为作用在支护结构上的均布荷载见图 D. 0. 2-2，即：

$$q_浅 = \frac{Q_浅}{B_t} = \gamma H\left(1 - \frac{H}{B_t}\lambda\tan\theta\right) \qquad (\text{D. 0. 2-11})$$

式中：$q_浅$——作用在支护结构上的均布荷载（kN/m^2）。

其他符号意义同前。

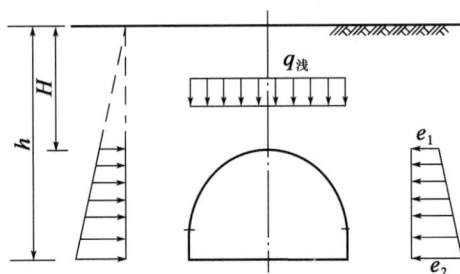

图 D. 0. 2-2　均布荷载示意图

作用在支护结构两侧的水平侧压力为：

$$\left.\begin{aligned} e_1 &= \gamma H \lambda \\ e_2 &= \gamma h \lambda \end{aligned}\right\} \qquad (\text{D. 0. 2-12})$$

侧压力视均布压力时，为：

$$e = \frac{1}{2}(e_1 + e_2) \qquad (\text{D. 0. 2-13})$$

附录 E 浅埋偏压隧道围岩压力计算方法

E.0.1 偏压隧道垂直压力的计算:

$$Q = \frac{\gamma}{2}\left[(h + h')B - (\lambda h^2 + \lambda' h'^2)\tan\theta\right] \qquad (E.0.1\text{-}1)$$

假定偏压分布图形与地面坡一致（图 E.0.1）。

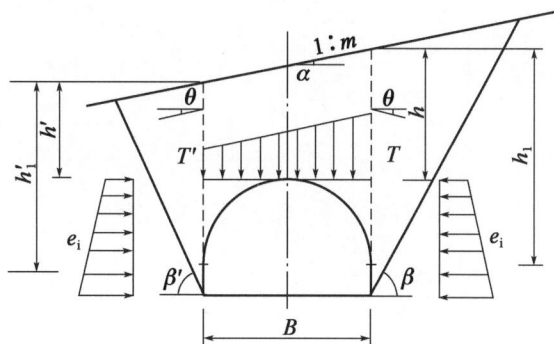

图 E.0.1 偏压分布图

式中:h,h'——内、外侧由拱顶水平至地面的高度（m）;

$\quad\quad B$——隧道跨度（m）;

$\quad\quad \gamma$——围岩重度（kN/m³）;

$\quad\quad \theta$——顶板岩土柱两侧摩擦角（°），当无实测资料时，可参考表 D.0.2 选取;

$\quad \lambda,\lambda'$——内、外侧的侧压力系数，由下式计算:

$$\lambda = \frac{1}{\tan\beta - \tan\alpha} \times \frac{\tan\beta - \tan\varphi_c}{1 + \tan\beta(\tan\varphi_c - \tan\theta) + \tan\varphi_c \tan\theta} \qquad (E.0.1\text{-}2)$$

$$\lambda' = \frac{1}{\tan\beta' - \tan\alpha} \times \frac{\tan\beta' - \tan\varphi_c}{1 + \tan\beta'(\tan\varphi_c - \tan\theta) + \tan\varphi_c \cdot \tan\theta} \qquad (E.0.1\text{-}3)$$

$$\tan\beta = \tan\varphi_c + \sqrt{\frac{(\tan^2\varphi_c + 1)(\tan\varphi_c - \tan\alpha)}{\tan\varphi_c - \tan\theta}} \qquad (E.0.1\text{-}4)$$

$$\tan\beta' = \tan\varphi_c + \sqrt{\frac{(\tan^2\varphi_c + 1)(\tan\varphi_c + \tan\alpha)}{\tan\varphi_c - \tan\theta}} \qquad (E.0.1\text{-}5)$$

式中:α——地面坡坡角（°）;

$\quad\quad \varphi_c$——围岩计算摩擦角（°）;

$\quad \beta,\beta'$——内、外侧产生最大推力时的破裂角（°）。

— 121 —

E.0.2 偏压隧道水平侧压力的计算

内侧：

$$e_i = \gamma \cdot h_i \lambda \qquad\qquad (E.0.2\text{-}1)$$

外侧：

$$e_i = \gamma \cdot h'_i \lambda' \qquad\qquad (E.0.2\text{-}2)$$

式中：h_i , h'_i ——内、外侧任意一点 i 至地面的距离（m）。

附录 F 小净距隧道围岩压力计算方法

F. 0. 1 对浅埋地段的小净距隧道，无论处于什么地质条件均应采用荷载－结构法进行内力计算分析及强度验算；对深埋地段的小净距隧道，可仅对Ⅳ～Ⅵ级围岩条件下的衬砌结构进行内力计算分析及强度验算。

F. 0. 2 小净距隧道深埋与浅埋的判定可根据荷载等效高度值，并结合地质条件、施工方法等因素，按式（F. 0. 2-1）及式（F. 0. 2-2）判定：

$$H_p = (2 \sim 2.5) h_q \qquad (F. 0. 2-1)$$

$$h_q = h_{q1} + h'_{q2} \qquad (F. 0. 2-2)$$

式中：H_p——小净距隧道深浅埋分界深度（m）；

h_q——深埋小净距隧道拱部内侧围岩垂直压力的荷载等效高度（m）；

h_{q1}——深埋小净距隧道基本围岩垂直压力的荷载等效高度（m），按式（F. 0. 3-4）计算；

h'_{q2}——深埋小净距隧道内侧附加围岩垂直压力的荷载等效高度（m），按式（F. 0. 3-6）计算。

F. 0. 3 深埋小净距隧道围岩压力的确定

1 垂直压力

垂直压力由基本松散压力 q_1 和附加松散压力 q_2，q'_2 组成（图 F. 0. 3-1）。

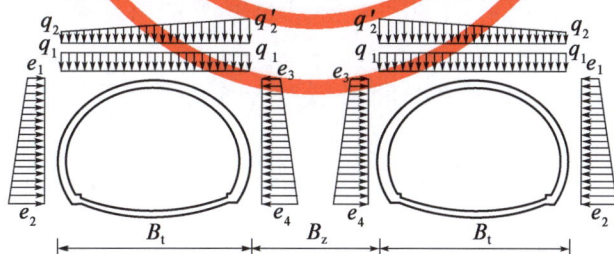

图 F. 0. 3-1 小净距隧道荷载分布示意图

基本松散压力 q_1：单侧洞室形成的稳定平衡拱下部的围岩压力，假定其为均布荷载（kPa）。

附加松散压力 q_2、q'_2：左右洞室共同形成的极限平衡拱下部围岩松散压力减去基本松散压力及中岩墙体承担的上部围岩压力后的荷载，假定其为梯形分布荷载（kPa）。

小净距隧道内外侧垂直压力按式 (F.0.3-1)、(F.0.3-2) 计算。

外侧:

$$q_{外} = q_1 + q_2 = \gamma(h_{q1} + h_{q2}) \qquad (F.0.3\text{-}1)$$

内侧:

$$q_{内} = q_1 + q_2' = \gamma(h_{q1} + h_{q2}') \qquad (F.0.3\text{-}2)$$

小净距隧道形成的平衡拱一般介于以下两种极限状态之间:

情况一:隧道开挖方式不当,或中岩墙体加固措施不合理,中岩墙承载能力较小,左右洞室的平衡拱范围逐渐扩大,最后在左右洞室的上方形成一个共同的平衡拱。此时不考虑中夹岩柱作用,以整个小净距隧道开挖宽度作为毛洞跨度的塌落拱曲线,为最不利情形,此时塌落拱高度为:

$$h_1^w = 0.45 \times 2^{S-1} \times \left[1 + i(2B_t + B_{np} - 5)\right] \qquad (F.0.3\text{-}3)$$

情况二:加固后的中岩墙体形成了一个承载能力很高的柱体,阻止了岩柱体上方松散岩土体的下沉,减小了平衡拱的形成范围,仅在单侧洞室上方各自形成稳定的平衡拱,左右洞的平衡拱无影响。取小净距隧道单洞结构计算的塌落拱曲线,是最理想的情形,塌落拱高度为:

$$h_{q1} = 0.45 \times 2^{S-1}\left[1 + i(B_t - 5)\right] \qquad (F.0.3\text{-}4)$$

小净距隧道垂直围岩压力按以下公式计算:

$$q_1 = \gamma h_{q1} = 0.45 \times 2^{S-1}\gamma\left[1 + i(B_t - 5)\right] \qquad (F.0.3\text{-}5)$$

$$q_2' = \gamma h_{q2}' = \gamma\left[\frac{4}{3}(h_1^w - h_{q1}) - \frac{P_z}{\gamma B_m}\right]\frac{B_{wp} + B_t}{B_m} \qquad (F.0.3\text{-}6)$$

$$q_2 = \gamma h_{q2} = \gamma\left[\frac{4}{3}(h_1^w - h_{q1}) - \frac{P_z}{\gamma B_m}\right]\frac{B_{wp}}{B_m} \qquad (F.0.3\text{-}7)$$

说明:当 $q_2 < 0$ 时,取 $q_2 = 0$,当 $q_2' < 0$ 时,取 $q_2' = 0$。

式中:i——开挖宽度每增减 1m 时的围岩压力增减率,可按表 6.2.2-1 取值,宽度大于 14m 时取 0.12。

B_{wp}——外侧边破裂面在水平方向的投影长度 (m),可按式 (F.0.3-8) 计算:

$$B_{wp} = (H_t - H_w)\tan\left(45° - \frac{1}{2}\varphi_c\right) \qquad (F.0.3\text{-}8)$$

B_{np}——内侧边破裂面在水平方向的投影长度 (m):

$$B_{np} = \min\left[\frac{1}{2}B_z, (H_t - H_n)\tan\left(45° - \frac{\varphi_c}{2}\right)\right] \qquad (F.0.3\text{-}9)$$

H_t——隧道开挖高度 (m);

H_w——洞室外侧破裂面与侧边开挖轮廓线交点的高度 (m);

H_n——洞室内侧破裂面在边墙上起始的高度 (m);

γ——围岩重度（kN/m^3）；

φ_c——岩体计算摩擦角（°）；

B_t——单侧隧道的开挖宽度（m）。

B_m——小净距隧道单侧洞室可能坍塌的宽度，按式（F.0.3-10）计算：

$$B_m = B_t + B_{wp} + B_{np} \qquad (F.0.3-10)$$

P_z——中夹岩柱对上部岩体的支撑力。

符号意义如图 F.0.3-2、图 F.0.3-3 所示。

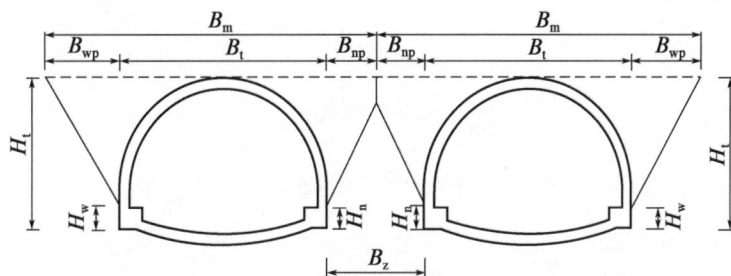

图 F.0.3-2 小净距隧道荷载计算示意图（$B_{zp}=0$）

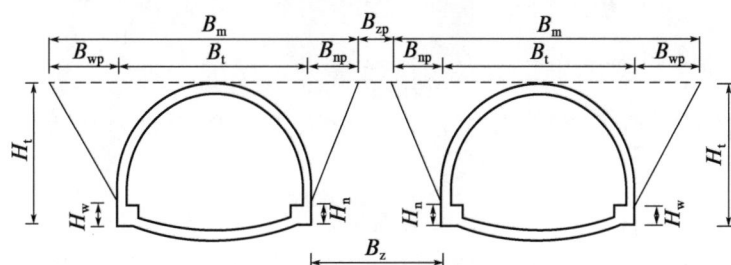

图 F.0.3-3 小净距隧道荷载计算示意图（$B_{zp}>0$）

对于小净距隧道的中夹岩柱，应考虑隧道支护结构（如预应力对拉锚杆）的主动支护力对岩体抗压强度的提高效应，根据莫尔—库仑强度理论，其换算强度可按式（F.0.3-11）计算。

$$R_S^T = P_i \frac{1 + \sin\varphi}{1 - \sin\varphi} + R_S^b \qquad (F.0.3-11)$$

式中：R_S^T——中夹岩柱岩体的换算强度（kPa）；

R_S^b——中夹岩柱岩体单轴抗压设计强度（kPa）；

P_i——支护结构对中夹岩柱的主动支护抗力（kPa）；

φ——中夹岩柱岩体内摩擦角（°）。

因此，中夹岩柱对上部岩体的支撑力可按式（F.0.3-12）计算：

$$P_z = \frac{R_S^T B_{zp}}{K_z} \qquad (F.0.3-12)$$

式中：K_z——中夹岩柱的支撑能力的安全系数，一般取 $K_z=2$；

B_{zp}——中夹岩柱有效承载宽度（m），按式（F.0.3-13）计算：

$$B_{zp} = B_z - 2B_{np} \qquad (F.0.3-13)$$

2 水平侧压力

当围岩级别为 Ⅰ～Ⅲ 级时：

外侧：

$$e_{1\sim2}^{i} = \lambda(q_1 + q_2) \tag{F.0.3-14}$$

内侧：

$$e_{3\sim4}^{i} = \lambda(q_1 + q_2') \tag{F.0.3-15}$$

当围岩级别为 Ⅳ～Ⅵ 级时：

外侧：

$$e_{1\sim2}^{i} = \lambda(q_1 + q_2 + \gamma h_i) \tag{F.0.3-16}$$

内侧：

$$e_{3\sim4}^{i} = \lambda(q_1 + q_2' + \gamma h_i) \tag{F.0.3-17}$$

式中：$e_{1\sim2}^{i}$——外侧拱部及边墙任意点水平方向围岩压力（kPa）；

$\quad\quad e_{3\sim4}^{i}$——内侧拱部及边墙任意点水平方向围岩压力（kPa）；

$\quad\quad h_i$——计算点到拱顶的距离（m）；

$\quad\quad \lambda$——侧压力系数。

F.0.4 浅埋小净距隧道围岩压力确定应符合下列规定：

1 当小净距处于以下两种状态时，作用于隧道的均布垂直压力及侧向围岩压力与单洞隧道计算方法一致：

1）隧道埋深小于 h_q；

2）隧道埋深大于 h_q，小于或等于 H_p 时，但破裂面交点位于地表及以上。

2 当小净距隧道埋深（H）大于 h_q，小于或等于 H_p，且地表面接近水平时，破裂面交点位于地表以下时：

1）垂直压力

外侧：

$$q_1 = \gamma H\left(1 - \frac{\lambda_1 H\tan\theta}{B_t}\right) \tag{F.0.4-1}$$

内侧：

$$q_2 = \gamma H\left(1 - \frac{\lambda_2 H\tan\theta}{B_t}\right) \tag{F.0.4-2}$$

$$\lambda_1 = \frac{\tan\beta - \tan\varphi_c}{\tan\beta[1 + \tan\beta(\tan\varphi_c - \tan\theta) + \tan\varphi_c\tan\theta]} \tag{F.0.4-3}$$

$$\lambda_2 = \frac{B_z}{2}\frac{(2H - 0.5B_z\tan\beta)\sin(\beta - \varphi_c)\cos\theta}{H^2\cos(\theta + \beta - \varphi_c)} \tag{F.0.4-4}$$

$$\tan\beta = \tan\varphi_c + \sqrt{\frac{(\tan^2\varphi_c + 1)\tan\varphi_c}{\tan\varphi_c - \tan\theta}} \tag{F.0.4-5}$$

2）水平压力

当围岩级别为 Ⅰ～Ⅲ 级时：

外侧：

$$e_{1i} = \lambda_1 q_1 \qquad (\text{F.0.4-6})$$

内侧：

$$e_{2i} = \lambda_2 q_2 \qquad (\text{F.0.4-7})$$

当围岩级别为Ⅳ～Ⅵ级时：

外侧：

$$e_{1i} = \lambda_1(q_1 + \gamma h_i) \qquad (\text{F.0.4-8})$$

内侧：

$$e_{2i} = \lambda_2(q_2 + \gamma h_i) \qquad (\text{F.0.4-9})$$

式中：B_t——隧道开挖宽度（m）；

　　　h_i——计算点到拱顶的垂直距离（m）；

　　　θ——顶板土柱两侧摩擦角（°），无资料时可按表 E.0.2 取用；

λ_1、λ_2——外、内侧压力系数，参见式（F.0.4-3）、式（F.0.4-4）；

　　　β——侧边产生最大推力时的破裂角（°）；

　　　φ_c——围岩计算摩擦角（°）。

符号意义见图 F.0.4 所示。

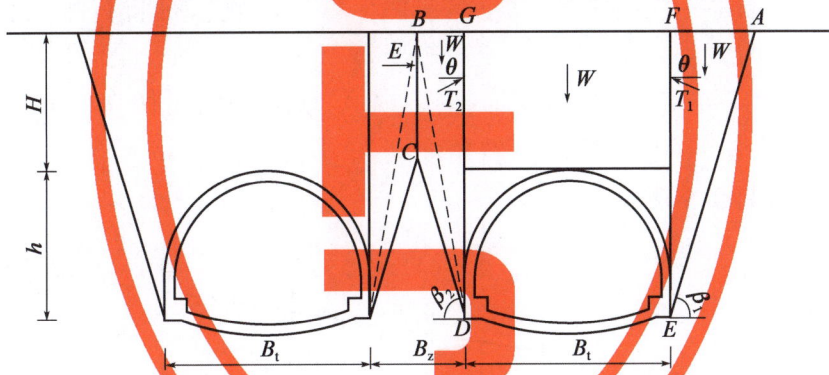

图 F.0.4　假定滑动面示意图

F.0.5　偏压小净距隧道围岩压力的确定应符合下列规定：

1　地面横坡偏斜，当隧道埋深小于 h_q，或隧道埋深大于 h_q、小于或等于 H_p，且破裂面交点位于地表及以上时，其垂直压力及两侧水平压力与单洞隧道一致。

2　地面横坡偏斜，当隧道埋深 H 大于 h_q、小于或等于 H_p，且破裂面交点位于地表以下时有：

1）垂直压力

$$q_i = \gamma h_i - \frac{\gamma(\lambda_1 h_1{}^2 + \lambda_2 h_2{}^2)\tan\theta}{2B_t} \qquad (i = 1、2) \qquad (\text{F.0.5-1})$$

$$q_i = \gamma h_i - \frac{\gamma(\lambda_3 h_3{}^2 + \lambda_4 h_4{}^2)\tan\theta}{2B_t} \qquad (i = 3、4) \qquad (\text{F.0.5-2})$$

式中：

$$\lambda_1 = \frac{1}{\tan\beta_1 + \tan\alpha} \times \frac{\tan\beta_1 - \tan\varphi_c}{1 + \tan\beta_1(\tan\varphi_c - \tan\theta) + \tan\varphi_c\tan\theta} \quad (F.0.5-3)$$

$$\lambda_2 = \frac{1}{\tan\beta_2 - \tan\alpha} \times \frac{\tan\beta_2 - \tan\varphi_c}{1 + \tan\beta_2(\tan\varphi_c - \tan\theta) + \tan\varphi_c\tan\theta} \quad (F.0.5-4)$$

$$\lambda_3 = \frac{1}{\tan\beta_3 + \tan\alpha} \times \frac{\tan\beta_3 - \tan\varphi_c}{1 + \tan\beta_3(\tan\varphi_c - \tan\theta) + \tan\varphi_c\tan\theta} \quad (F.0.5-5)$$

$$\lambda_4 = \frac{1}{\tan\beta_4 - \tan\alpha} \times \frac{\tan\beta_4 - \tan\varphi_c}{1 + \tan\beta_4(\tan\varphi_c - \tan\theta) + \tan\varphi_c\tan\theta} \quad (F.0.5-6)$$

$$\tan\beta_1 = \tan\varphi_c + \sqrt{\frac{(\tan^2\varphi_c + 1)(\tan\varphi_c + \tan\alpha)}{\tan\varphi_c - \tan\theta}} \quad (F.0.5-7)$$

$$\tan\beta_4 = \tan\varphi_c + \sqrt{\frac{(\tan^2\varphi_c + 1)(\tan\varphi_c - \tan\alpha)}{\tan\varphi_c - \tan\theta}} \quad (F.0.5-8)$$

$$\tan\beta_2 = \tan\beta_3 = \frac{h_2' + h_3'}{2B_z} \quad (F.0.5-9)$$

式中：q_1、q_2、q_3、q_4——左洞左侧、左洞右侧、右洞左侧、右洞右侧垂直压力；

　　　　λ_1、λ_2、λ_3、λ_4——左洞左侧、左洞右侧、右洞左侧、右洞右侧土压力系数；

　　　　β_1、β_2、β_3、β_4——左洞左侧、左洞右侧、右洞左侧、右洞右侧破裂面与水平面夹角；

　　　　θ——岩土柱两侧摩擦角（°），无资料时可按表 D.0.2 取值；

　　　　α——地面横坡倾斜角度。

符号意义见图 F.0.5 所示。

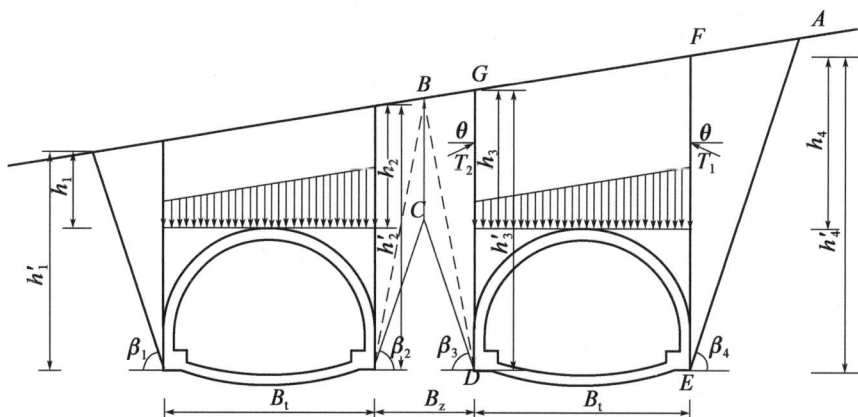

图 F.0.5　偏压小净距隧道荷载计算简图

2）水平压力

$$e_i = \lambda_i\gamma h_i \quad (i = 1,2,3,4) \quad (F.0.5-10)$$

$$e_i' = \lambda_i\gamma h_i' \quad (i = 1,2,3,4) \quad (F.0.5-11)$$

式中：e_i——左洞左侧、左洞右侧、右洞左侧、右洞右侧顶围岩水平压力；

　　　　e_i'——左洞左侧、左洞右侧、右洞左侧、右洞右侧底部围岩水平压力；

h_i、h'_i——如图 F. 0. 5 所示；

λ_i——同式（F. 0. 5-3）～式（F. 0. 5-6）。

F. 0. 6　小净距隧道围岩压力与隧道断面形式、断面尺寸、围岩级别、隧道埋深、中岩墙厚度、开挖方式、支护形式和参数选取等众多因素有关，特别是隧道的开挖方式和中岩墙的加固措施及加固效果对小净距隧道平衡拱的形成及围岩压力的影响较大。

附录 G 连拱隧道围岩压力计算方法

G.0.1 对浅埋地段的连拱隧道，宜采用荷载 – 结构法进行内力计算分析及强度验算；对深埋地段的连拱隧道，可仅对Ⅲ～Ⅵ级围岩条件下的衬砌结构进行内力计算分析及强度验算，宜采用荷载 – 结构法计算。连拱隧道均可采用地层结构法进行考虑施工过程的模拟分析计算。

G.0.2 连拱隧道深埋与浅埋可根据荷载等效高度值，并结合地质条件、施工方法等因素，按式（G.0.2-1）、式（G.0.2-2）综合判定：

$$H_p = (2 \sim 2.5)h_q \qquad (G.0.2-1)$$

$$h_q = \frac{q_0}{\gamma} \qquad (G.0.2-2)$$

式中：H_p——连拱隧道深浅埋分界深度（m）；Ⅳ～Ⅵ级围岩取 $H_p = 2.5h_q$；Ⅰ～Ⅲ级围岩取 $H_p = 2h_q$。

h_q——荷载等效高度（m）。

γ——围岩重度（kN/m³）。

$q_0 = q + q'$，按式（G.0.3-3）、式（G.0.3-4）计算。

G.0.3 深埋连拱隧道围岩压力的确定应符合下列规定：

1 深埋连拱隧道围岩压力构成（图 G.0.3-1）：

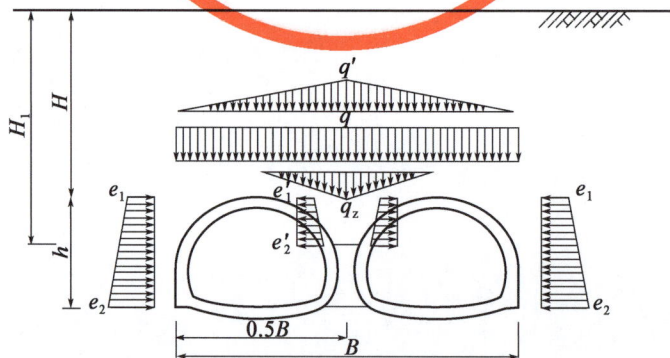

图 G.0.3-1 深埋连拱隧道荷载分布图

1）基本围岩垂直压力（q）：由单侧洞室形成的稳定承载拱下部的围岩压力，为均布荷载。

2）附加围岩垂直压力（q'）：左右洞室共同形成的极限承载拱下部松散岩体压力减去基本围岩松散岩体压力，在此基础上乘以一定的修正系数，修正系数与中墙顶部回填的及时性以及密实度等有关。

3）中隔墙顶围岩垂直压力（q_z）：左右洞拱顶至中隔墙顶之间松散岩体形成的分布荷载。

2 深埋连拱隧道垂直压力：

理论上分析，若中墙在其顶部围岩未发生变形前就进行支护，且和围岩密贴，那么隧道计算松动压力的宽度应选择连拱隧道宽度的一半；但实际施工时，中隔墙顶部围岩在支护时已经发生了一定的变形，且中隔墙施工不可能做到和围岩完全密贴，所以连拱隧道松动压力计算值，应在半结构宽度和整个开挖宽度之间取值。图 G.0.3-2 给出了各种情况下的塌落拱曲线。

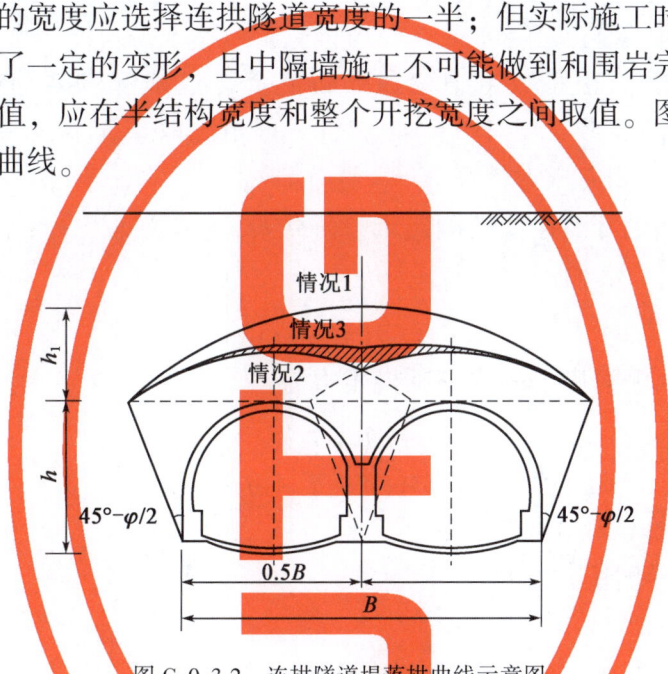

图 G.0.3-2　连拱隧道塌落拱曲线示意图

情况1：不考虑中墙支护作用，以整个连拱隧道开挖宽度作为毛洞跨度的塌落拱曲线，为最不利情形，此时塌落拱高度为：

$$h_1^w = 0.45 \times 2^{S-1} \left[1 + i_2(B - 5) \right] \qquad (\text{G.0.3-1})$$

情况2：取连拱隧道半跨结构计算的塌落拱曲线，是最理想的情形，塌落拱高度为：

$$h_1^h = 0.45 \times 2^{S-1} \left[1 + i_1(0.5B - 5) \right] \qquad (\text{G.0.3-2})$$

情况3：连拱隧道假定压力拱曲线，与中墙顶部回填的及时性以及密实度等有关。

深埋连拱隧道垂直压力为：

$$q = \gamma h_1^h = 0.45 \times 2^{S-1} \gamma \left[1 + i_1(0.5B - 5) \right] \qquad (\text{G.0.3-3})$$

$$q' = \xi\gamma(h_1^w - h_1^h) = \xi\gamma \times 0.45 \times 2^{S-1} \times \left[B(i_2 - 0.5i_1) - 5(i_2 - i_1) \right]$$

$$(\text{G.0.3-4})$$

$$q_z = \gamma(H_1 - H) \tag{G.0.3-5}$$

式中：q——隧道基本垂直均布压力，由单侧洞室开挖形成的承载拱下部围岩压力（kN/m^2）；

q'——附加垂直围岩压力（kN/m^2）；

q_z——中隔墙与两侧拱肩所夹三角形块体自重荷载（kN/m^2）；

γ——围岩重度（kN/m^3）；

h_1^h, h_1^w——分别以 $0.5B$、B 为计算宽度时的塌落拱高度（m）；

i_1, i_2——分别以 $0.5B$、B 为计算宽度时的围岩压力增减率，按表 6.2.3-1 取值，当宽度大于 14m 时取 0.12；

B——连拱隧道总宽度（m）；

ξ——附加荷载修正系数，中墙顶部回填及时且顶部围岩与中墙密切接触 $\xi = 0.2 \sim 0.3$，反之 $\xi = 0.6 \sim 0.7$，一般情况取 $0.3 \sim 0.6$。

3 深埋连拱隧道侧向压力计算：

作用在衬砌外侧拱部及边墙的侧向压力荷载 e_1，e_2 为：

$$\left. \begin{aligned} e_1 &= \gamma h_1^h \lambda \\ e_2 &= \gamma(h_1^h + h)\lambda \end{aligned} \right\} \tag{G.0.3-6}$$

作用在中隔墙两侧衬砌上的水平围岩压力为：

$$\left. \begin{aligned} e_1' &= \lambda(q + q') \\ e_2' &= \lambda(q + q' + q_z) \end{aligned} \right\} \tag{G.0.3-7}$$

式中：q、q'——如图 G.0.3-1 所示；

λ——水平侧压力系数。

G.0.4 浅埋连拱隧道围岩压力的确定应符合下列规定：

1 超浅埋连拱隧道围岩压力：

当连拱隧道埋深 H 小于或等于等效荷载高度 h_q 时，为超浅埋连拱隧道。其垂直压力按下式计算：

$$q = \lambda H \tag{G.0.4-1}$$

$$q_z = \gamma(H_1 - H) \tag{G.0.4-2}$$

式中：q——隧道垂直均布压力（kN/m^2）；

q_z——中隔墙与两侧拱肩所夹三角形荷载最大值（kN/m^2）；

γ——围岩重度（kN/m^3）；

H_1——中隔墙顶到地面的距离（m）；

H——隧道埋深，指隧道顶部至地面的距离（m）。

侧向压力按下式计算

$$\left. \begin{aligned} e_1 &= \gamma H \lambda \\ e_2 &= \gamma(H + h)\lambda \end{aligned} \right\} \tag{G.0.4-3}$$

式中：e_1、e_2——隧道拱顶与底部的侧向压力；

　　　　γ——围岩重度（kN/m^3）；

　　　　H——隧道埋深，指隧道顶部至地面的距离（m）；

　　　　h——隧道开挖高度（m）。

作用在中隔墙两侧衬砌上的水平围岩压力为

$$\left.\begin{aligned} e'_1 &= q\lambda \\ e'_2 &= (q + q_z)\lambda \end{aligned}\right\} \tag{G. 0.4-4}$$

式中：e'_1、e'_2、q、q_z——如图 G. 0.4-1 所示；

　　　　λ——水平侧压力系数，参见附录 D 浅埋隧道荷载计算方法。

符号意义见图 G. 0.4-1。

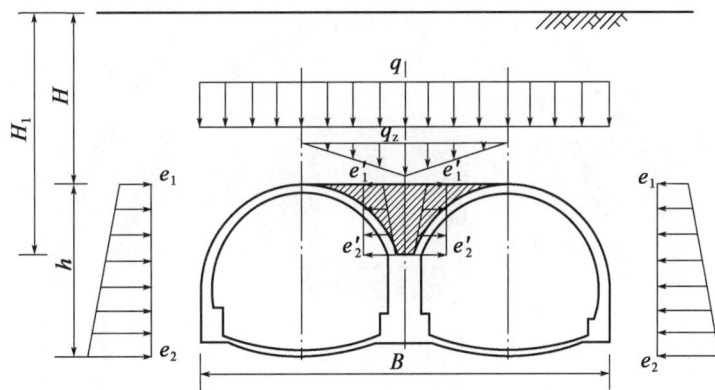

图 G. 0.4-1　超浅埋连拱隧道荷载分布示意图

2　浅埋连拱隧道围岩压力（图 G. 0.4-2）：

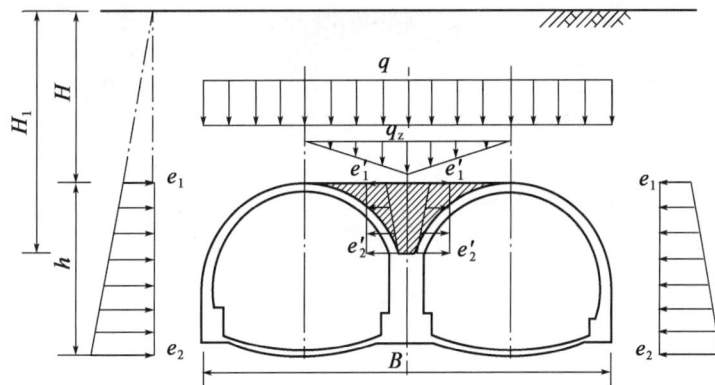

图 G. 0.4-2　一般浅埋连拱隧道荷载分布示意图

当隧道埋深大于 h_q、小于或等于 H_p 时，为一般浅埋连拱隧道，其垂直压力按下式计算：

$$q = \gamma H\left(1 - \frac{H}{B'}\lambda\tan\theta\right) \tag{G. 0.4-5}$$

式中：q——隧道垂直压力（kN/m^2）；

　　　　γ——隧道上覆围岩重度（kN/m^3）；

H——隧道埋深，指隧道顶部至地面的距离（m）；

B'——连拱隧道有效宽度（m）；

θ——滑面的摩擦角（°），按表 D.0.2 确定。

当中导洞开挖拱顶下沉、收敛位移小，中墙顶部回填及时且顶部围岩与中墙密切接触，考虑施工过程分导洞开挖时 B' 可取（0.6~0.7）B，当中导洞开挖拱顶下沉、收敛位移较大，中墙顶部回填及时且顶部围岩与中墙接触不好，采用上下台阶法或一次性开挖时 B' 可取（0.7~1.0）B。

中隔墙与两侧拱肩所夹三角形荷载最大值：

$$q_z = \gamma(H_1 - H) \tag{G.0.4-6}$$

隧道两侧水平围岩压力为：

$$\left.\begin{array}{l} e_1 = q\lambda \\ e_2 = (q + \gamma h)\lambda \end{array}\right\} \tag{G.0.4-7}$$

式中：h——隧道开挖高度（m）。

作用在衬砌上的中隔墙两侧水平围岩压力为：

$$\left.\begin{array}{l} e'_1 = \lambda q \\ e'_2 = \lambda(q + q_z) \end{array}\right\} \tag{G.0.4-8}$$

式中：λ——侧压力系数，参见附录 D 浅埋隧道荷载的计算方法。

G.0.5 偏压连拱隧道围岩压力的确定应符合下列规定：

1 垂直压力：

假定偏压分布图形与地面坡一致，则作用的垂直总压力为：

$$Q = \frac{\gamma}{2}\left[(h + h')B' - (\lambda h^2 + \lambda' h'^2)\tan\theta\right] \tag{G.0.5-1}$$

$$q_z = \gamma(H_1 - H) \tag{G.0.5-2}$$

式中：h、h'——内、外侧由拱顶水平至地面的高度（m）；

q_z——中隔墙与两侧拱肩所夹三角形荷载最大值（kN/m²）；

B'——连拱隧道有效宽度（m）；

γ——隧道上覆围岩重度（kN/m³）；

θ——顶板土柱两侧摩擦角（°），可按表 D.0.2 确定；

λ、λ'——内外侧的侧压力系数，同单洞偏压隧道。

2 偏压隧道水平侧压力：

内侧：

$$e_i = \gamma h_i \lambda \tag{G.0.5-3}$$

外侧：

$$e'_i = \gamma h'_i \lambda' \tag{G.0.5-4}$$

式中：h_i、h'_i——内、外侧任一点 i 至地面的距离（m）；

e_i、e_i'——内、外侧偏压隧道水平侧压力（kN/m^2）；

γ——围岩重度（kN/m^3）。

作用在衬砌上的中隔墙两侧水平围岩压力为：

$$\left.\begin{array}{l} e_1' = \lambda\gamma H \\ e_2' = \lambda\gamma H_1 \end{array}\right\} \qquad (G.0.5\text{-}5)$$

$$\left.\begin{array}{l} e_3' = \lambda'\gamma H \\ e_4' = \lambda'\gamma H_1 \end{array}\right\} \qquad (G.0.5\text{-}6)$$

式中：λ、λ'——内外侧的侧压力系数，同单洞偏压隧道；

H——连拱隧道中隔墙中心处拱顶水平线至地面的距离，如图 G.0.5 所示；

H_1——连拱隧道中隔墙顶至地面的距离，如图 G.0.5 所示。

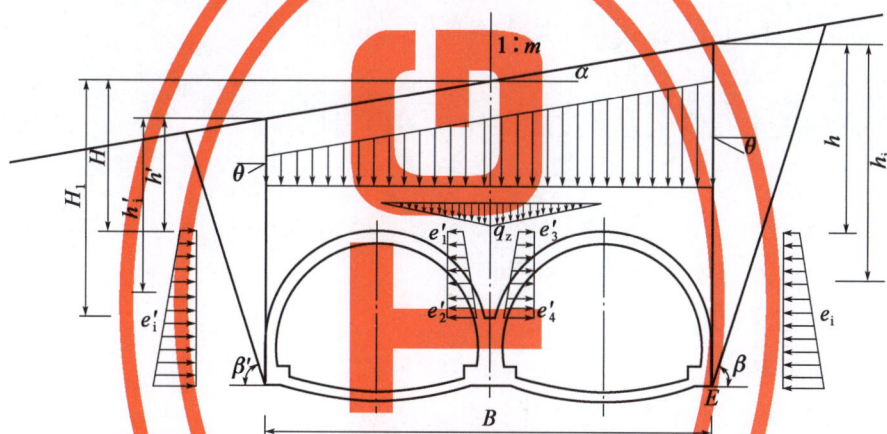

图 G.0.5　偏压连拱隧道荷载示意图

G.0.6　当根据上式计算作用在连拱隧道支护结构上的围岩压力荷载时，必须保证是采用中导洞法施工，保证中隔墙顶回填密实，保证中隔墙顶岩体的稳定。

附录 H 明洞回填荷载计算方法

H.0.1 拱圈回填土石垂直压力可按式（H.0.1）计算：

$$q_i = \gamma_1 h_i \tag{H.0.1}$$

式中：q_i——明洞结构上任意点 i 的回填土石垂直压力值（kN/m^2）；

γ_1——拱背回填土石重度（kN/m^3）；

h_i——明洞结构上任意点 i 的土柱体高度（m）。

H.0.2 拱圈回填土石侧压力可按式（H.0.2-1）计算：

$$e_i = \gamma_1 h_i \lambda \tag{H.0.2-1}$$

式中：e_i——任意点 i 的侧压力值（kN/m^2）；

γ_1, h_i——符号意义同前；

λ——侧压力系数。

侧压力系数可按下列两种情况计算：

1）填土坡面向上倾斜（图 H.0.2-1），按无限土体计算：

$$\lambda = \cos\alpha \frac{\cos\alpha - \sqrt{\cos^2\alpha - \cos^2\varphi_1}}{\cos\alpha + \sqrt{\cos^2\alpha - \cos^2\varphi_1}} \tag{H.0.2-2}$$

式中：α——设计填土面坡度角（°）；

φ_1——拱背回填土石计算摩擦角（°）。

2）填土坡面向下倾斜（图 H.0.2-2），按有限土体计算：

$$\lambda = \frac{1 - \mu n}{(\mu + n)\cos\rho + (1 - \mu n)\sin\rho} \cdot \frac{mn}{(m - n)} \tag{H.0.2-3}$$

式中：ρ——侧压力作用方向与水平线夹角（°）；

n——开挖边坡坡率；

m——回填土石面坡率；

μ——回填土石与开挖边坡面间的摩擦系数。

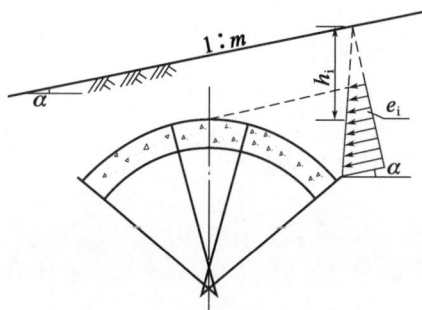

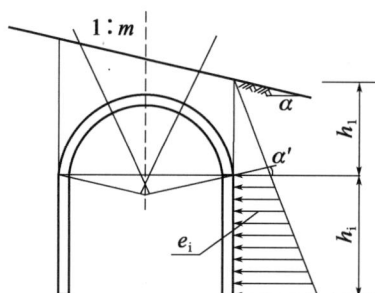

图 H.0.2-1 填土坡面向上倾斜   图 H.0.2-2 填土坡面向下倾斜

H.0.3 边墙回填土石侧压力可按式（H.0.3-1）计算：

$$e_i = \gamma_2 h'_i \lambda \qquad (\text{H.0.3-1})$$

式中：γ_2——墙背回填土石重度（kN/m^3）；

h'_i——边墙计算点换算高度（m），$h'_i = h''_i + \dfrac{\gamma_1}{\gamma_2} h_1$；

h''_i——墙顶至计算位置的高度（m）；

h_1——填土坡面至墙顶的垂直高度（m）；

λ——侧压力系数。

侧压力系数可按下列三种情况进行计算：

1）填土坡面向上倾斜（图 H.0.3-1）：

$$\lambda = \frac{\cos^2\varphi_2}{\left[1 + \sqrt{\dfrac{\sin\varphi_2\sin(\varphi_2 - \alpha')}{\cos\alpha'}}\right]^2} \qquad (\text{H.0.3-2})$$

2）填土坡面向下倾斜（图 H.0.3-2）：

$$\lambda = \frac{\tan\theta_0}{\tan(\theta_0 + \varphi_2)(1 + \tan\alpha'\tan\theta_0)} \qquad (\text{H.0.3-3})$$

式中：φ_2——墙背回填土石计算摩擦角（°）。

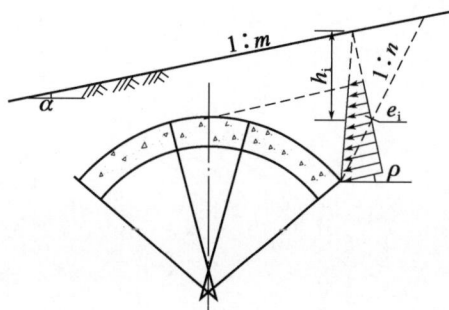

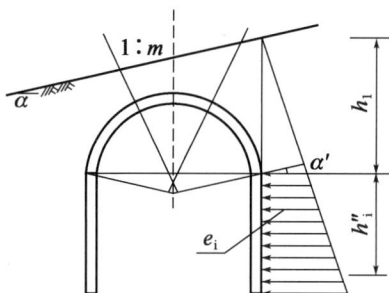

图 H.0.3-1 填土坡面向上倾斜   图 H.0.3-2 填土坡面向下倾斜

$$\alpha' = \arctan\left(\frac{\gamma_1}{\gamma_2}\tan\alpha\right)$$ （H. 0. 3-4）

$$\tan\theta_0 = \frac{-\tan\varphi_2 + \sqrt{(1 + \tan^2\varphi_2)(1 + \tan\alpha'/\tan\varphi_2)}}{1 + (1 + \tan^2\varphi_2)\tan\alpha'/\tan\varphi_2}$$ （H. 0. 3-5）

3）填土坡面水平时：

$$\lambda = \tan^2\left(\frac{\pi}{4} - \frac{\varphi_2}{2}\right)$$ （H. 0. 3-6）

附录 J 洞门墙土压力计算方法

J.0.1 隧道门端墙、翼墙及洞门挡土墙可按下列公式计算：

1 最危险破裂面与垂直面之间的夹角：

$$\tan\omega = \frac{\tan^2\varphi_c + \tan\alpha\tan\varepsilon \sqrt{(1 + \tan^2\varphi_c)(\tan\varphi_c - \tan\varepsilon)(\tan\varphi_c + \tan\alpha)(1 - \tan\alpha\tan\varepsilon)}}{\tan\varepsilon(1 + \tan^2\varphi_c) - \tan\varphi_c(1 - \tan\alpha\tan\varepsilon)}$$

$$(J.0.1-1)$$

式中：φ_c——围岩计算摩擦角（°）；

ε, α——地面坡角与墙面倾角（°），如图 J.0.1 所示。

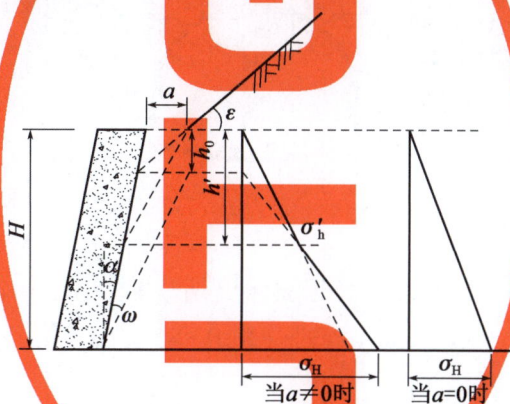

图 J.0.1 地面坡角与墙面倾角示意图

2 土压力：

$$E = \frac{1}{2}\gamma\lambda \cdot \left[H^2 + h_0(h' - h_0) \right] \cdot b \cdot \xi \qquad (J.0.1-2)$$

$$\lambda = \frac{(\tan\omega - \tan\alpha)(1 - \tan\alpha \cdot \tan\varepsilon)}{\tan(\omega + \varphi_c)(1 - \tan\omega \cdot \tan\varepsilon)} \qquad (J.0.1-3)$$

$$h' = \frac{\alpha}{\tan\omega - \tan\alpha} \qquad (J.0.1-4)$$

式中：E——土压力（kN）；

γ——地层重度（kN/m³）；

λ——侧压力系数；

ω——墙背土体破裂角（°）；

b——洞门墙计算条带宽度（m）；

ξ——土压力计算模式不确定性系数，可取 $\xi = 0.6$。

附录 K 地震荷载计算方法

K.0.1　采用静力法计算时，结构承受的地震荷载主要由衬砌自重地震惯性力、上覆土柱地震惯性力、地震侧向土压力增量三部分组成，可按图 K.0.1 所示的计算简图计算隧道结构横断面方向的地震反应。

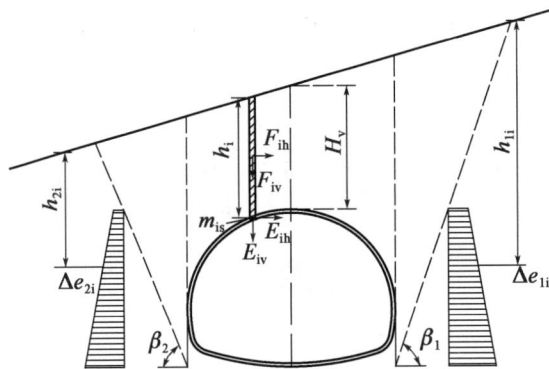

图 K.0.1　静力法计算简图

K.0.2　衬砌自重地震惯性力是地震时加速度所引起的结构本身惯性力，其水平向和竖向的地震作用分别按式（K.0.2-1）、式（K.0.2-2）计算：

$$E_{ih} = A_h m_{is} = C_i C_s A m_{is} \tag{K.0.2-1}$$

$$E_{iv} = K_v A_h m_{is} = K_v C_i C_s A m_{is} \tag{K.0.2-2}$$

式中：C_i——抗震重要性系数，按表 16.2.3 取值；

$\quad\quad C_s$——场地调整系数，可按《公路工程抗震规范》（JTG B02—2013）的表 5.2.2 取值，当采用的地震动参数适用隧址场地时，取 1.0；

$\quad\quad A$——水平向基本地震动加速度峰值，按本规范表 16.2.2 取值；

$\quad\quad m_{is}$——隧道衬砌计算点的质量（kg）；

$\quad\quad K_v$——竖向地震动峰值加速度与水平向峰值加速度的比值，可按《公路工程抗震规范》（JTG B02—2013）的表 3.3.2 进行折算取值。

K.0.3　计算中假定上覆土柱地震惯性力作用于土柱单元质心（图 K.0.1），其值采用式（K.0.3-1）、式（K.0.3-2）计算，计算结构内力时，采用力的平移定理，将该地震力简化为作用于衬砌上半部的各节点力和节点弯矩。

　　上覆土柱水平地震作用：

$$F_{ih} = A_h Q_i / g \qquad (\text{K. 0. 3-1})$$

上覆土柱竖向地震作用：

$$F_{iv} = K_v A_h Q_i / g \qquad (\text{K. 0. 3-2})$$

上覆土柱垂直土压力：

$$Q_i = \frac{\gamma}{2} \left[2 h_i B_i - (\lambda_1 h_i^2 + \lambda_2 h_i^2) \tan\theta_0 \right] \qquad (\text{K. 0. 3-3})$$

式中：A_h——水平向设计地震动峰值加速度，按式（K. 0. 2-1）计算；

$\quad g$——重力加速度；

$\quad \gamma$——围岩重度（kN/m）；

$\quad h_i$——上覆土柱的高度，当上覆土柱高度大于上覆土柱最大计算高度 H_v（见附录表 K. 0. 5）时，取 H_v 值（m）；

$\quad B_i$——上覆土柱宽度（m）；

$\quad \theta_0$——土柱两侧摩擦角（°）；

λ_1、λ_2——内、外侧地震时的侧压力系数，按下式计算：

$$\lambda_1 = \frac{(\tan\beta_1 - \tan\varphi_1)(1 - \tan\theta_1 \tan\theta)}{(\tan\beta_1 - \tan\alpha)\left[1 + \tan\beta_1(\tan\varphi_1 - \tan\theta_1) + \tan\varphi_1 \tan\theta_1\right]} \qquad (\text{K. 0. 3-4})$$

$$\lambda_2 = \frac{(\tan\beta_2 - \tan\varphi_2)(1 - \tan\theta_2 \tan\theta)}{(\tan\beta_2 + \tan\alpha)\left[1 + \tan\beta_2(\tan\varphi_2 - tan\theta_2) + \tan\varphi_2 \tan\theta_2\right]} \qquad (\text{K. 0. 3-5})$$

$$\tan\beta_1 = \tan\varphi_1 + \sqrt{\frac{(\tan^2\varphi_1 + 1)(\tan\varphi_1 - \tan\alpha)}{(\tan\varphi_1 - \tan\theta_1)}} \qquad (\text{K. 0. 3-6})$$

$$\tan\beta_2 = \tan\varphi_2 + \sqrt{\frac{(\tan^2\varphi_2 + 1)(\tan\varphi_2 + \tan\alpha)}{(\tan\varphi_2 - \tan\theta_2)}} \qquad (\text{K. 0. 3-7})$$

$$\varphi_1 = \varphi_g - \theta \qquad (\text{K. 0. 3-8})$$

$$\varphi_2 = \varphi_g + \theta \qquad (\text{K. 0. 3-9})$$

$$\theta_1 = \theta_0 - \theta \qquad (\text{K. 0. 3-10})$$

$$\theta_1 = \theta_0 + \theta \qquad (\text{K. 0. 3-11})$$

其中：φ_g——围岩计算摩擦角（°）；

$\quad \theta$——地震角，按表 K. 0. 3 选取，无地震时取 $\theta = 0$；

$\quad \alpha$——地面坡度角（°），当地面为平坡时 $\alpha = 0$；

β_1、β_2——内、外侧产生最大推力时的破裂角（°）。

其余符号同前。

表 K. 0. 3 水平向基本地震动加速度峰值与地震角对应关系表

设防烈度（度）	7		8		9
水平向基本地震动加速度峰值 A（g）	0. 10	0. 15	0. 2	0. 3	0. 4
地震角 θ	1°30′		3°	4°30′	6°

K. 0. 4 地震时侧向土压力增量计算应符合下列规定：

1 内侧土压力增量：

$$\Delta e_{1i} = C_i C_s \gamma h_{1i}(\lambda_1 - \lambda) \tag{K. 0. 4-1}$$

2 外侧土压力增量：

$$\Delta e_{2i} = C_i C_s \gamma h_{2i}(\lambda_2 - \lambda') \tag{K. 0. 4-2}$$

式中：λ、λ'——内、外侧常时侧压力系数；

h_{1i}、h_{2i}——衬砌内、外侧任一点 i 至地表面的距离（m）；

其余符号同前。

K. 0. 5 研究发现，采用静力法进行抗震计算时，衬砌结构内力与围岩条件、隧道跨度、地震峰值加速度等因素相关，而上覆土柱最大计算高度仅与围岩条件和隧道跨度有关，其中，围岩级别按本规范围岩分级标准划分确定；隧道跨度按照常用的车道数划分为双车道隧道和三车道隧道。根据隧道所处围岩级别和跨度通过表 K. 0. 5 查取上覆土柱最大计算高度值 H_v。上覆土柱高度小于表 K. 0. 5 的相应值，按实际高度计算，大于则按表 K. 0. 5 取值计算。

表 K. 0. 5 静力法拱顶处上覆土柱最大计算高度（H_v）取值

工 况	抗震计算埋深	
跨度	双车道隧道	三车道隧道
Ⅰ～Ⅱ级围岩	0.5B	0.5B
Ⅲ级围岩	1.5B	1.0B
Ⅳ级围岩	2.5B	2.0B
Ⅴ级围岩	3.0B	2.5B

K. 0. 6 明洞及棚洞的地震作用可按下列规定计算，计算简图如图 K. 0. 6 所示。

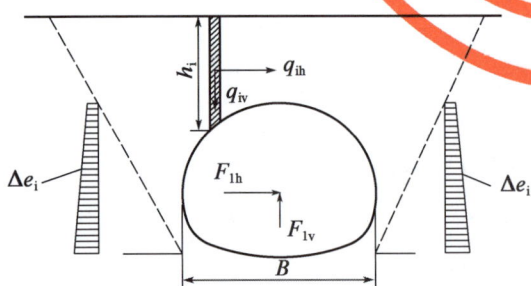

图 K. 0. 6 明洞及棚洞地震作用计算简图

1 结构自重产生的地震力可按本规范第 K. 0. 2 条的规定计算。

2 洞顶回填土体的水平地震土压力荷载：

$$q_{ih} = A_h h_i \gamma / g \tag{K. 0. 6-1}$$

式中：h_i——计算点回填土厚度（m）；

γ——回填土重度（kN/m³）；

其他符号意义同前。

3 拱顶回填土体的竖向地震土压力荷载：

$$q_{iv} = k_v A_h h_i \gamma / g \tag{K. 0. 6-2}$$

4 侧边回填土体产生的侧压力增量按式（K. 0. 4-1）、式（K. 0. 4-2）的规定计算。

K. 0. 7 洞门墙和洞口挡土墙自重产生的水平地震附加荷载，可按式（K. 0. 7-1）、式（K. 0. 7-2）计算：

$$E_{ihw} = C_i A \Psi_{iw} m_{iw} \tag{K. 0. 7-1}$$

$$E_{ivw} = C_i K_v A \Psi_{iw} m_{iw} \tag{K. 0. 7-2}$$

式中：E_{ihw}——第 i 截面以上墙身重心处的水平地震荷载（kN）；

$\quad\quad E_{ivw}$——第 i 截面以上墙身重心处的竖向地震荷载（kN）；

$\quad\quad m_{iw}$——第 i 截面以上墙身质量（kg）；

$\quad\quad \Psi_{iw}$——水平地震荷载沿墙高的分布系数，可按《公路工程抗震规范》（JTG B02—2013）中式（7. 2. 3-2）的规定采用。

其余符号同前。

K. 0. 8 黏性填土的地震主动土压力可按式（K. 0. 8-1）进行计算：

$$E_{ea} = \left(\frac{1}{2}\gamma H^2 + qH \frac{\cos\alpha}{\cos(\alpha - \beta)} \right) K_a - 2cHK_{ca} \tag{K. 0. 8-1}$$

式中：γ——黏性填土重力密度（kN/m³）；

$\quad\quad H$——洞门墙或洞口挡土墙高（m）；

$\quad\quad q$——滑裂楔体上的均布荷载（kN/m）；

$\quad\quad \alpha$——洞门墙或洞口挡土墙背面与竖直方向之间的夹角（°）；

$\quad\quad \beta$——填土表面与水平面的夹角（°）；

$\quad\quad c$——黏性填土的黏聚力系数；

$\quad\quad K_a$——地震主动土压力系数；

$\quad\quad K_{ca}$——系数，按式（K. 0. 8-3）计算。

各个夹角如图 K. 0. 8 所示。

式（K. 0. 8-1）中的 K_a 按式（K. 0. 8-2）计算：

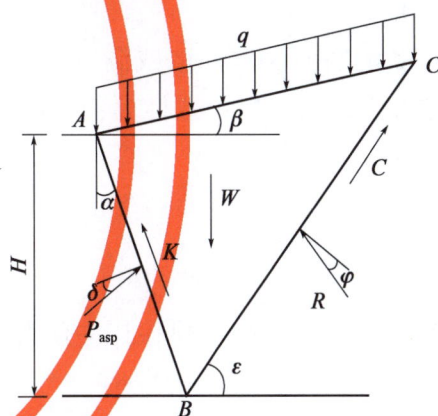

图 K. 0. 8 地震土压力计算示意图

$$K_a = \frac{\cos^2(\varphi - \alpha - \theta)}{\cos\theta\cos^2\alpha\cos(\alpha + \delta + \theta)\left[1 + \sqrt{\dfrac{\sin(\varphi + \delta)\sin(\varphi - \beta - \theta)}{\cos(\alpha - \beta)\cos(\alpha + \delta + \theta)}} \right]^2} \tag{K. 0. 8-2}$$

式中：φ——填土的内摩擦角（°）；

$\quad\quad \delta$——填土与洞门墙或洞口挡土墙背面的摩擦角（°）。

$$K_{ca} = \frac{1 - \sin\varphi}{\cos\varphi} \tag{K. 0. 8-3}$$

地震角 θ 按表 K. 0. 8 取值。

表 K.0.8 地震角取值表

设防烈度		7	8	9
地震角 θ (°)	水上	1.5	3.0	6.0
	水下	2.5	5.0	10.0

K.0.9 黏性填土的地震被动土压力可按式 (K.0.9-1)、式 (K.0.9-2) 进行计算:

$$E_{ep} = \left(\frac{1}{2}\gamma H^2 + qH\frac{\cos\alpha}{\cos(\alpha-\beta)}\right)K_{psp} + 2cHK_{cp} \qquad (\text{K.0.9-1})$$

$$K_{cp} = \frac{\sin(\varphi-\theta) + \cos\theta}{\cos\theta\cos\varphi} \qquad (\text{K.0.9-2})$$

式中: K_{psp}——地震被动土压力系数;

$\quad K_{cp}$——系数。

式中其他符号意义同前。

K.0.10 地震土压力作用的位置在 $q = 0$ 时,可取在距墙底 $H/3$ 处; $q \neq 0$ 时, H 要再加上 q 折算的填土高度。

K.0.11 当洞门墙或洞口挡土墙后填土无黏性时,地震时作用于墙背的主动土压力也可按下列简化公式计算:

$$E_{ea} = \frac{1}{2}\gamma H^2 K_A\left(1 + \frac{3C_iA}{g}\tan\varphi\right) \qquad (\text{K.0.11-1})$$

$$K_A = \frac{\cos^2\varphi}{(1+\sin\varphi)^2} \qquad (\text{K.0.11-2})$$

式中: E_{ea}——地震时作用于墙背每延米长度上的主动土压力 (kN/m),其作用点距墙底 $0.4H$ 处;

$\quad \gamma$——土的重力密度 (kN/m³);

$\quad H$——墙身高度 (m);

$\quad K_A$——非地震条件下作用于墙背的主动土压力系数;

$\quad \varphi$——墙背土的内摩擦角 (°);

$\quad C_i$——抗震重要性系数。

当判定墙体地表以下有液化土层或软土层时,其作用于墙背的主动土压力应按式 (K.0.11-3) 计算:

$$E_{ea} = \frac{1}{2}\gamma H^2(K_A + 2C_iA/g) \qquad (\text{K.0.11-3})$$

式中符号意义同前。

附录 L　荷载结构法

L. 0. 1　设计原理：

荷载结构法的设计原理，是认为隧道开挖后地层的作用主要是对衬砌结构产生荷载，衬砌结构应能安全可靠地承受地层压力等荷载的作用。计算时先按地层分类法或由实用公式确定地层压力，然后按弹性地基上结构物的计算方法计算衬砌的内力，并进行结构截面设计。

L. 0. 2　计算原理：

1　基本未知量与基本方程

取衬砌结构结点的位移为基本未知量。由最小势能原理或变分原理可得系统整体求解时的平衡方程为：

$$[K]\{\delta\} = \{P\} \tag{L. 0. 2-1}$$

式中：$\{\delta\}$——由衬砌结构结点位移组成的列向量，即 $\{\delta\} = [\delta_1, \delta_2, \cdots, \delta_m]^T$；

$\{P\}$——由衬砌结构结点荷载组成的列向量，即 $\{P\} = [P_1, P_2, \cdots, P_m]^T$；

$[K]$——衬砌结构的整体刚度矩阵，为 $m \times m$ 阶方阵，m 为体系结点自由度的总个数。

矩阵 $\{P\}$、$[K]$ 和 $\{\delta\}$ 可由单元的荷载矩阵 $\{P\}^e$、单元的刚度矩阵 $[k]^e$ 和单元的位移向量矩阵 $\{\delta\}^e$ 组装而成，故在采用有限元方法进行分析时，需先划分单元，建立单元刚度矩阵 $[k]^e$ 和单元荷载矩阵 $\{P\}^e$。

隧道承重结构轴线的形状为弧形时，需用折线单元模拟曲线。划分单元时，只需确定杆件单元的长度。杆件厚度 d 即为承重结构的厚度，杆件宽度取为 1（m）。相应的杆件横截面积为 $A = d \times 1$（m^2），抗弯惯性矩为 $I = \dfrac{1}{12} \times 1 \times d^3$（$m^4$），弹性模量 E（kN/m^2）取为混凝土的弹性模量。

2　单元刚度矩阵的计算

设梁单元在局部坐标系下的结点位移为 $\{\bar{\delta}\} = [\bar{u}_i, \bar{v}_i, \bar{\theta}_i, \bar{u}_j, \bar{v}_j, \bar{\theta}_j]^T$，对应的结点力为 $\{\bar{f}\} = [\bar{X}_i, \bar{Y}_i, \bar{M}_i, \bar{X}_j, \bar{Y}_j, \bar{M}_j]^T$，则有：

$$\{\bar{f}\} = \{\bar{k}\}^e \{\bar{\delta}\} \tag{L. 0. 2-2}$$

其中，$[\bar{k}]^e$ 为梁单元在局部坐标系下的刚度矩阵，并有：

$$[\bar{k}]^e = \begin{bmatrix} \dfrac{EA}{l} & 0 & 0 & -\dfrac{EA}{l} & 0 & 0 \\[2mm] 0 & \dfrac{12EI}{l^3} & \dfrac{6EI}{l^2} & 0 & -\dfrac{12EI}{l^3} & \dfrac{6EI}{l^2} \\[2mm] 0 & \dfrac{6EI}{l^2} & \dfrac{4EI}{l} & 0 & -\dfrac{6EI}{l^2} & \dfrac{2EI}{l} \\[2mm] -\dfrac{EA}{l} & 0 & 0 & \dfrac{EA}{l} & 0 & 0 \\[2mm] 0 & -\dfrac{12EI}{l^3} & -\dfrac{6EI}{l^2} & 0 & \dfrac{12EI}{l^3} & -\dfrac{6EI}{l^2} \\[2mm] 0 & \dfrac{6EI}{l^2} & \dfrac{2EI}{l} & 0 & -\dfrac{6EI}{l^2} & \dfrac{4EI}{l} \end{bmatrix} \quad (\mathrm{L.0.2\text{-}3})$$

式中：l——梁单元的长度；

    A——梁的截面积；

    I——梁的惯性矩；

    E——梁的弹性模量。

对于整体结构而言，各单元采用的局部坐标系均不相同，故在建立整体矩阵时，需按式（L.0.2-4）将按局部坐标系建立的单元刚度矩阵 $[\bar{k}]^e$ 转换成结构整体坐标系中的单元刚度矩阵 $[k]^e$。

$$[k]^e = [T]^T[\bar{k}]^e[T] \quad (\mathrm{L.0.2\text{-}4})$$

式中：$[T]$——转置矩阵，表达式为：

$$[T] = \begin{bmatrix} \cos\beta & \sin\beta & 0 & 0 & 0 & 0 \\ -\sin\beta & \cos\beta & 0 & 0 & 0 & 0 \\ 0 & 0 & 1 & 0 & 0 & 0 \\ 0 & 0 & 0 & \cos\beta & \sin\beta & 0 \\ 0 & 0 & 0 & -\sin\beta & \cos\beta & 0 \\ 0 & 0 & 0 & 0 & 0 & 1 \end{bmatrix} \quad (\mathrm{L.0.2\text{-}5})$$

其中：β——局部坐标系与整体坐标系之间的夹角（°）。

3 地层反力作用模式

地层弹性抗力由下式给出：

$$F_{\mathrm{n}} = K_{\mathrm{n}} \cdot U_{\mathrm{n}} \quad (\mathrm{L.0.2\text{-}6})$$

$$F_{\mathrm{s}} = K_{\mathrm{s}} \cdot U_{\mathrm{s}} \quad (\mathrm{L.0.2\text{-}7})$$

其中，

$$K_{\mathrm{n}} = \begin{cases} K_{\mathrm{n}}^{+} & U_{\mathrm{n}} \geqslant 0 \\ K_{\mathrm{n}}^{-} & U_{\mathrm{n}} < 0 \end{cases} \quad (\mathrm{L.0.2\text{-}8})$$

$$K_s = \begin{cases} K_s^+ & U_s \geq 0 \\ K_s^- & U_s < 0 \end{cases} \qquad (\text{L. 0. 2-9})$$

式中：F_n、F_s——法向和切向弹性抗力。

K_n、K_s 为相应的围岩弹性抗力系数，且 K^+、K^- 分别为压缩区和拉伸区的抗力系数，通常令 $K_n^- = K_s^- = 0$。

杆件单元确定后，即可确定地层弹簧单元，它只设置在杆件单元的结点上。地层弹簧单元可沿整个截面设置，也可只在部分结点上设置。沿整个截面设置地层弹簧单元时，计算过程中，需用迭代法作变形控制分析，以判断出抗力区的确切位置。

附录 M 地层结构法

M.0.1 设计原理：

地层结构法的设计原理，是将衬砌和地层视为整体共同受力的统一体系，在满足变形协调条件的前提下分别计算衬砌与地层的内力，据以验算地层的稳定性和进行结构截面设计。

目前计算方法以有限单元法为主，适用于设计构筑在软岩或较稳定的地层内的衬砌。

M.0.2 初始地应力的计算：

1 初始自重应力

初始自重应力通常采用有限元方法或给定水平侧压力系数的方法计算。

1）有限元方法

即初始自重应力由有限元方法算得，并将其转化为等效结点荷载。

2）给定水平侧压力系数法

即在给定水平侧压力系数 K_0 值后，按下式计算初始自重地应力：

$$\sigma_z^g = \Sigma \gamma_i H_i \qquad (\text{M.0.2-1})$$

$$\sigma_x^g = K_0 \cdot (\sigma_z - P_w) + P_w \qquad (\text{M.0.2-2})$$

式中：σ_z^g, σ_x^g ——竖直方向和水平方向初始自重地应力；

γ_i ——计算点以上第 i 层岩石的重度；

H_i ——计算点以上第 i 层岩石的厚度；

P_w ——计算点的孔隙水压力。在不考虑地下水头变化的条件下，P_w 由计算点的静水压力确定，即 $P_w = \gamma_w \cdot H_w$（γ_w 为地下水的重度，H_w 为地下水的水位差）。

2 构造应力

构造地应力可假设为均布或线性分布应力。假设主应力作用方向保持不变，则二维平面应变的普遍表达式为：

$$\begin{cases} \sigma_x^s = a_1 + a_4 z \\ \sigma_z^s = a_2 + a_5 z \\ \tau_{xz}^s = a_3 \end{cases} \qquad (\text{M.0.2-3})$$

式中：$a_1 \sim a_5$——常系数；

z——竖直坐标。

3 初始地应力

将初始自重应力与构造应力叠加，即得初始地应力。

M. 0. 3 本构模型：

1 岩体单元

1）弹性模型

对于平面应变问题，横观各向同性弹性体的应力增量可表示为：

$$
\{\Delta\sigma\} = \begin{Bmatrix} \Delta\sigma_x \\ \Delta\sigma_z \\ \Delta\tau_{zx} \end{Bmatrix} = [D]\{\Delta\varepsilon\} = \begin{bmatrix} \dfrac{E_0 E_v - \mu_{uh}^2 E_h^2}{E_0} & \dfrac{E_h E_v \mu_{vh}(1+\mu_{hh})}{E_0} & 0 \\[4mm] \dfrac{E_h E_v \mu_{vh}(1+\mu_{hh})}{E_0} & \dfrac{E_v^2(1-\mu_{hh}^2)}{E_0} & 0 \\[4mm] 0 & 0 & G_{hv} \end{bmatrix} \begin{Bmatrix} \Delta\varepsilon_x \\ \Delta\varepsilon_z \\ \Delta\gamma_{zx} \end{Bmatrix}
$$

$$（M. 0. 3\text{-}1）$$

式中：E_v——竖直方向（z）弹性模量；

E_h——水平方向（x，y）弹性模量；

μ_{vh}——竖直向应变引起水平向应变的泊松比（竖直面内的泊松比）；

μ_{hh}——水平面内的泊松比；

G_{hv}——竖向平面内的剪切模量。

各向同性弹性体的应力增量可表示为：

$$
\{\Delta\sigma\} = \begin{Bmatrix} \Delta\sigma_x \\ \Delta\sigma_z \\ \Delta\tau_{zx} \end{Bmatrix} = [D]\{\Delta\varepsilon\} = \frac{E(1-\mu)}{(1+\mu)(1-2\mu)} \begin{bmatrix} 1 & \dfrac{\mu}{1-\mu} & 0 \\[4mm] \dfrac{\mu}{1-\mu} & 1 & 0 \\[4mm] 0 & 0 & \dfrac{1-2\mu}{2(1-\mu)} \end{bmatrix} \begin{Bmatrix} \Delta\varepsilon_x \\ \Delta\varepsilon_z \\ \Delta\gamma_{zx} \end{Bmatrix}
$$

$$（M. 0. 3\text{-}2）$$

2）非线性弹性模型

采用邓肯-张模型的假设，并认为应力-应变关系可用双曲线关系近似描述，则在主应力 $\sigma3$ 保持不变时为：

$$\sigma_1 - \sigma_3 = \frac{\varepsilon_1}{a + b\varepsilon_1} \qquad （M. 0. 3\text{-}3）$$

轴向应变 ε_1 和侧向应变 ε_3 之间假设也存在双曲线关系，即有：

$$\varepsilon_1 = \frac{\varepsilon_3}{f + d\varepsilon_3} \qquad （M. 0. 3\text{-}4）$$

式中：a、b、f、d——由试验确定的参数。

在不同应力状态下，弹性模量的表达式为：

$$E_i = \left[1 - \frac{R_f(1 - \sin\varphi)(\sigma_1 - \sigma_3)}{2c\cos\varphi + 2\sigma_3\sin\varphi}\right]^2 K \cdot P_0 \cdot \left(\frac{\sigma_3}{P_0}\right)^n \qquad (\text{M. 0. 3-5})$$

式中：R_f——破坏比，数值小于 1（一般在 0.75 ~ 1.0 之间）；

c，φ——土的黏聚力和内摩擦角；

P_0——大气压力，一般取 100kPa；

K，n——试验确定的参数。

不同应力状态下泊松比的表达式为：

$$\mu_i = \frac{G - F\lg\left(\dfrac{\sigma_3}{P_0}\right)}{(1 - A)^2} \qquad (\text{M. 0. 3-6})$$

$$A = \frac{(\sigma_1 - \sigma_3)d}{Kp_0\left(\dfrac{\sigma_3}{P_0}\right)^n\left[1 - \dfrac{R_f(1 - \sin\varphi)(\sigma_1 - \sigma_3)}{2c\cos\varphi + 2\sigma_3\sin\varphi}\right]} \qquad (\text{M. 0. 3-7})$$

式中：G，F，d——由试验确定的参数。由 E_i 和 μ_i 即可确定该应力状态下的弹性矩阵 $[D]$。

3）弹塑性模型

①屈服准则

材料进入塑性状态的判断准则采用 *Drucker-Prager* 或 *Mohr—Coulomb* 屈服准则，其中，*Drucker-Prager* 屈服准则的表达式为：

$$f = \alpha \cdot I_1 + \sqrt{J_2} - k = 0 \qquad (\text{M. 0. 3-8})$$

式中：I_1——应力张量的第一不变量；

J_2——应力偏量的第二不变量。

$$\alpha = \frac{\sin\phi}{\sqrt{3}\sqrt{3 + \sin^2\phi}}, k = \frac{\sqrt{3}C\cos\phi}{\sqrt{3 + \sin^2\phi}} \qquad (\text{M. 0. 3-9})$$

Mohr—Coulomb 屈服准则的表达式为：

$$f = \frac{1}{3}I_1\sin\phi - \left(\cos\theta + \frac{1}{\sqrt{3}}\sin\theta\sin\phi\right)\sqrt{J_2} + C\cos\phi = 0 \qquad (\text{M. 0. 3-10})$$

式中：$\theta = \dfrac{1}{3}\sin^{-1}\left(-\dfrac{3\sqrt{3}}{2}\dfrac{J_3}{(J_2)^{\frac{3}{2}}}\right)$，$-\dfrac{\pi}{6} \leqslant \theta \leqslant \dfrac{\pi}{6}$；

J_3——应力偏量的第三不变量。

②弹塑性矩阵

材料进入塑性状态后，其弹塑性应力—应变关系的增量表达式为：

$$\{\mathrm{d}\sigma\} = \left([D] - \frac{[D]\left\{\frac{\partial g}{\partial \sigma}\right\}\left\{\frac{\partial f}{\partial \sigma}\right\}^T[D]}{A + \left\{\frac{\partial f}{\partial \sigma}\right\}^T[D]\left\{\frac{\partial g}{\partial \sigma}\right\}}\right)\{\mathrm{d}\varepsilon\} = ([D] - [D_\mathrm{p}])\{\mathrm{d}\varepsilon\} = [D_\mathrm{ep}]\{\mathrm{d}\varepsilon\}$$

（M.0.3-11）

式中：$[D]$、$[D_\mathrm{p}]$、$[D_\mathrm{ep}]$ ——分别为材料的弹性矩阵、塑性矩阵和弹塑性矩阵；

A——与材料硬化有关的参数，理想弹塑性情况下，$A=0$；

f——屈服面函数；

g——塑性势面函数，采用关联流动法则时，$g=f$。

③弹塑性分析的计算过程

增量时步加荷过程中，部分岩土体进入塑性状态后，由材料屈服引起的过量塑性应变以初应变的形式被转移，并由整个体系中的所有单元共同负担。每一时步中，各单元与过量塑性应变相应的初应变均以等效结点力的形式起作用，并处理为再次计算时的结点附加荷载，据以进行迭代运算，直至时步最终计算时间，并满足给定的精度要求。

4）黏弹性模型

三元件广义 Kelvin 模型，由弹性元件和 Kelvin 模型串联组成，如图 M.0.3 所示。

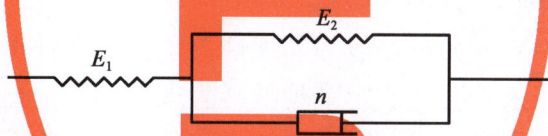

图 M.0.3 广义 Kelvin 模型

其应力应变关系式为：

$$\frac{\eta}{E_1 + E_2}\dot{\sigma} + \sigma = \frac{\eta E_1}{E_1 + E_2}\dot{\varepsilon} + \frac{E_1 E_2}{E_1 + E_2}\varepsilon$$

（M.0.3-12）

衬砌施作后的蠕变方程为：

$$\varepsilon(t) = \left[\frac{1}{E_1} + \frac{1}{E_2}(1 - e^{-\frac{E_2}{\eta}t})\right]\sigma_0 = \sigma_0 \mathrm{J}(t)$$

（M.0.3-13）

式中：$\mathrm{J}(t)$ ——蠕变柔量；

σ_0——常量应力。

2 梁单元

与附录 I 中"单元刚度矩阵的计算"相同。

3 杆单元

设杆单元在局部坐标系中的结点位移为 $\{\bar{\delta}\} = [\bar{u}_i, \bar{v}_i, \bar{u}_j, \bar{v}_j]^T$，对应的结点力为

$\{\bar{f}\} = [\overline{X_i}, \overline{Y_i}, \overline{X_j}, \overline{Y_j}]^T$，则有：

$$\{\bar{f}\} = \{\bar{k}\}\{\bar{\delta}\} \qquad\qquad (M.0.3\text{-}14)$$

其中，$[\bar{k}]$ 为杆在局部坐标系下的单元刚度矩阵，并有：

$$[\bar{k}] = \begin{bmatrix} \dfrac{EA}{l} & 0 & -\dfrac{EA}{l} & 0 \\ 0 & 0 & 0 & 0 \\ -\dfrac{EA}{l} & 0 & \dfrac{EA}{l} & 0 \\ 0 & 0 & 0 & 0 \end{bmatrix} \qquad (M.0.3\text{-}15)$$

式中：l——杆长；

A——杆的截面积；

E——杆的弹性模量。

4 接触面单元

接触面采用无厚度节理单元模拟，不考虑法向和切向的耦合作用时，有增量表达式：

$$\begin{Bmatrix} \Delta\tau_s \\ \Delta\sigma_n \end{Bmatrix} = \begin{bmatrix} K_s & 0 \\ 0 & K_n \end{bmatrix} \begin{Bmatrix} \Delta u_s \\ \Delta u_n \end{Bmatrix} = [K^e] \begin{Bmatrix} \Delta u_s \\ \Delta u_n \end{Bmatrix} \qquad (M.0.3\text{-}16)$$

式中：K_s——接触面的切向刚度；

K_n——接触面的法向刚度。

接触面材料的应力－应变关系一般为非线性关系，并常处于塑性受力状态。当屈服条件采用莫尔－库伦屈服条件，并假定节理材料为理想弹塑性材料及采用关联流动法则时，对平面应变问题，可导出接触面单元剪切滑移的塑性矩阵为：

$$[D_p] = \frac{1}{S_0} \begin{bmatrix} K_s^2 & K_s S_1 \\ K_s S_1 & S_1^2 \end{bmatrix} \qquad\qquad (M.0.3\text{-}17)$$

式中：$S_0 = K_s + K_n \tan^2\varphi, S_1 = K_n \tan\varphi$；

φ——接触面的内摩擦角（°）。

对处于非线性状态的接触元单元，应力与相对位移间的关系式为：

$$\tau_s = K_s \cdot \Delta u_s \qquad \sigma_n = K_n v_m \frac{\Delta u_n}{v_m - \Delta u_n} \qquad (\Delta u_n < v_m) \qquad (M.0.3\text{-}18)$$

式中：v_m——接触面单元的法向最大允许嵌入量。

M.0.4 单元模式：

1 一维单元

对二结点一维线性单元，设节点位移为 $\{\delta\} = \{u_i, v_i, u_j, v_j\}$ 时，单元上任意点的位移为：

$$u = \sum N_i u_i \qquad (\text{M.0.4-1})$$

式中：N 为插值函数，并有：

$$N_1 = \frac{1-\xi}{2}, N_2 = \frac{1+\xi}{2} \qquad (\text{M.0.4-2})$$

2 三角形单元

对三结点三角形单元，设节点坐标为 $\{x_i, y_i, x_j, y_j, x_m, y_m\}$，结点位移 $\{\delta\} = \{u_i, v_i, u_j, u_m, v_m\}$，对应的结点力 $\{F\} = \{X_i, Y_i, X_j, Y_j, X_m, Y_m\}$，则当取线性位移模式时，单元内任意点的位移为：

$$\binom{u}{v} = [N]\{\delta\} \qquad (\text{M.0.4-3})$$

式中：$[N]$ 为形函数矩阵，即：

$$[N] = \begin{bmatrix} N_i & 0 & N_j & 0 & N_m & 0 \\ 0 & N_i & 0 & N_j & 0 & N_m \end{bmatrix} \qquad (\text{M.0.4-4})$$

其中，$N_i = \frac{1}{2\Delta}(a_i + b_i x + c_i y)$；

Δ——单元面积。

$$\begin{cases} a_i = x_i y_m - x_m y_i \\ b_i = y_i - y_m \\ c_i = x_m - x_i \end{cases}$$

3 四边形单元

采用四结点等参单元，并设结点位移为 $\{\delta\} = [u_1, v_1, u_2, v_2, u_3, v_3, u_4, v_4]^T$ 时，位移模式可由双线性插值函数给出，形式为：

$$\begin{aligned} u &= N_1 u_1 + N_2 u_2 + N_3 u_3 + N_4 u_4 \\ v &= N_1 v_1 + N_2 v_2 + N_3 v_3 + N_4 v_4 \end{aligned} \qquad (\text{M.0.4-5})$$

式中：N 为插值函数，即：

$$\begin{cases} N_1 = \frac{1}{4}(1-\xi)(1-\eta) \\ N_2 = \frac{1}{4}(1+\xi)(1-\eta) \\ N_3 = \frac{1}{4}(1+\xi)(1+\eta) \\ N_4 = \frac{1}{4}(1-\xi)(1+\eta) \end{cases} \qquad (\text{M.0.4-6})$$

M.0.5 施工过程的模拟：

1 一般表达式

开挖过程的模拟一般通过在开挖边界上施加释放荷载实现。将一个相对完整的施工阶段称为施工步，并设每个施工步包含若干增量步，则与该施工步相应的开挖释放荷载可在所包含的增量步中逐步释放，以便较真实地模拟施工过程。具体计算中，每个增量步的荷载释放量可由释放系数控制。

对各施工阶段的状态，有限元分析的表达式为：

$$[K]_i\{\Delta\delta\}_i = \{\Delta F_r\}_i + \{\Delta F_g\}_i + \{\Delta F_p\}_i \quad (i=1,L) \quad (M.0.5\text{-}1)$$

$$[K]_i = [K]_0 + \sum_{\lambda=1}^{i}[\Delta K]_\lambda \quad (i \geq 1) \quad (M.0.5\text{-}2)$$

式中：L——施工步总数；

$[K]_i$——第 i 施工步岩土体和结构的总刚度矩阵；

$[K]_0$——岩土体和结构（施工开始前存在）的初始总刚度矩阵；

$[\Delta K]_\lambda$——施工过程中，第 λ 施工步的岩土体和结构刚度的增量或减量，用以体现岩土体单元的挖除、填筑及结构单元的施作或拆除；

$\{(\Delta F_r)\}_i$——第 i 施工步开挖边界上的释放荷载的等效结点力；

$\{\Delta F_g\}_i$——第 i 施工步新增自重等的等效结点力；

$\{\Delta F_p\}_i$——第 i 施工步增量荷载的等效结点力；

$\{\Delta\delta\}_i$——第 i 施工步的结点位移增量。

对每个施工步，增量加载过程的有限元分析的表达式为：

$$[K]_{ij}\{\Delta\delta\}_{ij} = \{\Delta F_r\}_i \cdot \alpha_{ij} + \{\Delta F_g\}_{ij} + \{\Delta F_p\}_{ij} \quad (i=1,L;j=1,M)$$

$$(M.0.5\text{-}3)$$

$$[K]_{ij} = [K]_{i-1} + \sum_{\xi=1}^{j}[\Delta K]_{i\xi} \quad (M.0.5\text{-}4)$$

式中：M——各施工步增量加载的次数；

$[K]_{ij}$——第 i 施工步中施加第 j 荷载增量步时的刚度矩阵；

α_{ij}——与第 i 施工步第 j 荷载增量步相应的开挖边界释放荷载系数，开挖边界荷载完全释放时有 $\sum_{j=1}^{M}\alpha_{ij}=1$；

$\{\Delta F_g\}_{ij}$——第 i 施工步第 j 增量步新增单元自重等的等效结点力；

$\{\Delta\delta\}_{ij}$——第 i 施工步第 j 增量步的结点位移增量；

$\{\Delta F_p\}_{ij}$——第 i 施工步第 j 增量步增量荷载的等效结点力。

2 开挖工序的模拟

开挖效应可通过在开挖边界上设置释放荷载，并将其转化为等效结点力模拟。表达式为：

$$[K-\Delta K]\{\Delta\delta\} = \{\Delta P\} \quad (M.0.5\text{-}5)$$

式中：$[K]$——开挖前系统的刚度矩阵；

$[\Delta K]$——开挖工序中挖除部分刚度；

$\{\Delta P\}$——为开挖释放荷载的等效结点力。

开挖释放荷载可采用单元应力法或 Mana 法计算，具体方法见本规范附录 D。

3　填筑工序的模拟

填筑效应包含两个部分，即整体刚度的改变和新增单元自重荷载的增加，其计算表达式为：

$$[K + \Delta K]\{\Delta\delta\} = \{\Delta F_g\} \qquad (M.0.5\text{-}6)$$

式中：K——填筑前系统的刚度矩阵；

　　ΔK——新增实体单元的刚度；

　$\{\Delta F_g\}$——新增实体单元自重的等效结点荷载。

4　结构的施作与拆除

结构施作的效应体现为整体刚度的增加及新增结构的自重对系统的影响，其计算式为：

$$[K + \Delta K]\{\Delta\delta\} = \{\Delta F_g^s\} \qquad (M.0.5\text{-}7)$$

式中：K——结构施作前系统的刚度矩阵；

　　ΔK——新增结构的刚度；

　$\{\Delta F_g^s\}$——施作结构自重的等效结点荷载。

结构拆除的效应包含整体刚度的减小和支撑内力释放的影响，其中支撑内力的释放可通过施加一反向内力实现，其计算表达式为：

$$[K - \Delta K]\{\Delta\delta\} = -\{\Delta F\} \qquad (M.0.5\text{-}8)$$

式中：K——结构施作前系统的刚度矩阵；

　　ΔK——拆除结构的刚度；

　$\{\Delta F\}$——拆除结构内力的等效结点力。

5　增量荷载的施加

在施工过程中施加的外荷载，可在相应的增量步中用施加增量荷载表示，其计算式为：

$$[K]\{\Delta\delta\} = \{\Delta F\} \qquad (M.0.5\text{-}9)$$

式中：K——增量荷载施加前系统的刚度矩阵；

　$\{\Delta F\}$——施加的增量荷载的等效结点力。

附录 N 钢筋混凝土受弯和受压构件配筋量计算方法

N.0.1 钢筋混凝土受弯构件的截面强度，应按下列公式计算（图 N.0.1）：

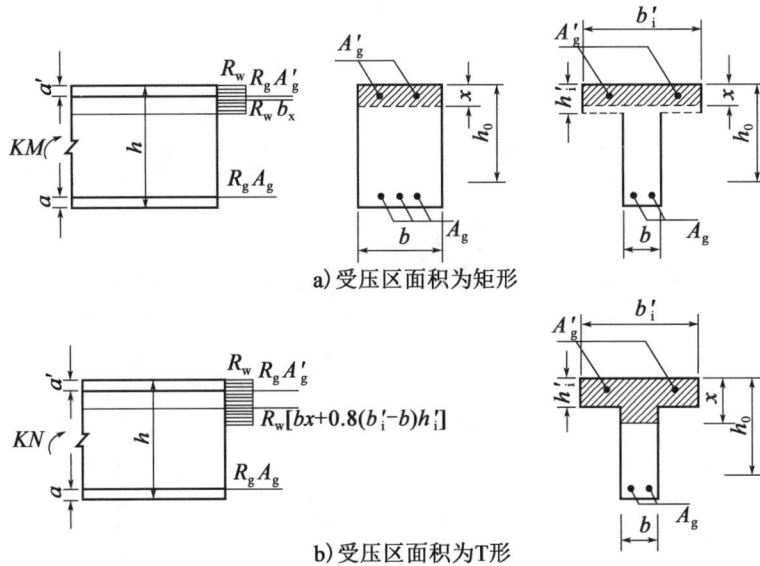

a) 受压区面积为矩形

b) 受压区面积为T形

图 N.0.1 钢筋混凝土受弯构件截面强度计算

1 受压区面积为矩形时：

$$KM \leq R_w bx(h_0 - x/2) + R_g A'_g(h_0 - a') \tag{N.0.1-1}$$

中和轴的位置按下式确定：

$$R_g(A_g - A'_g) = R_w bx \tag{N.0.1-2}$$

2 受压区面积为 T 形时

$$KM \leq R_w[bx(h_0 - x/2) + 0.8(b'_i - b)h'_i(h_0 - h'_i/2)] + R_g A'_g(h_0 - a') \tag{N.0.1-3}$$

中和轴的位置按下式确定：

$$R_g(A_g - A'_g) = R_w[bx + 0.8(b'_i - b)h'_i] \tag{N.0.1-4}$$

按上述公式计算受弯构件时，混凝土受压区的高度应符合式（N.0.1-5）及式（N.0.1-6）的要求，截面强度应符合式（N.0.1-7）的要求。但在构造中如无受压钢筋或计算中不考虑受压钢筋时，只需符合式（N.0.1-5）的要求。

$$x \leq 0.55 h_0 \tag{N.0.1-5}$$

$$x \geqslant 2a' \tag{N.0.1-6}$$

$$KM \leqslant 0.5R_{\mathrm{w}}bh_0^2 \tag{N.0.1-7}$$

式中：K——安全系数，按本规范表9.2.4-2采用；

M——弯矩（MN·m）；

R_{w}——混凝土弯曲抗压极限强度，$R_{\mathrm{w}} = 1.25R_{\mathrm{a}}$，按本规范表5.2.4采用；

R_{g}——钢筋的抗拉或抗压强度标准值，按本规范表5.2.11采用；

A_{g}，A'_{g}——受拉和受压区钢筋的截面面积（m^2）；

a, a'——自钢筋 A_{g} 或 A'_{g} 的重心分别至截面最近边缘的距离（m）；

h——截面高度（m）；

h_0——截面的有效高度（m），$h_0 = h - a$；

x——混凝土受压区的高度（m）；

b——矩形截面的宽度或 T 形截面的肋宽（m）；

b'_i——T 形截面受压区翼缘计算宽度（m），按表 N.0.1 各项中的最小值采用；

h'_i——T 形截面受压区翼缘的高度（m）。

表 N.0.1　T 形截面受压区翼缘的宽度

序　号	考虑情况	肋　形　梁	独　立　梁
1	按跨度 K	$l/3$	$l/3$
2	按梁肋净距	$b + s$	—
3	按翼缘高度 h'_i（$h'_i/h_0 \geqslant 0.1$）	—	$B + 12h'_i$

N.0.2　矩形和 T 形截面的受弯构件，其截面应符合式（N.0.2）要求：

$$KQ \leqslant 0.3R_{\mathrm{a}}bh_0 \tag{N.0.2}$$

式中：K——安全系数，按表9.2.4-2采用；

Q——剪力（MN）；

b——矩形截面的宽度或 T 形截面的肋宽（m）。

其余符号意义同前。

N.0.3　计算斜截面的抗剪强度时，其计算位置应按下列规定采用：

1　支座边缘处的截面（图 N.0.3 截面1-1）；

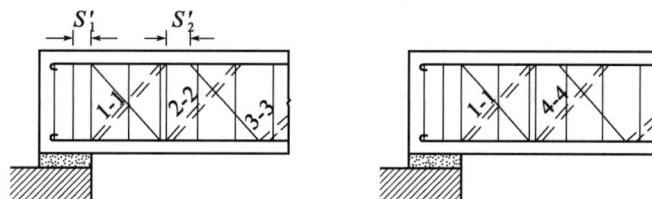

a）弯起钢筋　　　　　　　　　b）纵筋及箍筋

1-1——支座边缘处的斜截面；2-2及3-3——受拉区弯起钢筋弯起点的斜截；
4-4——箍筋数量与间距改变处的斜截面

图 N.0.3　斜截面抗剪强度的计算位置图

2 受拉区弯起钢筋弯起点处的截面（图 N.0.3 截面 2-2 及 3-3）；

3 受拉区箍筋数量与间距改变处的截面（图 N.0.3 截面 4-4）。

N.0.4 矩形和 T 形截面的受弯构件，当仅配有箍筋时，其斜截面的抗剪强度应按下列公式计算：

$$KQ \leqslant Q_{kh} \qquad (N.0.4\text{-}1)$$

$$Q_{kh} = 0.07R_a bh_0 + \alpha_{kh} R_g \frac{A_K}{S} h_0 \qquad (N.0.4\text{-}2)$$

$$A_k = na_k \qquad (N.0.4\text{-}3)$$

式中：Q——斜截面的最大剪力（MN）；

Q_{kh}——斜截面上受压区混凝土和箍筋的抗剪强度（MPa）；

α_{kh}——抗剪强度影响系数，应按下列规定采用：

当 $KQ/(bh_0) \leqslant 0.2R_a$ 时，$\alpha_{kh}=2.0$；

当 $KQ/(bh_0) = 0.3R_a$ 时，$\alpha_{kh}=1.5$；

当 $KQ/(bh_0)$ 为中间数值时，α_{kh} 值按直线内插法取用；

A_K——配置在同一截面内箍筋各肢的全部截面面积（m²）；

n——在同一截面内箍筋的肢数；

a_k——单肢箍筋的截面面积（m²）；

S——沿构件长度方向上箍筋的间距（m）；

R_g——箍筋的抗拉强度标准值，按本规范表 5.2.12 采用。

N.0.5 矩形和 T 形截面的受弯构件，当配有箍筋和弯起钢筋时，其斜截面的抗剪强度应按式（N.0.5）计算：

$$KQ \leqslant Q_{kh} + 0.8R_g A_w \sin\theta \qquad (N.0.5)$$

式中：Q——在配置弯起钢筋处的剪力（MN），按本规范第 N.0.6 条的规定采用；

A_w——配置在同一弯起平面内的弯起钢筋的截面面积（m²）；

θ——弯起钢筋与构件纵向轴线的夹角（°）。

N.0.6 计算弯起钢筋时，剪力 Q 值可按下列规定采用图 N.0.3a）：

1 当计算第一排（对支座而言）弯起钢筋时，取用支座边缘处的剪力值。

2 当计算以后的每排弯起钢筋时，取用前一排（对支座而言）弯起钢筋起点处的剪力值。

N.0.7 矩形和 T 形截面的受弯构件，当符合式（N.0.7）要求时，则不需要进行斜截面的抗剪强度计算，按构造要求配置箍筋。

$$KQ \leqslant 0.07R_a bh_0 \qquad (N.0.7)$$

N.0.8 钢筋混凝土矩形截面的大偏心受压构件（$x \leqslant 0.55h_0$），其截面强度应按下式计算（图 N.0.8）：

$$KN \leqslant R_w bx + R_g(A'_g - A_g) \tag{N.0.8-1}$$

或

$$KNe \leqslant R_w bx(h_0 - x/2) + R_g A'_g(h_0 - a') \tag{N.0.8-2}$$

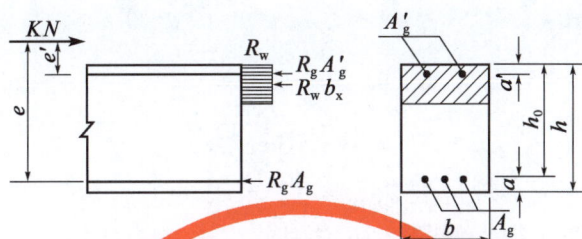

图 N.0.8　钢筋混凝土大偏心受压构件截面强度计算

此时，中性轴的位置按下式确定：

$$R_g(A_g e \mp A'_g e') = R_w bx(e - h_0 + x/2) \tag{N.0.8-3}$$

当轴向力 N 作用于钢筋 A_g 与 A'_g 的重心之间时，式（N.0.8-3）中的左边第二项取正号；当 N 作用于 A_g 与 A'_g 两重心以外时，则取负号。

如计算中考虑受压钢筋时，则混凝土受压区的高度应符合本规范式（N.0.1-6）要求，如不符合，则按式（N.0.8-4）计算：

$$KNe' \leqslant R_g A_g(h_0 - a') \tag{N.0.8-4}$$

式中：N——轴向力（MN）；

e，e'——钢筋 A_g 与 A'_g 的重心至轴向力作用点的距离（m）；

其他符号意义同前。

当按式（N.0.8-4）求得的构件截面强度比不考虑受压钢筋更小时，则计算不应考虑受压钢筋。

N.0.9 钢筋混凝土矩形截面的小偏心受压构件（$x > 0.55h_0$），其截面强度均应按下式计算（图 N.0.9）：

$$KNe \leqslant 0.5R_w bh_0^2 + R_g A'_g(h_0 - a') \tag{N.0.9-1}$$

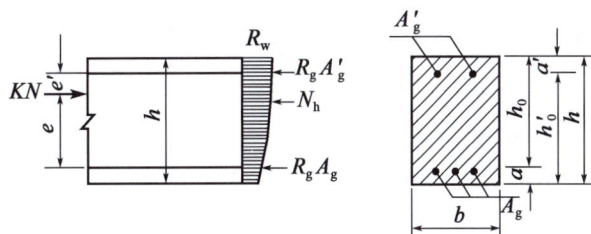

图 N.0.9　钢筋混凝土小偏心受压构件截面强度计算

当轴向力 N 作用于钢筋 A_g 的重心与钢筋 A'_g 的重心之间时，尚应符合下列要求：

$$KNe' \leq 0.5R_w bh_0^2 + R_g A_g(h_0' - a) \qquad (\text{N.0.9-2})$$

式中符号意义同前。

N.0.10 计算钢筋混凝土矩形截面的偏心受压构件时，应考虑构件在弯矩作用平面内的挠度使轴向力偏心距增大的影响。此时，应将轴向力的偏心距 e_0 乘以偏心距增大系数 η。η 值按下式计算：

$$\eta = \frac{1}{1 - \dfrac{KN}{10\alpha E_c I_0}H^2} \qquad (\text{N.0.10-1})$$

式中：K——安全系数，按本规范表 9.2.4-2 采用；

E_c——混凝土的受压弹性模量，按本规范第 5.2.5 条规定；

I_0——混凝土全截面（包括钢筋）的换算截面惯性矩（m^4）；

H——构件的高度（m）；

α——与偏心距有关的系数，按下式计算：

$$\alpha = \frac{0.12}{0.3 + \dfrac{e_0}{h}} + 0.17 \qquad (\text{N.0.10-2})$$

当 $e_0/h \geq 1$ 时，取 $\alpha = 0.26$。

对于隧道衬砌、明洞拱圈和墙背紧密回填的明洞边墙，以及当构件高度与弯矩作用平面内的截面边长之比 $H/h \leq 8$ 时，可取 $\eta = 1$。

偏心受压构件，除应计算弯矩作用平面的强度以外，尚应按轴向受压构件验算弯矩作用平面的强度。此时，不考虑弯矩的作用，但应按表 N.0.10 考虑纵向弯曲系数。

表 N.0.10　钢筋混凝土构件的纵向弯曲系数

H/b	≤8	10	12	14	16	18	20	22	24	26	28	30
纵向弯曲系数 φ	1.00	0.98	0.95	0.92	0.87	0.81	0.75	0.70	0.65	0.60	0.56	0.52

注：1. H 为构件计算长度，两端刚性固定时，$H = 0.5l$；一端刚性固定、另一端为不移动的铰时，$H = 0.7l$；两端均为不移动的铰时，$H = l$；一端刚性固定、另一端为自由端时，$H = 2l$。

2. l 为构件的全长，b 为矩形截面构件短边尺寸。

N.0.11 钢筋混凝土受拉、受弯和偏心受压构件，其最大裂缝宽度 w_{max} 可按式（N.0.11）计算，当 $e_0 \leq 0.55h_0$ 时，可不进行裂缝宽度的验算。

$$w_{max} = \alpha\psi\gamma(2.7C_s + 0.1d/\rho_{te})\sigma_s/E_s \qquad (\text{N.0.11})$$

式中：α——构件受力特征系数，对轴心受拉构件取 $\alpha = 2.7$；对受弯和偏心受压构件取 $\alpha = 2.1$；对偏心受拉构件取 $\alpha = 2.4$；

ψ——裂缝间纵向受拉钢筋应变不均匀系数，$\psi = 1.1 - 0.65f_{ctk}/(\rho_{te}\sigma_s)$，其中，$\rho_{te}$ 为按有效受拉混凝土面积计算的纵向受拉钢筋配筋率：$\rho_{te} = A_s/A_{ce}$；当 $\rho_{te} < 0.01$ 时，取 $\rho_{te} = 0.01$；

A_s——受拉区纵筋面积；

A_{ce}——有效受拉混凝土截面面积（图 N.0.11）：对受拉构件，A_{ce} 取构件截面面积；对受弯、偏心受压和偏心受拉构件，取 $A_{ce}=0.5bh+(b_f-b)h_1$；对矩形截面，取 $A_{ce}=0.5bh$（b、h 分别为混凝土截面的宽度及高度）；当 $\psi<0.4$ 时，取 $\psi=0.4$；当 $\psi>1.0$ 时，取 $\psi=1.0$；对直接承受重复荷载的构件，取 $\psi=1.0$；

γ——纵向受拉钢筋表面特征系数，螺纹钢筋取0.7，光面钢筋取1.0；

C_s——最外层纵向受拉钢筋外边缘至受拉区底边的距离（mm），当 $C_s<20$ 时，取 $C_s=20$；

d——钢筋直径（mm），当采用不同直径钢筋时，$d=4A_s/u$，此处 u 为纵向受拉钢筋截面周长的总和；

σ_s——纵向受拉钢筋的应力（MPa），按本规范第 N.0.12 条计算；

E_s——钢筋的弹性模量（MPa），按本规范5.2.10条采用。

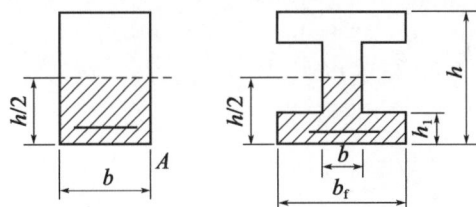

图 N.0.11　有效受拉混凝土截面面积

N.0.12　验算裂缝宽度时，构件纵向受拉钢筋应力可按下列公式计算：

1　受弯构件：

$$\sigma_s = M_s/(0.87h_0A_s) \tag{N.0.12-1}$$

2　偏心受压构件：

$$\sigma_s = N_s(e-z)/(A_sz) \tag{N.0.12-2}$$

3　轴心受拉构件：

$$\sigma_s = N_s/A_s \tag{N.0.12-3}$$

4　偏心受拉构件：

$$\sigma_s = N_se'/[A_s(h_0-a_s')] \tag{N.0.12-4}$$

式中：M_s，N_s——按荷载组合计算出的弯矩值（MN·m）、轴力值（MN）；

A_s——受拉区纵向钢筋截面面积（m^2）；

e——轴向压力作用点至纵向受拉钢筋合力点之间的距离（m），计算式为：$e=\eta e_i+y_{sp}$。其中 e_i 为初始偏心距（m）；η 为考虑挠曲影响的偏心距增大系数，按表 N.0.10 的规定取值；y_{sp} 为自截面重心至 A_s 合力点的距离。

z——纵向受拉钢筋合力点至受压区合力之间的距离（m），$z = [0.87 - 0.12 (h_0/e)^2]h_0$，且 $z < 0.87h_0$；

a'_s——纵向非预应力钢筋受压钢筋合力点至截面近边的距离（m）；

e'——轴向力作用点至纵向受压钢筋合力点的距离（m）；

h_0——截面有效高度（m）。

附录 P　隧道支护参数表

P.0.1　两车道隧道复合式衬砌设计参数可按表 P.0.1 取值。

表 P.0.1　两车道隧道复合式衬砌设计参数

围岩级别	初 期 支 护								二次衬砌厚度（cm）	
	喷射混凝土厚度(cm)		锚杆(m)			钢筋网间距（cm）	钢架		拱、墙混凝土	仰拱混凝土
	拱、墙	仰拱	位置	长度	间距		间距（m）	截面高（cm）		
Ⅰ	5	—	局部	2.0～3.0	—	—	—	—	30～35	—
Ⅱ	5～8	—	局部	2.0～3.0	—	—	—	—	30～35	—
Ⅲ	8～12	—	拱、墙	2.0～3.0	1.0～1.2	局部 @25×25	—	—	30～35	—
Ⅳ	12～20	—	拱、墙	2.5～3.0	0.8～1.2	拱、墙 @25×25	拱、墙 0.8～1.2	0 或 14～16	35～40	0 或 35～40
Ⅴ	18～28	—	拱、墙	3.0～3.5	0.6～1.0	拱、墙 @20×20	拱、墙、仰拱 0.6～1.0	14～22	35～50 钢筋混凝土	0 或 35～50 钢筋混凝土
Ⅵ	通过试验或计算确定									

注：1. 有地下水时可取大值，无地下水时可取小值。
　　2. 采用钢架时，宜选用格栅钢架。
　　3. 喷射混凝土厚度小于 18cm 时，可不设钢架。
　　4. "0 或……"表示可以不设；要设时，应满足最小厚度要求。

P.0.2　三车道隧道复合式衬砌设计参数可按表 P.0.2 取值。

表 P.0.2　三车道隧道复合式衬砌的设计参数

围岩级别	初 期 支 护								二次衬砌厚度（cm）	
	喷射混凝土厚度(cm)		锚杆(m)			钢筋网间距（cm）	钢架		拱、墙混凝土	仰拱混凝土
	拱、墙	仰拱	位置	长度	间距		间距（m）	截面高（cm）		
Ⅰ	5～8	—	局部	2.5～3.5	—	—	—	—	35～40	—
Ⅱ	8～12	—	局部	2.5～3.5	—	—	—	—	35～40	—

围岩级别	初 期 支 护								二次衬砌厚度（cm）	
	喷射混凝土厚度(cm)		锚杆(m)			钢筋网间距（cm）	钢架		拱、墙混凝土	仰拱混凝土
	拱、墙	仰拱	位置	长度	间距		间距（m）	截面高（cm）		
Ⅲ	12 ~ 20	—	拱、墙	2.5 ~ 3.5	1.0 ~ 1.2	拱、墙@25×25	拱、墙1.0 ~ 1.2	0 或14 ~ 16	35 ~ 45	—
Ⅳ	16 ~ 24	—	拱、墙	3.0 ~ 3.5	0.8 ~ 1.2	拱、墙@20×20	拱、墙0.8 ~ 1.2	16 ~ 20	40 ~ 50 ■	0 或40 ~ 50
Ⅴ	20 ~ 30	—	拱、墙	3.5 ~ 4.0	0.5 ~ 1.0	拱、墙@20×20	拱、墙、仰拱0.5 ~ 1.0	18 ~ 22	50 ~ 60钢筋混凝土	0 或 50 ~ 60钢筋混凝土
Ⅵ	通过试验或计算确定									

注：1. 有地下水时可取大值，无地下水时可取小值。

2. 采用钢架时，宜选用格栅钢架。

3. 喷射混凝土厚度小于18cm时，可不设钢架。

4. "0 或..."表示可以不设；要设时，应满足最小厚度要求。

5. "■"可采用钢筋混凝土。

P.0.3 采用喷锚支护作久支护时设计参数可按表 P.0.3 取值。

表 P.0.3　喷锚永久支护设计参数表

围 岩 级 别	Ⅰ	Ⅱ	Ⅲ
人行通道	喷混凝土 5cm	喷混凝土 5cm	①喷混凝土 6 ~ 8cm ②锚杆 Φ22，长 1.0 ~ 2.0m
汽车横通道	喷混凝土 5cm	①喷混凝土 5cm ②锚杆 Φ22，长 1.5 ~ 2.0m ③间距 1.0 × 1.0m	①喷混凝土 8 ~ 10cm ②锚杆 Φ22，长 2.0 ~ 2.5m ③锚杆间距@ 1.0 × 1.0m
两车道隧道	喷混凝土 5cm	①喷混凝土 5 ~ 8cm ②锚杆 Φ22，长 2.0 ~ 2.5m ③锚杆间距 1.2 × 1.2m	①混凝土 8 ~ 15cm ②锚杆 Φ22，长 2.0 ~ 3.5m ③锚杆间距@ 1.0 × 1.0m ④钢筋网 Φ6.5，@ 25 × 25cm

注：Ⅳ ~ Ⅵ级围岩，地质软弱、破碎，一般多地下水，宜采用复合式衬砌。

P.0.4 双洞四车道小净距隧道复合式衬砌设计参数可按表 P.0.4 取值。

表 P.0.4　双洞四车道小净距隧道支护措施加强原则建议表

双 洞 影 响		严 重 影 响	中 等 影 响	轻 微 影 响
围岩级别	Ⅲ级	≤0.375B	(0.375 ~ 0.75) B	(0.75 ~ 2.0) B
	Ⅳ级	隧道净距 ≤0.5B	(0.5 ~ 1.0) B	(1.0 ~ 2.5) B
	Ⅴ级	≤0.75B	(0.75 ~ 1.5) B	(1.5 ~ 3.5) B

双洞影响			严重影响		中等影响		轻微影响	
支护措施加强原则	初期支护	喷射混凝土	Ⅲ级	增厚 3~8cm	Ⅲ级	增厚 2~5cm	增厚 2~5cm	
			Ⅳ级		Ⅳ级	增厚 3~8cm		
			Ⅴ级		Ⅴ级	增厚 3~8cm		
		系统锚杆	Ⅲ级	加长 50cm 加密 10~20cm	Ⅲ级	不加强	Ⅲ级	不加强
			Ⅳ级		Ⅳ级	加长 50cm	Ⅳ级	
			Ⅴ级		Ⅴ级		Ⅴ级	
		钢架	Ⅲ级	增设格栅钢架	Ⅲ级	软岩地段局部增设格栅钢架	不加强	
			Ⅳ级	加密 10~20cm	Ⅳ级	加密 10~20cm		
			Ⅴ级		Ⅴ级			
	二次衬砌		Ⅲ级	加厚 0~5cm	Ⅲ级	不加强	不加强	
			Ⅳ级	加厚 0~5cm 钢筋混凝土	Ⅳ级	加厚 0~5cm 钢筋混凝土		
			Ⅴ级	加厚 5~10cm 钢筋混凝土	Ⅴ级	加厚 5~10cm 钢筋混凝土		
	中夹岩加固		Ⅲ级	对拉〔预应力〕锚杆	Ⅲ级	6m 以下，对拉锚杆；6m 以上，加长系统锚杆	不加固	
			Ⅳ级	小导管注浆加固辅助对拉预应力锚杆	Ⅳ级	加长预应力系统锚杆		
			Ⅴ级	小导管注浆加固辅助加长预应力系统锚杆〔对拉预应力锚杆〕	Ⅴ级	加长预应力系统锚杆		

注：1. 本表所列参数是普通两车道隧道支护参数的增加值。

2. Ⅰ、Ⅱ级围岩可参照此表提出支护加强措施。

3. Ⅵ级围岩和三车道隧道小净距隧道目前资料较少，应结合现场情况计算分析确定。

4. B 为隧道开挖宽度。

P.0.5 两车道复合式中墙连拱隧道复合式衬砌设计参数可按表 P.0.5 取值。

表 P.0.5 两车道复合式中墙连拱隧道复合式衬砌设计参数

围岩级别	初期支护						二次衬砌		
	喷射混凝土厚度（cm）		锚杆（m）		钢架间距（m）		钢筋混凝土中墙(m)	拱、墙（cm）	仰拱（cm）
	拱、墙	仰拱	长度	纵向间距	间距	截面高			
Ⅰ	5~8	—	2.0~3.0	局部	—	—	1.4~2.5	35 钢筋混凝土	—
Ⅱ	8~12	—	2.5~3.0	局部	—	—	1.4~2.5	35 钢筋混凝土	—

围岩级别	初 期 支 护						二 次 衬 砌		
	喷射混凝土厚度（cm）		锚杆（m）		钢架间距（m）		钢筋混凝土中墙（m）	拱、墙（cm）	仰拱（cm）
	拱、墙	仰拱	长度	纵向间距	间距	截面高			
Ⅲ	10～18	—	2.5～3.5	1.0～1.2	—	—	1.4～2.5	40 钢筋混凝土	—
Ⅳ	16～22	0 或 16～22	3.0～3.5	0.8～1.0	0.8～1.2	0 或 16～18	1.4～2.5	40～50 钢筋混凝土	0 或 40～50 钢筋混凝土
Ⅴ	20～28	20～28	3.0～4.0	0.5～0.8	0.5～1.0	16～22	1.4～2.5	45～60 钢筋混凝土	45～60 钢筋混凝土

注：1. 整体式中墙连拱隧道衬砌支护参数取上限值。
　　2. 钢筋网可与两车道隧道复合式衬砌相同。
　　3. "0 或..." 表示可以不设；要设时，应满足最小厚度要求。

P.0.6 三车道复合式中墙连拱隧道复合式衬砌设计参数可按表 P.0.6 取值。

表 P.0.6 三车道复合式中墙连拱隧道复合式衬砌设计参数

围岩级别	初 期 支 护						二 次 衬 砌		
	喷射混凝土厚度（cm）		锚杆（m）		钢架		钢筋混凝土中墙（m）	拱、墙（cm）	仰拱（cm）
	拱、墙	仰拱	长度	纵向间距	间距（m）	截面高（cm）			
Ⅰ	8～10	—	2.5～3.0	局部	—	—	2.0～3.5	40 钢筋混凝土	—
Ⅱ	10～12	—	2.5～3.5	局部	—	—	2.0～3.5	40 钢筋混凝土	—
Ⅲ	12～22	—	3.0～3.5	1.0～1.2	1.0～1.2	0 或 16～18	2.0～3.5	40～45 钢筋混凝土	0 或 40～45
Ⅳ	20～26	0 或 15～20	3.0～4.0	0.8～1.0	0.8～1.0	16～20	2.0～3.5	45～60 钢筋混凝土	0 或 45～60 钢筋混凝土
Ⅴ	24～30	24～30	3.5～4.5	0.5～1.0	0.5～1.0	20～26	2.0～3.5	50～70 钢筋混凝土	50～70 钢筋混凝土

注：1. 整体式中墙连拱隧道衬砌支护参数取上限值。
　　2. 钢筋网可与三车道隧道复合式衬砌相同。
　　3. "0 或..." 表示可以不设；要设时，应满足最小厚度要求。

P.0.7 竖井衬砌支护设计参数可按表 P.0.7 取值。

表 P.0.7 竖井衬砌支护参数

围岩级别	喷锚衬砌		复合衬砌			
	D<5m	5m≤D≤7m	整体式衬砌	初期支护		二次衬砌
				D<5m	5m≤D≤7m	
Ⅰ	喷混凝土厚10cm	喷混凝土厚10～15cm，必要时局部设锚杆	模筑混凝土或钢筋混凝土厚30cm或砌体厚40cm	—	—	—

围岩级别	喷锚衬砌		整体式衬砌	复合衬砌		
	$D<5m$	$5m \leq D \leq 7m$		初期支护		二次衬砌
				$D<5m$	$5m \leq D \leq 7m$	
Ⅱ	喷混凝土厚10~15cm，锚杆长1.5~2m，间距1~1.5m，配钢筋网必要时加钢圈梁	喷混凝土厚15~20cm，锚杆长2~2.5m，间距1m，配钢筋网必要时加钢圈梁	模筑混凝土或钢筋混凝土厚30cm或砌体厚50cm	—	—	—
Ⅲ	喷混凝土厚15~20cm，锚杆长2~2.5m，间距1m，配钢筋网，必要时设钢筋圈梁	喷混凝土厚20cm，锚杆长2.5~3m，间距1m，配钢筋网，加钢圈梁	混凝土或钢筋混凝土厚40cm或砌体厚60cm	喷混凝土厚5~10cm，锚杆长1.5~2m，间距1m，必要时配钢筋网	喷混凝土厚10~15cm，锚杆长2~2.5m，间距1m，必要时局部配钢筋网	30cm
Ⅳ	—	—	混凝土或钢筋混凝土厚50cm或砌体厚70cm	喷混凝土厚10~15cm，锚杆长2~2.5m，间距1m，必要时配钢筋网	喷混凝土厚15~20cm，锚杆长2.5~3m，间距0.75~1m，配钢筋网	40cm
Ⅴ	—	—	混凝土或钢筋混凝土厚60cm或砌体厚80cm	喷混凝土厚15~20cm，锚杆长2.5~3m，间距0.75~1m，配钢筋网，必要时配钢圈梁	喷混凝土厚20~25cm，锚杆长3~3.5m，间距0.5~0.7m，配钢筋网，必要时配钢拱架	50cm

注：1. Ⅵ级围岩地段应采用特殊支护措施。

2. D 为竖井直径，直径大于7m的竖井应做专项设计。

P.0.8 斜井、平行导坑、横洞及风道衬砌设计参数可按表P.0.8取值。

表P.0.8 斜井、平行导坑、横洞及风道衬砌参数

围岩级别	喷锚衬砌	模筑混凝土衬砌	复合衬砌	
			初期支护	二次衬砌
Ⅰ	5cm	20cm	不支护，局部喷混凝土或水泥砂浆护面	20cm
Ⅱ	5cm	20cm	局部喷射混凝土，厚度5cm	20cm
Ⅲ	10cm，局部锚杆长2~2.5m	25~30cm	喷混凝土厚5~8cm，局部设锚杆，长2m	20cm
Ⅳ	—	35~40cm	喷混凝土厚8~10cm，拱部设锚杆，长2~2.5m，间距1~1.2m，必要时拱部设钢筋网	25~30cm
Ⅴ	—	45~50cm 必要时设仰拱	喷混凝土厚10~15cm，设系统锚杆，长2.5~3m，间距1m，设钢筋网	35~40cm，必要时设仰拱

注：1. Ⅵ级围岩地段应特殊设计。

2. 喷锚衬砌仅适用于地下水不发育，无侵蚀性并能保证光面爆破效果的Ⅰ~Ⅲ级围岩地段。

3. 适用于通道宽度不大于5m，当通道宽度大于5m时另行设计。

本规范用词用语说明

1 本规范执行严格程度的用词，采用下列写法：

1）表示很严格，非这样做不可的用词，正面词采用"必须"，反面词采用"严禁"；

2）表示严格，在正常情况下均应这样做的用词，正面词采用"应"，反面词采用"不应"或"不得"；

3）表示允许稍有选择，在条件许可时首先应这样做的用词，正面词采用"宜"，反面词采用"不宜"；

4）表示有选择，在一定条件下可以这样做的用词，采用"可"。

2 引用标准的用语采用下列写法：

1）在标准总则中表述与相关标准的关系时，采用"除应符合本规范的规定外，尚应符合国家和行业现行有关标准的规定"。

2）在标准条文及其他规定中，当引用的标准为国家标准和行业标准时，表述为"应符合《××××××》（×××）的有关规定"。

3）当引用本标准中的其他规定时，表述为"应符合本规范第×章的有关规定"、"应符合本规范第×.×节的有关规定"、"应符合本规范第×.×.×条的有关规定"或"应按本规范第×.×.×条的有关规定执行"。

《公路隧道设计规范
第一册 土建工程》

（JTG 3370.1—2018）

条 文 说 明

1 总则

1.0.1 我国是一个多山的国家，70%左右的国土是山地或重丘，为缩短里程、保护环境、节约土地，在山区公路建设中要重视隧道方案。改革开放40年来，我国公路交通建设发展迅速，公路隧道建设的规模越来越大，特别是2000年后的十几年间，我国公路隧道建设平均每年增长量近1 000km。隧道长度由20世纪90年代初的3km，发展到现在的10km以上。从隧道的形式上看，从传统的单洞两车道隧道到当前的三车道隧道、四车道隧道；隧道的结构形式有连拱隧道、小净距隧道、分岔隧道，还有如"地下立交结构""桥隧混合结构""匝道进洞"等。这些隧道的建成，缩短了行车距离、提高了公路运输效率，在降低交通事故发生率、保护环境诸方面发挥了重要作用，取得了很好的社会经济效益。近年来，我国围绕隧道与地下工程实际问题开展了一系列科学研究，理论技术水平有了进一步提高，使得隧道建设的经验和技术又有新的积累，为修订《公路隧道设计规范》（JTG D70—2004）奠定了基础。

1.0.2 在山岭和岩土中修建公路隧道的方法主要有钻爆方法、全断面隧道掘进机（TBM）方法，本规范适用于以钻爆法为主要开挖手段的新建、改建和扩建公路隧道。

1.0.3 缩短公路里程、提高交通便捷，这是修建公路隧道的基本目的。隧道设计在满足公路基本功能的前提下，要考虑保证建设和使用期间的结构安全、运营安全、利于节能和环境保护，同时节省工程造价。

1.0.4 单按隧道长度来划分，主要是给人们一个宏观的概念，此种分类方式称为隧道分类，国际隧道协会按长度将隧道分为特长、长、中、短隧道。按隧道长度与交通量这两个指标来划分，此种分类方式称为隧道分级，如英国、挪威、日本、法国、瑞典等是按这两个指标进行分级。其他像瑞士仅对隧道长度分布范围进行了区分，但没有长短之分。德国、澳大利亚仅按长度的不同对隧道内应设置的安全设施提出了要求。

我国公路与铁路隧道都是按长度进行分类的，公路隧道按其长度分为四类，从近几年的使用情况看是合适的。隧道长度起算位置见图1-1。

1.0.5 这里所说的主体结构包括隧道洞门、隧道主洞室及各附属洞室（如风道、斜井、竖井、地下风机房、配电房、横通道、避难洞室等）的支护衬砌结构、路面结构、仰拱及填充、防排水设施等土建工程。按永久性建筑设计是体现"百年大计"的设计思想，设计使用年限要满足现行《公路工程技术标准》（JTG B01）的要求。隧道日常养护和维修是使隧道适应长期运营需要的重要保障，所以需考虑运营中方便养护和维修作业。

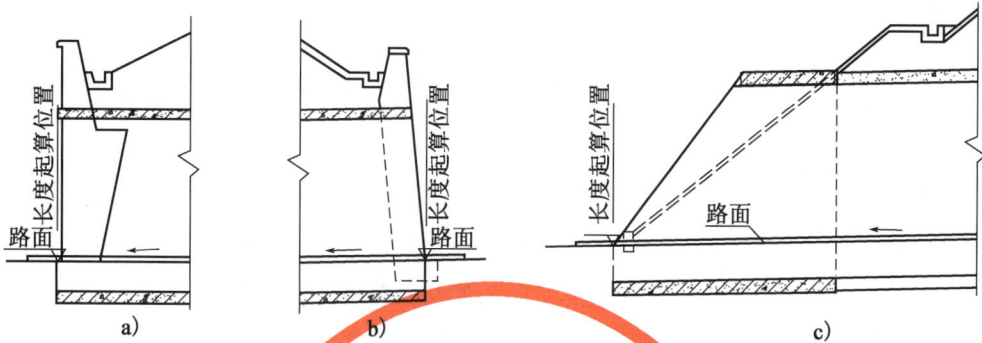

图 1-1 隧道长度起算位置示意图

1.0.6 公路隧道设计由支护衬砌结构、防排水、路面等与通风、照明、供配电、防灾与减灾、交通监控等运营设施构成，是多个专业的总成。因此要求各专业之间密切配合，综合分析，使设计达到经济技术最优的综合效果。

1.0.7 隧道不同于一般构造物，隧道围岩物理特性和力学特性非常复杂，隧道设计受所穿越山体的地形、地质条件和施工方法的影响很大。隧道围岩既是作用于隧道支护结构上的荷载，又是隧道结构的一部分，因此地质条件是其正确设计的基本前提。可是，在目前的技术水平和条件下，在隧道开挖前要获得高精度的地质信息是困难的。因而，一方面要求在事前设计阶段尽量采用高技术和手段加之经验对地质状况做出判断；另一方面要求在施工开挖阶段，不断通过现场观察和量测，掌握隧道围岩、支护结构受力状态，及时调整支护参数和施工方法，实现动态设计和信息化施工，使设计更加合理。

1.0.8 我国耕地少、人口多、生态脆弱，隧道穿越山体可能改变地下水储存条件，造成地下水、隧道上方的地表水流失。公路隧道建设要尽量利用荒地，避免占用良田，注意保护水利设施，尽可能保护原有植被、减少地下水流失。隧道建设产生的废方要妥善处理，废水要求经沉淀、净化后排放。

2 术语和符号

2.1 术语

2.1.1 公路隧道内一般有适当的通风、照明、交通工程及消防等设施。

2.1.2 山岭隧道，顾名思义是穿越山体的隧道，包括穿越岩体和土体的隧道。

2.1.9 横通道（横洞）从形式上分：有连接两并行隧道间的横通道，有连接隧道与风机洞室、其他洞室间的横通道，也有隧道与地面连接的横通道。从使用功能上分：有车行横通道、人行横通道、通风横通道、施工横通道等。横通道一般近似水平，纵面坡度不大。

2.1.10 竖井为岩体中的竖直通道结构，一般用于隧道营运通风换气，仅供隧道施工作业用的情况较少。

2.1.11 斜井为岩体中的倾斜通道结构，主要用于隧道营运通风换气，也有用于隧道施工作业的临时坑道。斜井的坡度一般大于12%。斜井坡度小于12%时，通常视为通道。

2.1.19 松散压力是指隧道上方的围岩产生松动，在重力作用下岩块下落、滑移，以岩块自重直接作用于隧道衬砌结构上的荷载。

2.1.22 偏压的英文也称 uneven pressure。隧道上部覆盖土层薄且倾斜，或地层相对于隧道断面倾斜，或岩性不均一，或膨胀性地层中受到来自单侧较强挤压等情况下，形成的不对称荷载。

2.1.31 超前导坑的英文也称 drift，因隧道断面较大或围岩条件差等，在隧道开挖断面内超前掌子面开挖的小断面坑道。根据导坑的开挖位置，有上导坑、中央导坑、下导坑、侧壁导坑等。

3 隧道调查及围岩分级

3.1 一般规定

3.1.1 调查资料是隧道位置选择、工程布置、结构设计、施工方法以及计划工期、工程投资等整个设计工作的依据，因此，调查资料应齐全、准确。

3.1.2 调查工作应分阶段进行。施工前阶段包括工程可行性踏勘、初步勘测和详细勘测三个子阶段。施工中的调查应贯穿施工开挖的全过程，包括地质描述、超前探测等工作。

3.1.4 本规范遵循《工程岩体分级标准》（GB/T 50218—2014）规定，围岩分级采用围岩的定性分析和定量计算指标相结合的综合定级方法，这是目前国内外大多数围岩分级（分类）采用的方法。定性和定量两者可以相互校核和检验，能够提高分级的可靠性。

3.3 地形与地质调查

3.3.1 隧道不同阶段调查有不同的目标。各阶段调查的内容基本一致，调查范围是从可行性研究阶段的较大范围到详细勘测阶段的对隧道有影响的沿线周边，调查深度是从可行性研究阶段以地面踏勘调查为主所获得的深度，到详细勘测阶段采用必要的勘测、勘探手段和岩土物理力学试验获得的满足设计、施工和概、预算要求的深度。

3.3.2 各阶段提供的图件按《公路工程地质勘察规范》（JTG C20—2011）和《公路勘测规范》（JTG C10—2007）规定的精度要求和隧道设计需要提供。例如：可行性研究阶段需收集绘制 1:5 000 ~ 1:10 000 地形图、地形断面图，并根据调查资料、搜集的区域地质图和地质资料编制 1:50 000 ~ 1:200 000 地质或工程地质平面图。初勘阶段和详勘阶段需根据调查、勘探资料，绘制比例为 1:500 ~ 1:2 000 的隧道工程地质平面图；绘制比例为 1:500 ~ 1:2 000 水平、垂直比例相同的隧道地质纵剖面图；绘制比例为 1:500 ~ 1:2 000 水平、垂直比例相同的洞口纵、横断面图等。

3.3.3 由于各类地质问题的复杂程度、规模、性质及自然地理条件的不同，很难划分初勘、详勘工作的基本内容，实际工作中经常互有穿插。条文中只提出了调查内容，应结合实际情况，安排调查和分析的重点。

3.3.4 对某些特殊地质环境问题做专门调查，并提出注意事项。这是对调查重点内容规定的特别要求。

3.3.5 本条规定了施工中的地质调查的内容。

1 施工中的地质调查，一般情况下采取开挖工作面直接观察、素描、摄像、量测等手段，核定揭露的围岩条件。

2 采取地面补充调查、勘察资料分析、已揭露的围岩地质调查，分析开挖前方可能出现的围岩地质条件。对地质条件复杂的隧道，采用超前地震波反射、声波反射、地质雷达等物探手段，或采用超前钻孔、平行导坑、试验坑道等进行超前探测，预报可能出现的不良地质现象。

超前地质预报工作，需采用地质调查分析与物探相结合的方法，同时强调中、长距离预报与短距离预报相结合、物理探测与地质钻探相结合。

3.4 气象调查

3.4.1 极端值是指气温、风速、降雨、降雪的最大值、最小值。隧道位置尽可能避开气候条件恶劣的区域。

3.4.2 在偏远山区修建隧道，由于缺少隧址区的气象资料，在隧道洞口、特长隧道的斜（竖）井洞口设立气象观测点（站），持续搜集当地气象资料，掌握隧址区气象条件，为运营期合理利用自然风提供基础资料；同时，也为防止极端天气可能对隧道造成的危害提供基础资料。

3.6 围岩分级

3.6.1 本规范岩质围岩定量分级采用《工程岩体分级标准》（GB/T 50218—2014）规定的级别和方法。《工程岩体分级标准》（GB/T 50218—2014）对《工程岩体分级标准》（GB 50218—94）进行了部分修订。

3.6.2 根据分级因素的定量指标对岩体质量进行定量分级的方法有上百种，大致可归纳为下列三种：

（1）单参数法，如 RQD 法；

（2）多参数法，如东北大学以 R_c、岩体弹性波纵波速度（v_{pm}）、平均节理间距（d_p）和围岩位移稳定时间四项参数为依据，通过计算程序进行动态分级的方法；

（3）多参数组成的综合指标法，如总参工程兵第四设计研究院坑道工程围岩分级中，由 R_c、K_v、地下水状态和岩层产状四项参数组成分级指标。

本规范采用多参数法，以两个分级因素的定量指标 R_c 及 K_v 为参数，计算求得岩体基本质量指标 BQ，作为分级的定量依据。

附录 A 中 A.0.1 和 A.0.2 给出了 R_c、K_v 值的定量确定方法。

3.6.3 岩石坚硬程度和岩体完整程度是岩体的基本属性，是各种岩石工程类型的共性，反映了岩体质量的基本特征，但不是影响岩体稳定的全部因素。当隧道围岩存在地下水、高初始应力、不利的软弱结构面等时，其稳定性要降低，可将它们作为围岩分级的修正因素。

式（3.6.3）为岩体修正质量指标计算式，式中三个修正因素 K_1、K_2 和 K_3 的确定，宜按附录 A.0.3 选用，无表中所列情况时，修正系数取零。

3.6.4 岩质围岩分级方法基本执行《工程岩体分级标准》（GB/T 50218—2014）的方法和思路，是基于下列考虑：

（1）该标准是由我国水利水电部门会同铁道、冶金、城乡建设等有关单位共同制定的，为国家基础标准之一。

（2）该标准是国内各行业都能适用的分级标准，对统一我国的工程岩体（或围岩）分级方法和标准有利。

（3）该标准的围岩分级采用定性与定量相结合的方法，将岩石坚硬程度、岩体完整程度两大基本因素和地下水、结构面产状、初始地应力状况作为修正因素，这些分级方法和规定是总结我国大多数围岩分级提出的，已得到了大部分同行的认可。

（4）可以减少采用定性分级造成的误差。

表 3.6.4 是根据《工程岩体分级标准》（GB/T 50218—2014）的表 4.1.1 进行若干修正后提出的，在"围岩或土体主要定性特性"一栏中，加进了结构状态和土体特性。

《工程岩体分级标准》（GB/T 50218—2014）中的地下工程岩体分级，是针对岩石隧道及其他地下工程提出的，不包括土质围岩分级。为适应公路隧道的实际情况和需要，将土质围岩分级引入表 3.6.4。土质围岩分级尚无统一标准，本规范表 3.6.4 中土质围岩分级引用了《铁路隧道设计规范》（TB 10003—2005）中表 3.2.7 的相关内容。在今后实践中，还需对土质围岩分别进行专门研究，提出定性与定量相结合的土质围岩分级。

围岩共分六级，由好至坏分为Ⅰ级、Ⅱ级、Ⅲ级、Ⅳ级、Ⅴ级和Ⅵ级。

在原规范使用过程中发现，按照定性指标与定量指标［BQ］值确定的岩质围岩级别不一致的现象，采用［BQ］值定量分级较定性分级普遍偏高"半级"。造成这一现象的原因，主要是岩体基本质量指标 BQ 的计算公式，是在现有抽样总体的基础上确定的，它还没有也不可能完全覆盖公路隧道所有的围岩类型，特别是Ⅳ级和Ⅴ级围岩，误差较大。随着使用中经验和数据的积累，对公式中的系数可能要做一定的调整，但其数学模式和分级可保持不变。

出现定性分级与定量分级不吻合的情况是正常的，必要时，要重新进行定性鉴定和定量指标的复核，在此基础上经综合分析，重新确定岩体级别。

根据我国目前的实际情况，在隧道工程可行性研究和初步勘测（初步设计）阶段，中、短隧道或三级以下的隧道工程，岩石物理力学测试和弹性波（声波）探测有限，评价围岩基本质量指标 BQ 的参数不足，因此本条规定，出现上述情况时，围岩级别的确定，可以定性划分为主要依据，或采用工程类比的方法划分。

本规范第 A.0.5 条和第 A.0.6 条分别给出了岩石坚硬程度、岩体完整程度的定性划分方法。

4 总体设计

4.1 一般规定

4.1.1 隧道设计应在公路总体设计原则的指导下，满足公路的总体功能要求，控制隧道规模，合理利用土地资源，保护生态环境。

4.1.3

1 本次修订取消了原规范中"地质条件较差时，特长隧道的位置应控制路线走向"的提法，现行公路工程技术标准强调的是路线、桥、隧等的综合设计，已不再强调谁服从谁，近年来的高速公路、一级公路一般都是在综合设计的基础上符合路线总体要求。

2 隧道方案选择将遇到复杂的地形、地质、气象条件，人文条件，环境条件，沿线社会经济发展和交通状况等，在勘测、调查资料基础上经多方案综合比较后提出推荐方案。

3 隧道内轮廓净空除满足行车净空要求、洞内各种设施所需的空间位置外，还要考虑结构受力良好的形状。

5 公路隧道的通风方式，照明、交通监控、防灾救援等设施的设置规模，在总体设计中要求予以考虑。必要时特长隧道还需做防灾专项设计。

6 由于隧道开挖可能改变地下水的储存条件、改变地下水径流渠道；洞内弃渣和污水排放容易造成环境污染，需要采取措施防止和减少对环境破坏、污染。因此，条文中要求在总体设计中对上述问题做综合考虑。

8 降低能源消耗和碳排放水平是隧道节能设计努力的目标；隧道的养护和维修是隧道运营过程经常和长期的工作，设计需考虑方便作业。

4.2 隧道位置选择

4.2.1 公路隧道建设的地质条件是直接影响工程造价和工期的重要因素之一，地质条件较好，工程投资省，施工速度快；反之，地质条件差，投资增加，施工速度慢，对整条公路建设产生影响。因此，基于地质选线的设计思想，隧道位置要求选择在稳定的地层中，以避开或减少穿越不良地质地段。

隧道穿越较厚的山体，地质条件相对较好，而正对垭口穿越山体虽然隧道较短，但通常地质条件较差、地下水量也较大,一般要避免在垭口位置穿越山体。在我国,隧址选在垭口位置穿越山体的隧道,出现地质条件差、地下水丰富,施工时产生塌方,工程投资增加,工期滞后,给施工带来极大困难的例子不少,隧道贯通后出现大量漏水概率增加。因此,尽可能避免隧道正对垭口穿过。有时在满足路线总体要求前提下,为选择更好的地质地段,路线适当绕行或适当增加隧道长度也是值得的。若不能绕避而必须通过时,要有可靠的技术措施,保证隧道安全建成。

4.2.2 越岭隧道,一般山峦起伏,地形、地质复杂,自然条件变化大,山岭的高低、山体的厚薄、山坡的陡缓以及山体两面的沟台地势,主、支沟分布情况等,对构成越岭隧道方案、隧道长度、展线条件等因素影响很大。因而条文规定:"应在较大范围地质测绘和综合地质勘探的基础上确定路线走向和平面位置"。

4.2.3 河谷地形往往河流弯曲、沟谷发育、支沟密布,河谷两岸常有对称或不对称的台地和陡峭的山坡,并常伴有崩塌、碎落、岩堆、滑坡、泥石流、河岸冲刷等不良地质现象。沿河傍山地段,以隧道通过时,避免隧道临空一侧洞壁过薄,出现偏压、浅埋、洞口高边坡、水流冲刷危害以及穿越不良地质地段等现象;避免隧道短而多,或桥隧相连,桥梁工程增长、增高,支挡构筑物增多的情况。沿河傍山地段,施工场地狭小,施工难度加大;短隧道群,施工便道增多,易造成河谷环境的更大破坏。

4.2.4 洞口位置选择不当,会造成进洞困难、洞口高边坡、洞口坍塌,严重时可能威胁施工安全、阻碍顺利施工,并危及长期运营安全。因此,隧道洞口宜避开严重不良地质地带和不利的地形条件位置。

4.2.5 濒临水库、沿河、沿溪隧道,由于水位变化影响,洪水期间不能造成洪水进入隧道、淹没路面;由于洪水冲刷、水经常浸泡造成山体坍岸、滑坡,危及隧道结构安全时,应采取可靠的工程措施,保证隧道结构和运营安全。

4.2.6 条文中提出的隧道设计洪水频率标准,参考了现行《公路桥涵设计通用规范》(JTG D60)的有关规定。观测洪水应包括调查可靠的有重现可能的历史洪水。

4.3 隧道线形设计

4.3.1 隧道平面线形是设直线还是曲线条文不作规定。《公路路线设计规范》(JTG D20—2017)中规定:"圆曲线半径小于或等于250m时,应设置加宽",而公路隧道不宜采用设加宽的圆曲线。因此,条文规定"当设计速度为20km/h时,圆曲线半径不宜小于250m"。隧道内采用同一内轮廓断面,方便施工。

4.3.2 分离式隧道，结构设计简单，两洞施工相互干扰小，施工速度快，造价低。

1 小净距隧道结构需作加强，左右需错开施工，工期较长，造价相对较高、一般较少采用。

2 连拱隧道结构复杂、施工环节多、工期长、造价高，目前还有一些问题没有得到很好解决，建成后病害多且不易治理，只是在地形狭窄、布线困难或隧道进出口受大型构造物、建筑物限制的特殊地段才考虑采用，是不得已的行为，需慎重采用。

3 在桥隧相连、洞口地形狭窄或有特殊要求的长隧道、特长隧道，洞口采用小净距隧道或连拱隧道进洞，但洞身段为减少左右洞相互有害影响，需按分离式隧道布置，这时洞口过渡段可采用由连拱隧道或小净距隧道渐变过渡到分离隧道的分岔式隧道布置形式。

4.3.3 分离隧道间的净距是指两隧道间未开挖岩体的厚度。分离式隧道间距过大，会造成洞外路线占地增加；洞外地形狭窄地段将会产生大量人工边坡；对设有横通道的隧道也将增加横通道长度，投资增加，管理不便。相邻两洞间的净距过小，形成小净距隧道，两洞间的结构和施工将产生一定影响，施工进度减缓，也会增加一些投资。

本次修订取消了《公路隧道设计规范》（JTG D70—2004）中"分离式独立双洞间的最小净距"表（见表4-1），基于下列原因：

表 4-1 分离式独立双洞间的最小净距

围岩级别	I	II	III	IV	V	VI
净距（m）	$1.0 \times B$	$1.5 \times B$	$2.0 \times B$	$2.5 \times B$	$3.5 \times B$	$4.0 \times B$

注：B——隧道开挖断面的宽度。

由于隧道是线状结构物，往往穿越几种不同级别的围岩，单纯依据表4-1布置双洞间的距离，两洞间不产生影响，常出现线位布置困难，造成较大浪费。事实上，进入21世纪以来，我国高速公路两平行隧道间的距离越来越靠近，两车道隧道两洞之间的距离在 8~20m 也经常出现，围岩条件也多有IV、V级的情况，虽然两洞之间围岩应力影响区域有交叉，相互存在一定影响，但这种影响是有限的，也是可控的，只是在施工开挖和支护顺序上加以适当限制，尽管两平行隧道间的净距小于表4-1所列值，实际也多按分离式隧道考虑。

4.3.4 隧道纵坡是采取单向坡还是双向坡，国内两种情况均有，也没有硬性规定。从行驶舒适性和运营通风效率来看，采取单向坡较好，只是在施工时可能会出现逆坡排水。据施工单位调查，近年来抽水泵性能和抽排水技术水平有较大提高，因此，逆坡排水不存在大的技术难题。地下水发育的长隧道、特长隧道采用双向坡可减少施工期间排水困难，在运营期间地下水向两边洞口排出，可减少洞内排水压力。采取双向坡时，其竖曲线半径尽量采用较大值，以提高行驶安全性、舒适性，保证通视条件。

但需注意，双向坡变坡点附近的局部地段，排水坡度将小于0.3%，不利于排水，因此双向坡边变坡点的设置位置要尽可能避开地下水较多的地段。

4.3.5 隧道内纵坡最小值以隧道建成后洞内水（包括渗漏水、涌水、隧道清洗水、消防用水等）能自然排泄为原则，要求不小于0.3%；对长隧道、特长隧道，隧道内排水距离长排水量相对较大，不小于0.5%较好。隧道纵坡的最大值，要充分考虑运营期车辆行驶的安全和舒适性、运营通风的要求等因素。

近年来，山区公路建设中，由于受地形限制，隧道纵坡如果强制要求不大于3%，使展线变得非常困难，也会延长路线长度。根据这一实际情况，高速公路、一级公路的中、短隧道或独立明洞（包括棚洞结构）在线形布置非常困难的情况可以适当放宽，但需增加运营安全措施。

增加运营安全措施包括设置警示标志、限速标志、减速带，改善路面防滑条件，上坡隧道增加车道数等。

4.3.6 由于隧道洞口内外光线的急剧变化以及行车宽度和环境的改变，隧道进出口是事故的多发地段，因此要求隧道洞内外一定距离保持平、纵线形均衡协调是必要的。根据《公路工程技术标准》（JTG B01—2014），对隧道洞内外接线线形规定做了调整。

设计速度行程长度见表4-2。

表4-2 设计速度行程长度（m）

设计速度（km/h）		120	100	80	60	40	30	20
行程长度	3s	100	83	67	50	33	25	17
	4s	133	111	89	67	44	33	22
	5s	167	139	111	83	55	42	28

4.3.7 在山区公路建设中，遇到一些两座隧道洞口之间的里程距离不足100m的连续隧道；对于这种情况，可视为两座隧道连在一起的隧道，其平、纵线形技术指标按一座隧道考虑。

4.4 隧道横断面设计

4.4.1 公路隧道建筑限界，不仅要提供汽车行驶的空间，还要考虑汽车行驶的安全、快捷、舒适和防灾等，因此要求设计中充分研究各车道与公路设施之间所处的空间关系，任何土建工程部件不得侵入隧道建筑限界以内。建筑限界置于隧道内轮廓的情况，如图4-1所示。

隧道建筑限界由车道宽度 W、侧向宽度 L（L_L 或 L_R）、余宽 C、检修道 J 或人行道 R 组成。此次修订以《公路工程技术标准》（JTG B01—2014）、《公路路线设计规范》（JTG D20—2017）为基础进行了调整。

建筑限界左顶角宽度 E_L 应包含余宽 C，顶角斜线起点从 C 左侧向中间量取。

建筑限界右顶角宽度 E_R 应包含余宽 C，顶角斜线起点从 C 右侧向中间量取。

高速公路、一级公路 100km/h 设计速度隧道左侧侧向宽度 L_L 由 0.5m 调整为 0.75m。

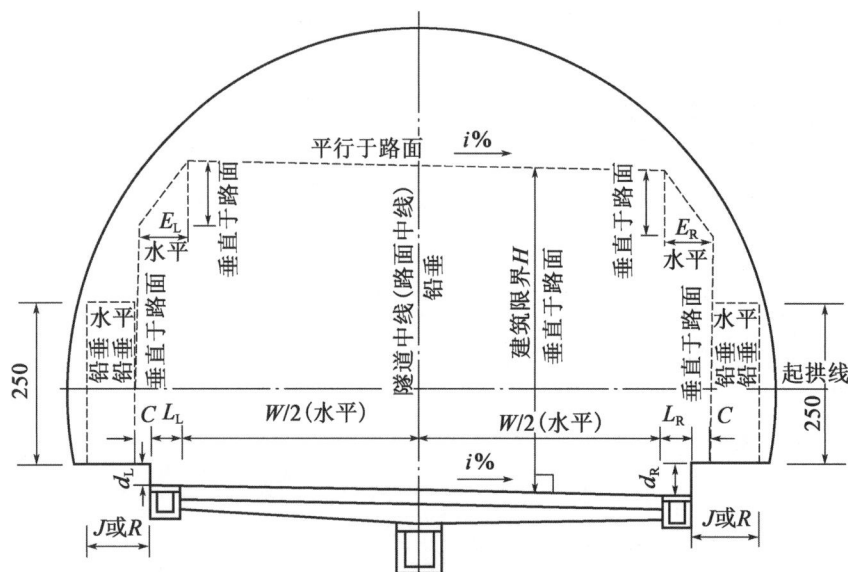

图 4-1 隧道建筑限界的基本情况 (尺寸单位: cm)

4.4.2 检修道的主要功能是供养护人员在隧道正常运营情况下, 可以在检修道区域通行, 对隧道进行巡查和一般性检修。

连拱隧道行车方向左侧、四级公路隧道不设检修道和人行道时, 设不小于 0.25m 的余宽, 是为了消除或减少隧道边墙给驾驶员带来恐惧心理影响 (侧墙效应), 保证一定车速的安全通行。

检修道或人行道高出路面一定高度, 可以阻止车辆爬上检修道或人行道, 是养护人员或行人的安全界线; 检修道或人行道的路缘石比较突出, 它比车道边线更能吸引驾驶员的注意力, 可以作为驾驶员的行驶方向诱导线; 检修道或人行道下部空间可以用作各种管线、管道、缆线等的敷设空间。

检修道或人行道高度是根据隧道长度、隧道所在地区的行人密度、各种管线、管道等敷设空间需要确定。根据调研结果, 本次修订将检修道高度由原规范 "可按 20 ~ 80cm 取值" 改为 "可按 250 ~ 800mm 取值"。

4.4.3 公路隧道横断面净空是发挥隧道功能的基本保证, 需有与公路等级相适应的净空尺寸, 除满足隧道建筑限界所需要的空间外, 还需满足洞内排水、通风、照明、消防、监控、内装、交通工程及附属设施等所需要的空间; 并考虑一定的预留富余量, 隧道内轮廓线与建筑限界的最小距离要求不小于 50mm, 如图 4-2 所示。

经过多年的工程实践和内力分析, 隧道内轮廓采用拱部为单心圆或三心圆、侧墙为大半径圆弧的断面形状, 受力较好。本规范附录 B 给出了各级公路隧道建筑限界和内轮廓图的参考图。

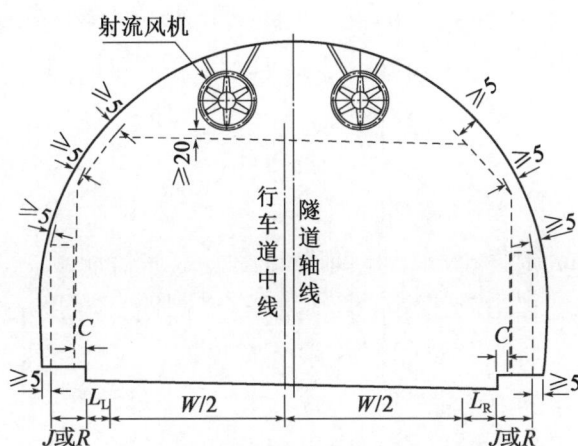

图 4-2 隧道内轮廓需要的富余量（尺寸单位：cm）

4.4.4 路侧边沟布置于隧道车道两侧，便于洞内清洁水和污水分离排放，特别是隧道衬砌有渗水时，可方便汇入边沟，起截流作用，不致渗水流向路面。

4.4.5 紧急停车带的主要功能是用来停放故障车辆、检修工程车，紧急情况下救援车辆和救援人员用以进行紧急救援活动等。两车道隧道应设紧急停车带；三车道隧道根据隧道长度、交通量、交通组成、围岩条件等情况分析确定，宜设紧急停车带；四车道隧道由于单洞断面较大、施工困难、造价高，且通行条件较好，可不设紧急停车带。

4.4.6 紧急停车带的宽度、长度和设置间距，是根据我国实际交通情况所做的规定。

1 紧急停车带停车区与车行道之间留有 L_R 的距离，是为了保证行车安全；路侧边沟沿检修道布置，是为了避免车辆碾压路侧边沟。本次修订对紧急停车带布置做了修订，图 4-3 是紧急停车带横断面路幅布置情况。

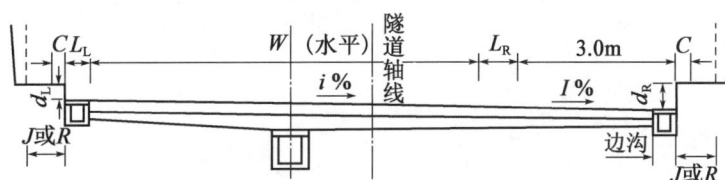

图 4-3 紧急停车带横向路幅分配

2 《公路隧道设计规范》（JTG D70—2004）参考了国际道路协会（PIARC）隧道工作委员会（C5）的推荐值和日本等国的规范值而推荐紧急停车带长度为 40m，由于近年来我国长车数量越来越多，适当增加停车带长度以适应长车停车需要，本次修订根据《公路工程技术标准》（JTG B01—2014）的规定，将紧急停车带长度调整为 50m、有效长度调整为 40m。

4.4.7 隧道内的紧急停车带是行人的有效避车场所，在设有紧急停车带的隧道内，避车洞的间距需考虑紧急停车带的避车作用。

4.4.8 本条根据《公路工程技术标准》（JTG B01—2014）第 8.0.3 条第 5 款规定增加。独立设置的明洞或棚洞，指明洞或棚洞洞口与另一隧道洞口间隔里程距离较远的明洞或棚洞。

4.4.9 本条与《公路工程技术标准》（JTG B01—2014）规定一致。通常情况下，隧道与洞外连接线路基建筑限界不同，断面的变化形成通行瓶颈，影响通行能力和服务水平。因此，需采取土建工程措施来解决路基和隧道内路面宽度的顺适过渡问题。比如，在隧道建筑限界宽度大于所在公路的建筑限界宽度时，过渡段采用同隧道等宽的路基加宽；在隧道限界宽度小于所在公路建筑限界宽度时，过渡段路基宽度采用公路标准设计，以适应横断面顺适过渡，并结合交通工程标志、标线、警示牌、护栏等，以使驾驶员逐渐适应驾驶环境变化。

4.5 横通道及平行通道

4.5.1 上、下行并行布置的两隧道之间设人行横通道是为了紧急情况下驾乘人员逃生、救援人员能快速到达事故地点及方便隧道养护人员检测和维修。人行横通道间距将《公路隧道设计规范》（JTG D70—2004）中"并不大于 500"调整为"不应大于350m"，是考虑到人行横通道间距过大，人员逃生距离长，不利于人员逃生。车行横通道是为了其中一隧道出现交通堵塞时，救援车辆可迂回到达最近事故地点。横通道具体间距根据隧道长度、围岩条件、交通量、洞内设施布置等确定，可以前后适当调整。

本次修订增加一款："车行横通道路缘高度 d 宜与隧道行车方向左侧检修道高度一致"。

4.5.2 单洞双向行车的特长隧道需考虑驾乘人员紧急情况下的临时避难设施，设置平行通道，并与主隧道通过横通道连接是避难设施的一种方式。就目前国内外设置临时避难设施的方式有：平行通道、按一定间距设置的临时避难洞室、迂回通道，地形条件允许时设直接通向地面的横通道，以及一些引导标志、交通安全设施等。本条是借鉴了我国已经建成的几座单洞双车道双向行驶的特长隧道的经验所做的规定，"宜设置"。另一方面，特长隧道设置平行通道，建设成本高、养护管理困难、运营成本高，在人口稀少的地区，设计交通量很小的隧道，逃生和救援相对简单，需酌情考虑。临时避难洞室、迂回通道等避难设施设置大小、间距等，目前还没有可借鉴的经验数据，这些问题还需进一步研究。根据隧道所处的位置。地形和地质条件、交通量大小、人流量大小、养护管理条件等情况，因地制宜确定避难设施的方式。

设置平行通道时要求：

（1）平行通道与主隧道的净距尽可能靠近，以减少连接横通道的长度。

（2）平行通道布置在主隧道迎水较大一侧、排水底面高程低于主隧道排水底面高程，便于主隧道地下水通过平行通道排出。

4.5.3 增设横向通向地面的横通道，可减少逃生距离，平时可作为通风道提高通风效率。

4.5.4 长、特长双洞隧道，在洞口外设置联络道，是考虑隧道养护和维修以及紧急情况时车辆转换。

4.6 监控量测与超前地质预报

4.6.1 隧道埋置于地下，工程地质和水文地质条件复杂多变，在勘察阶段很难准确揭露隧道所通过地层的地质条件，隧道支护设计可能产生一些偏差。为了使隧道支护设计更符合实际、防止地质灾害造成人员伤亡和经济损失，要求施工过程开展监控量测工作。对地质条件复杂的隧道，要求施工过程中进行超前地质预报。

4.6.2 监测目的、监测内容和监测要求是隧道施工监控量测和超前地质预报的基本要求，获取的信息要能反映隧道围岩和衬砌实际工程状态。

4.6.3 由于在隧道工程中存在地质条件的不确定性，隧道施工前的地质调查资料需要在施工过程中进一步核实和调整。因此，隧道支护参数、施工方法在隧道施工过程中要根据所揭露的地质状况、围岩及支护受力和变形情况，进行及时调整，使衬砌结构设计和施工方法更适应于围岩实际情况。

4.7 施工计划

4.7.1 这里所说的施工计划不是施工单位自身作的具体施工策划，而是影响设计所需考虑的事项。

1 这里所说的隧道施工方法是开挖方法、支护方式、洞内运输方式、辅助工程措施和通风方式等的总称。开挖方法是指全断面法、台阶法、导坑法、分部法等。支护方式有锚杆、喷射混凝土、钢支撑、钢筋网、构件支撑、模筑混凝土衬砌等。模筑混凝土衬砌支护方式有全断面整体式和分块拼装式。洞内运输方式有无轨式和有轨式。辅助工程措施主要是指围岩加固和处治地下水的超前锚杆、小导管、管棚、化学注浆、冻结、水泥注浆等。

2 隧道施工区划分，是根据隧道断面、纵坡、围岩地质条件、水文地质条件、弃渣及土石方量平衡等因素提出施工分段的合理长度和划分点。

3 一般来讲，只有特长隧道才设辅助通道。设计辅助通道时，要考虑隧道土建施工完成后辅助通道的其他用途，如作为运营通风的风道或避难通道等。多用途的辅助通道才是经济合理的。

4 洞内主要的机械和设备有：掘进机（TBM）、大型凿岩机（drifter）、支架式冲钻锤（leg hammer）、多臂钻孔台车（jumbo）、气腿式凿岩机、铲斗装载机（shovel）、自卸卡车（dump truck）、混凝土搅拌罐车（agitator car）、混凝土喷射机、锚杆钻孔机、整体式衬砌模板台车、抽水泵等。

5 洞外临时设施主要有：炸药储藏所、建筑材料堆放场、供配电所、空压机房、材料和构件加工车间、混凝土拌和楼、试验室、工作与生活设施、临时弃渣、污水处理等。隧道弃渣临时堆放场要结合永久性渣场的位置和容量，事先做出计划。废水处理厂布置要能有效收集隧道施工产生的废水和处理后水的顺利排放。施工便道要尽量利用既有道路，规模较大的施工便道需做个案设计。

图4-4 所示为洞外大型临时设施布置例。

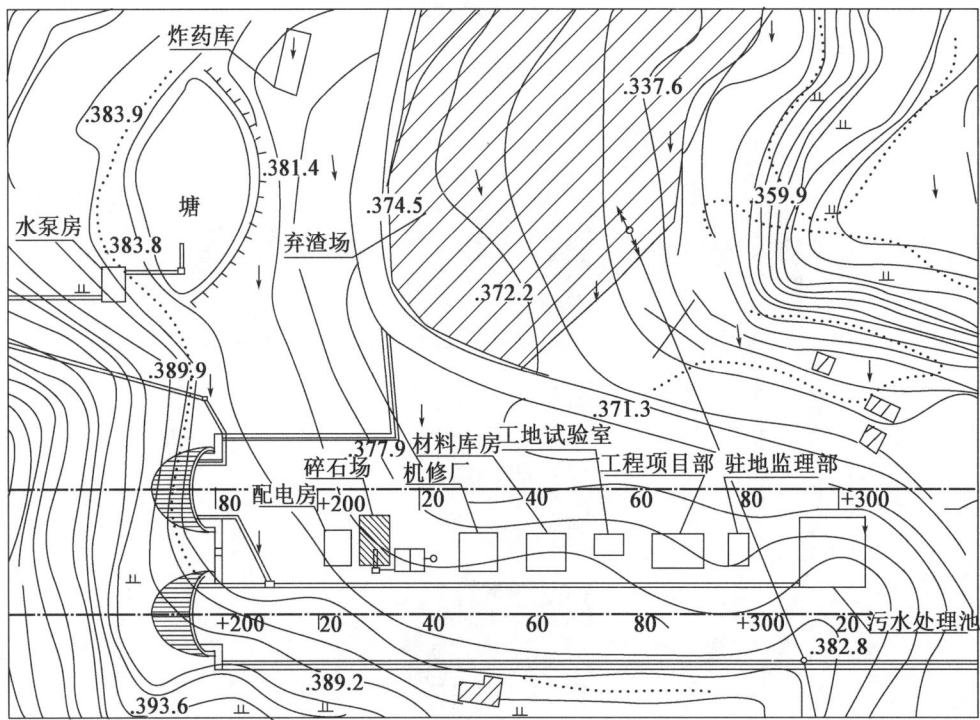

图4-4 隧道洞口临时设施布置图例

5 建筑材料

5.1 一般规定

5.1.1 根据国际标准 ISO 3893 的规定，混凝土标号的名称为混凝土强度等级（以符号 C 表示），混凝土试件的标准尺寸采用边长为 150mm 立方体。

1 混凝土强度等级由立方体抗压强度标准值确定，立方体抗压强度标准值是本规范混凝土各种力学指标的基本代表值。

2 关于石材强度等级的确定，采用边长 70mm 的立方体为标准试块，其他边长尺寸试块的强度换算系数，如表 5-1 所示。石材的强度等级以其标准试件的饱和含水极限抗压强度表示。

表 5-1 石材强度等级的换算系数

立方体边长（mm）	200	150	100	70	50
换算系数	1.43	1.28	1.14	1.00	0.86

3 水泥砂浆强度等级与现行《砌体结构设计规范》（GB 50003）相同。

根据近几年隧道设计使用情况，混凝土强度等级 C10、水泥砂浆强度等级 M5 已不采用，本次修订取消。

5.1.3

1 "应符合结构强度和耐久性要求"，是指供使用的建筑材料必须具备的基本条件。当隧道修建于特殊地区或特定场合时，如严寒地区、煤系地层、含盐地层和有侵蚀性水等，其所选用的衬砌材料，尚需具有适应于这些特殊条件要求的性能。

2 在有侵蚀性地下水的围岩中修建隧道，混凝土一些成分与水中的酸、碱、盐等起化学作用，会被腐蚀，严重影响衬砌混凝土的强度和安全。故条文强调有侵蚀性水时，隧道衬砌混凝土采用具有抗侵蚀性能的水泥和集料配制。

3 寒冷地区的隧道衬砌经常与冰冻接触，当气温低、昼夜温差大时，在冻融循环作用下，其表面剥蚀现象比一般地区严重。故条文规定"混凝土强度等级应适当提高"。

5.1.4

1 为了保证混凝土的质量，条文规定"不应使用碱活性集料配置混凝土"。

4 用于砌体的石料，应符合衬砌材料的基本要求。石料强度等级是体现石料质量的重要标志，并可反映石料的其他性能，如强度低得多表现为易风化、耐久性差，耐冻、耐渗性能弱。

5.1.5

1 喷射混凝土优先选用普通硅酸盐水泥，是因为它含有较多的 C_3A 和 C_3S，凝结时间较快，特别是与速凝剂有良好的相容性。

2 为了减少回弹和管路堵塞，条文规定粗集料粒径不大于 16mm。细集料采用中、粗砂及细度模数大于 2.5 的规定，不仅是为了有足够的水泥包裹细集料，也有利于获得足够的混凝土强度，同时可减少粉尘和硬化后混凝土的收缩。砂的含水率控制在"5% ~7%"，主要是为了减少具有活性水泥颗粒的损失，减少粉尘，有利于水泥的充分水化。

3 砂浆锚杆杆体材料，按现行《钢筋混凝土用钢 第 2 部分：热轧带肋钢筋》（GB 1499.2），采用 HRB400、HRB500 钢。

4 规定中空锚杆杆体断后伸长率 A 不小于 16%，是保证具有一定的延性，防止脆性断裂。参照《中空锚杆技术条件》（TB/T 3209—2008）中的规定。

5 组合中空锚杆杆体是由中空杆体、钢筋组成，杆体材料需符合本条第 3、4 款规定。

5.1.6 为了改善模筑混凝土和喷射混凝土的性能，在混凝土中加入适当外加剂是当前常用的手段。采用添加剂时，不能对混凝土原有性能产生不良影响。

5.1.7 根据《钢纤维混凝土结构设计与施工规程》［《纤维混凝土结构技术规程》（CECS 38：2004）］，并结合相关材料发展情况而定。

5.1.8 用钢筋组焊成的格栅钢架有受力好、质量小、刚度可调节、省钢材、易制造、易安装、喷混凝土整体性好等优点，已被广泛应用于工程中。型钢钢架是采用工字钢、H 形钢、U 形钢、钢轨、钢管等冷弯和焊接制成的钢架，其中工字钢钢架应用较多。

5.1.9 隧道内路面材料主要根据路面等级及面层类型决定，具体采用时可参照相关规范，特别是有关材料性能指标。

5.1.11 常用的注浆材料有单液水泥类浆液、水泥–水玻璃双液浆、超细水泥浆、水溶性聚氨酯浆液、丙烯酸盐浆液等，根据隧道所在围岩地质环境、地下水环境和造价综合考虑选用。

5.1.12 高聚物改性沥青类或合成高分子类防水卷材，如：EVA、ECB、PE（含

HDPE、LDPE），在公路隧道中应用较为普遍。预铺反粘类（通常称为自粘式）卷材是近几年出现的新型防水卷材，因其施工简便、可有效防止结构与卷材间窜水等独特的防水特性，逐渐为隧道工程采用。

预铺反粘类卷材主要有下列两种：

（1）以合成高分子片材为底膜，单面涂覆高聚物改性沥青类自粘胶料的防水卷材。

（2）以合成高分子片材为底膜，单面覆有高分子自粘胶膜层（高分子树脂塑性凝胶层）的防水卷材，高分子自粘胶膜层与后浇衬砌混凝土通过物理化学作用，生成一层黏附于混凝土表面的塑性凝胶层。

5.1.13 国内外有关研究表明，聚丙烯经抗氧化处理制成纤维后，可在任何酸碱条件下长期使用。所以，从隧道长寿命使用出发，推荐使用聚丙烯材料制成的土工布。

5.1.14 排水盲管要求衬砌背后渗水能迅速进入盲管，又不会在混凝土浇筑过程中被混凝土混合料压瘪，保证盲管管路有效排水断面。

5.2 材料性能

5.2.2、5.2.5 混凝土强度指标、混凝土弹性模量取值引自《混凝土结构设计规范》（GB 50010—2010）。

5.2.6 喷射混凝土标准试件制作方法一般采用大板切割法，若采用非标准方法，则在本工程所用原材料、配合比、工艺技术和养护等条件相同的情况下，做对比试验求得。表5.2.6-1、表5.2.6-2的取值引自现行《岩石锚杆与喷射混凝土支护技术规范》（GB 50086）。

5.2.7 喷射混凝土的极限强度，系参照现行《混凝土结构设计规范》（GB 50010）及《岩石锚杆与喷射混凝土支护技术规范》（GB 50086）的规定，考虑到喷射混凝土抗拉强度与抗压强度之比稍小于模筑混凝土，因而将抗拉极限强度适当降低。

5.2.9 钢筋强度标准值的确定，对有明显物理流限的热轧钢筋，采用国家标准规定的屈服强度；对无明显物理流限的钢筋，则采用国家标准规定的抗拉强度，所有标准值均具有不小于95%的保证率。钢筋强度设计值的确定，同样采用结构可靠指标分析及结合工程经验校准，经综合分析后确定。本规范对钢筋强度的设计值取整，对热轧钢筋（HPB300）的材料分项系数 γ_s 取值1.25。

5.2.10 钢筋最大力下的总伸长率规定，明确对钢筋延性的要求，反映了钢筋拉断前达到最大力时的均匀应变。总伸长率是不受断口（颈缩）影响的总伸长率。

5.2.11 钢筋屈服强度标准值、极限强度标准值是根据《混凝土结构设计规范》（GB 50010—2010）表 4.2-1 取值。钢筋的抗拉或抗压强度标准值 R_g 取屈服强度标准值。

5.2.13 对于石砌体和混凝土块砌体轴心及偏心受压的容许应力，本条文引自现行《铁路隧道设计规范》（TB 10003）；当有实测资料时，以实测资料为准。

5.2.14 本条引自现行《砌体结构设计规范》（GB50003）和《公路圬工桥涵设计规范》（JTG D61），有关砌体性能的说明参见现行《砌体结构设计规范》（GB50003）。

5.3 防排水材料性能

5.3.1 常用防水卷材技术指标主要参考了现行《高分子防水材料》（GB 18173.1）、《地下工程防水技术规范》（GB 50108）、《铁路隧道防水材料 第 1 部分：防水板》（TB/T 3360.1），结合公路隧道工程实际制定，相关参数试验方法参见现行《高分子防水材料》（GB 18173）及其他相关规范。

预铺反粘防水卷材技术指标主要参照现行《预铺/湿铺防水卷材》（GB/T 23457）。

5.3.2 本条文指标参考了现行《土工合成材料长丝纺粘针刺非织造土工布》（GB/T 17639），考虑在隧道环境内使用目的与作用的不同，适当提高了对断裂延伸率、等效孔径 O_{90}（O_{95}）、垂直渗透系数等参数的指标要求。

5.3.3 本条指标主要参照了现行《高分子防水材料 第 2 部分：止水带》（GB 18173.2）、《铁路隧道防水材料 第 2 部分：止水带》（TB/T 3360.2）。钢边止水带橡胶与金属黏合试验方法见现行《硫化橡胶与金属粘接拉伸剪切强度测定方法》（GB/T 13936）。橡胶破坏指钢边止水带拉伸剪切试验中橡胶先于橡胶与金属的黏合破坏。

5.3.5 环、纵向排水盲管采用其他材料排水盲管性能可参考相关国家规范使用和检验。

6 荷载

6.1 一般规定

6.1.1 本条文对作用在隧道结构上的荷载分类做出规定。

（1）永久荷载是指作用在结构上不随时间变化的荷载。

（2）可变荷载是指作用在结构上随时间变化的荷载。

（3）偶然荷载是指作用在结构上持续时间很短的荷载。

（4）结构附加恒载是指隧道营运的各种设备、设施等的恒重。

（5）水压力主要是针对在有水或含水地层中无排水措施的隧道结构，需考虑水压力的影响。

（6）施工荷载是指施工阶段的某些外加力，如机械设备自重、人群、温度作用、吊扣或其他机具的荷载，以及在构件制造、运送、吊装时作用于构件上的临时荷载等。这种荷载是隧道施工过程中可能存在的临时荷载。

鉴于目前对公路隧道结构各类作用的统计分析研究尚不够全面和深入，因此本规范未按照结构可靠度设计原则，对公路隧道结构上的作用进行规定，要完善可靠度设计，尚需做进一步的深入研究。

6.1.2 由于围岩压力除与围岩条件有直接关系外，还与施工方法、支护时间和支护刚度有关，有很大的不确定性，目前在大多数情况下仍按经验公式计算确定。对于地质复杂的隧道，为了了解和掌握隧道荷载的性质、大小及分布，需通过实地量测确定荷载计算值及其分布规律。

6.1.3 在隧道结构上可能同时出现的荷载，按承载能力要求进行组合时，主要考虑基本组合和偶然组合：

（1）荷载基本组合

组合一：永久荷载：围岩压力 + 结构自重 + 附加恒载。

组合二：

①永久荷载 + 基本可变荷载：

结构自重 + 附加恒载 + 土压力 + 公路荷载；

②永久荷载 + 基本可变荷载：

结构自重 + 附加恒载 + 土压力 + 列车活载；

③永久荷载 + 基本可变荷载：

结构自重 + 附加恒载 + 土压力 + 渡槽流水压力。

组合三：永久荷载 + 其他可变荷载：

围岩压力（土压力）+ 结构自重 + 附加恒载 + 施工荷载 + 温度作用力。

（2）荷载偶然组合

组合四：永久荷载 + 偶然荷载：

围岩压力（土压力）+ 结构自重 + 附加恒载 + 地震作用或落石冲击力

按满足正常使用要求组合时，主要考虑长期效应组合和短期效应组合：

（3）荷载长期效应组合

组合五：永久荷载：

围岩压力（土压力）+ 结构自重 + 附加恒载 + 混凝土收缩和徐变力；

组合六：永久荷载 + 基本可变荷载或其他可变荷载

结构自重 + 附加恒载 + 土压力 + 公路荷载、列车活载或渡槽流水压力。

（4）荷载短期效应组合

组合七：永久荷载 + 其他可变荷载：

围岩压力（土压力）+ 结构自重 + 附加恒载 + 混凝土收缩和徐变力 + 温度荷载 + 冻胀力。

承载能力要求荷载组合适用于对结构承载能力及其稳定性进行验算。正常使用要求荷载组合适用于结构变形和开裂及裂缝宽度验算。

6.1.5 本条文所提的特殊荷载是指表 6.1.1 中未列出的，而又有可能出现的其他所有荷载。

6.2 永久荷载

6.2.2 深埋隧道松散荷载计算是在《公路隧道设计规范》（JTG D70—2004）规定的基础上，根据对大跨度隧道的围岩压力增减率进行的专题研究分析结果，做了调整和补充。

式（6.2.2-1）、式（6.2.2-2）是围岩压力为松散荷载时垂直均布压力的经验公式。围岩压力计算高度（h）为隧道拱顶以上围岩可能形成松散体的厚度。

采用式（6.2.2-2）计算围岩压力时，在缺乏 BQ 或［BQ］值的情况下，选用围岩级别 S；在有围岩 BQ 或［BQ］值时，围岩级别 S 可根据岩体基本质量指标 BQ 或其修正值［BQ］采用插值的方法得到连续取值的围岩级别修正值［S］，用［S］代替 S，以考虑同一级别的围岩其荷载随岩体基本质量指标连续变化的情形。由于 I 级围岩 BQ 或［BQ］值在围岩分级体系中没有明确上限值，根据对大量 I 级围岩 BQ 或［BQ］值的计算结果，将其上限值取为 800 是合理的；同理，V 级围岩 BQ 或［BQ］值在围岩分级体系中没有明确下限值，根据对大量 V 级围岩 BQ 或［BQ］值的计算结果，将其下限值取为 0 是合理的。由于Ⅵ级围岩不计算 BQ 或［BQ］值,所以 S 值直接等于 6,而没有修正值［S］。

6.2.3 较长浅埋隧道围岩压力应考虑隧道进洞后纵向随埋深增加的过渡变化等情形,对不同典型埋深断面分别进行围岩压力计算,不宜仅以洞口处或深浅埋分界处围岩压力计算结果对较长浅埋段进行计算与设计。

6.2.4 根据偏压隧道的调查,大多数偏压隧道处于洞口段,属于地形浅埋偏压;在洞身偏压较少,且多属于地质构造偏压。在确定作用于隧道衬砌上的偏压力时,应视地形、地质条件以及外侧围岩的覆盖厚度确定。

6.2.5 本规范参考《公路隧道设计细则》(JTG/T D70—2010),新增小净距隧道的围岩压力计算方法。

6.2.6 本规范参考交通部西部交通建设科技项目"连拱隧道建设关键技术的研究 No. 2002-318-000-22","连拱隧道建设关键技术科技成果推广 No. 2007-318-799-80"的研究成果,新增连拱隧道的围岩压力计算方法。适用于先开挖中导洞,而后施作中隔墙,再开挖两侧隧道的施工顺序下的连拱隧道。

6.2.7 明洞回填土按人工或小型机具夯实回填时,回填土物理力学指标通常按表 6-1 取值。

表 6-1 回填土物理力学指标

填 料 名 称	重度 γ (kN/m³)	计算摩擦角 φ_c (°)
干砌片石	20	50
回填土石	19	35

6.3 可变荷载

6.3.1 当隧道结构承受汽车荷载时(如上方有道路通过的明洞等),按现行《公路桥涵设计通用规范》(JTG D60)或《城市桥梁设计规范》(CJJ 11)的有关规定计算。

6.3.2 设计山岭公路隧道时,一般不考虑铁路列车活载,只有隧道结构构件承受列车活载时(如上方有铁路通过的明洞、深基础明洞的外墙等),才按现行《铁路桥涵设计基本规范》(TB 10002.1)的有关规定计算。

6.3.3 混凝土收缩的原因，主要是由于水泥浆凝结而产生的，也包括了环境干燥所产生的干缩现象。

影响混凝土收缩徐变的因素很复杂，如组成混凝土成分的性质、数量及质量，结构物的加载龄期及所处的气候条件等，考虑到结构物施工及工作条件的差异，按实际资料计算。如资料缺乏，可按照弹性体进行计算。

6.3.5 施工荷载是指结构构件在制造、运送、吊装作用在构件上的临时荷载，以及临时承受机械、其他构件和材料转运的荷载。包括机械设备自重、人群、临时构件材料转运、温度作用、吊扣或其他机具的荷载。该类荷载主要用于施工阶段的验算，其取值应根据施工阶段、施工方法和施工条件的实际情况确定。

6.4 偶然荷载

6.4.1 由于落石冲击力的计算，目前研究还不够深入，实测资料也很少，故对其计算未做规定，具体设计时主要通过现场调查确定，必要时可采用简化计算方法对其进行验证。

6.4.2 荷载组合中对于地震荷载的计算，采用静力法。

7 洞口及洞门

7.1 一般规定

7.1.1 本条文提出隧道"早进洞、晚出洞"这一技术原则，旨在贯彻"不破坏就是对环境最大的保护"的设计理念，避免在洞口形成高边坡和高仰坡，防止滑坡、崩坍、危岩落石等不良地质危害，减少对原有的地表形态破坏，保护自然环境。

7.1.2 隧道洞口地质条件一般较差，岩体破碎、风化较为严重，常遇有松散堆积体。隧道洞口开挖后，改变了地表形态，形成洞口边坡、仰坡，可能引起坍塌、产生偏压、诱发滑坡等地质灾害。处理这些灾害困难、费用高，投入运营后，也极易受自然灾害的威胁，且洞口各部位施工还存在与洞口相临工程施工干扰、影响居民生活等问题。因此，选择好洞门位置，是保护环境、保证营运安全、节省工程造价和顺利施工的重要条件。

隧道洞口位置从地形上看有下列形式（图7-1）：

（1）坡面正交型——隧道洞口轴线与地形等高线正交的形式，最为理想。

（2）坡面斜交型——隧道洞口轴线与地形等高线斜交，边坡斜面与洞门斜交，往往存在偏压，洞门形式要考虑可能存在的偏压影响。

（3）坡面平行型——隧道洞口轴线与地形等高线近平行，是一种较为极端的斜交情况，隧道洞口段在较长区段的外侧覆盖层较薄，偏压问题突出。当出现这种情况时，按图7-2考虑偏压影响。

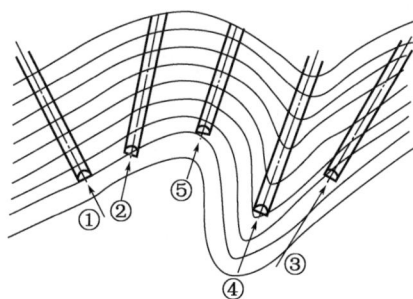

图7-1 隧道洞口与地形的关系示意图
①坡面正交型；②坡面斜交型；③坡面平行型；
④山脊突出部进入型；⑤沟谷部进入型

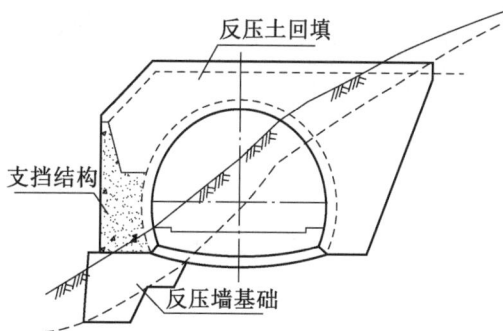

图7-2 抗偏压结构示意图

（4）山脊突出部进入型——山脊突出部位一般是稳定的，但要注意两侧冲沟洪水汇集对隧道洞口的影响。

（5）沟谷部进入型——存在岩堆等不稳定堆积层，地下水位较高，可能存在洪水、泥石流、积雪等自然灾害威胁。

7.1.3 洞口排水系统是为了防止施工和运营阶段洞口上方坡面水汇集对洞口边仰坡的冲刷危害；洞口路面过水、流入隧道，以及对洞口施工场地的影响。

7.1.4 洞门要起到拦截洞口边仰坡可能的碎落、滚石、坍塌物的作用。

7.1.5 积雪危害主要是风吹雪堆积、降雪堆积、雪崩堆积造成的危害，边仰坡积雪可能引起边仰坡垮塌；洞顶积雪增加洞顶荷载和地表水下渗；路面积雪影响行车安全、堵塞交通。

7.1.6 洞口边仰坡、洞门及洞门墙背需要进行检查维护，墙背碎落堆积物需清理，截水沟、排水沟需要疏通和修补，所以要考虑便于检查维修的条件。

7.1.7 洞门与自然环境相协调，是要保护和最大限度地恢复原有地形、恢复自然景观，减少开挖痕迹、避免过多的人工修饰、淡化或隐藏支挡结构物的存在。

7.2 洞口工程

7.2.1 隧道洞口位置选择不当，会破坏山体稳定、诱发地质灾害、阻碍开挖进洞，严重时可能威胁施工安全，危及长期运营安全，对环境造成破坏。洞口避免选择在下列位置：

（1）堆积体，滑坡，岩层松散，岩层破碎，地形陡峭，容易产生坍塌、落石的位置。

（2）地形等高线与隧道轴线小角度斜交的位置。

（3）受洪水、泥石流威胁的位置。

对缓坡地段的隧道洞口，位置确定比较灵活，采用较长路堑时，造价低、占地较多，洞口形成较长路堑；采用较长隧道时（一般是明洞延长）、提早进洞，造价高、占地较少（明洞顶可回填还耕和种植树木）。对连拱隧道、小净距隧道，采用较长路堑较好；对分离式双洞隧道或单洞隧道，采用较长隧道较好。

7.2.2 为保证洞口施工、营运安全，而规定本条。

1 最大限度地降低边仰坡开挖高度，控制开挖范围是保持边仰坡稳定、减少原地形破坏与洞口景观的要求。一般采用洞口设置管棚等超前支护措施，达到减少开挖高度的目的。

2 根据洞口情况对洞口边仰坡进行适当的防护。对岩质边坡，在岩体破碎、局部岩体失稳、顺层岩体地段，边仰坡开挖后有碎落、滑移、坍塌、掉块等威胁时，需分别采取清除、支挡、接长明洞等措施，或采用锚固、设柔性网防护等手段进行防护；对土质边仰坡，采用放缓边仰坡、绿化防护或设置挡土墙等，保证边仰坡稳定。

3 如遇洪水、泥石流地段，多采用隧道或明洞等方式绕避，洞顶若有冲沟通过，采取接长明洞在明洞顶作渡槽引渡。设在山凹地形、沟谷地形的洞口，除考虑一般排水沟、截水沟以外，要根据暴雨洪水情况与汇水条件，设置满足洪水排泄要求的沟渠。

4 陡崖一般整体稳定，通常不采用切坡的方式处理，避免对陡崖产生扰动。如陡崖存在危石，需先进行清理，必要时采用喷锚或设防护网防护，同时接长明洞，使洞口外移或设防护棚。

7.3 洞门工程

7.3.1 洞门是隧道唯一的外露部分，也是联系洞内衬砌与洞外路基的结构；是隧道结构的重要组成部分，也是标志隧道的建筑物。隧道洞门的作用是支挡洞口正面仰坡和路堑边坡，拦截仰坡上方少量剥落、掉块，维护边坡、仰坡的稳定，并将坡面汇水引离隧道。隧道洞门是根据隧道跨度、地形地质条件、水文条件、周围建（构）筑物以及当地自然景观和人文景观等进行设计。

公路隧道的洞门形式主要有两类，即：端墙式洞门和明洞式洞门。

端墙式洞门包括：墙式洞门、翼墙式洞门、台阶式洞门、柱式洞门、拱翼式洞门。一般垂直于隧道轴线设置；翼墙是隧道洞口平行于路线的路基边坡支挡结构，与洞门端墙相连，见表7-1。

表7-1 端墙式洞门

分类	名称	简图	说明
端墙式洞门	墙式洞门	正面　　　　侧面	适用于仰坡陡峻、山凹地形、斜交地形的狭窄地带
	翼墙式洞门	正面　　　　侧面	

分类	名 称	简 图	说 明
端墙式洞门	台阶式洞门	 正面　　　　　侧面	适用于仰坡陡峻、山凹地形、斜交地形的狭窄地带
	柱式洞门	 正面　　　　　侧面	
	拱翼式洞门	 正面　　　　　侧面	

明洞式洞门包括：直削式洞门、削竹式洞门、倒削竹式洞门、喇叭口式洞门、棚洞式洞门和框架式洞门。明洞式洞门（除棚洞式洞门和框架式洞门外）是隧道洞口段衬砌突出于山体坡面的结构，见表7-2。

表7-2 明洞式洞门

分类	名 称	简 图	说 明
明洞式洞门	直削式洞门	 正面　　　　　侧面	适用于地形开阔、边仰坡不高、仰坡较平缓、隧道轴线与地形等高线正交或接近正交的地带
	削竹式洞门	 正面　　　　　侧面	
	倒削竹式洞门	 正面　　　　　侧面	
	喇叭式洞门	 正面　　　　　侧面	

棚洞式洞门和框架式洞门是明洞式洞门的一种，在仰坡、边坡较高、易发生碎落的洞口采用棚洞；在隧道上方覆盖层较薄，又有公路从上跨越或有其他建筑物在隧道上方时，采用框架式洞门。

7.3.2 不论隧道轴线与地形等高线的关系如何，洞门与隧道轴线正交，视觉美观，有利于行车安全，这也是国内通常的做法。

7.3.3 本条为端墙式洞门设计的规定。

1 洞门端墙、翼墙土压力计算方法见本规范附录 K，洞门墙、翼墙墙身结构尺寸按墙体强度、稳定性和抗倾覆计算结果确定，或按工程类比确定，必要时进行墙身结构稳定性和抗倾覆验算。墙身最小厚度是指墙体受力部分的最小尺寸。

2 洞顶上仰坡坡脚至洞门墙背有一定的水平距离，是为防仰坡土石掉落到路面上，也便于洞门端墙与仰坡之间排水沟设置。洞顶排水沟沟底与衬砌拱顶外缘之间要求一定的填土厚度，以免落石冲击破坏拱圈。洞门端墙墙顶高出拱顶回填面 0.5m，一是为了防止掉落土石弹出飞落到路面，同时也作为养护维修人员在拱顶检查维护时的安全护栏。墙背回填面是指靠近墙背处的拱背回填顶面，通常是洞顶排水沟侧壁顶面，如图 7-3 所示。

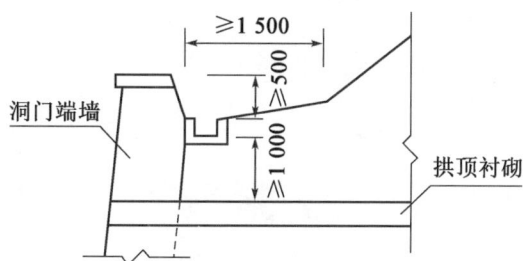

图 7-3 洞门墙背顶部构造（尺寸单位：mm）

3 洞门墙变形缝、泄水孔的设置，按挡土墙设置要求。

4 洞门墙基础埋入深度视地质好坏确定。岩石地基嵌入深度是指清除表面强风化层后的深度；当风化层较厚、难于全部清除时，根据地基的风化程度及相应的地基容许承载力，将基础嵌入基岩中。斜坡地段的基底需挖成台阶，以防墙体滑动。

条文根据公路工程一般设置基础的经验，要求基底设在冻结深度以下不小于 0.25m。如冻结深度较深，施工有困难时，采取非冻结性的砂石材料换填，或设置桩基等是常用的处治措施。不冻胀土层中的地基，例如岩石、砾石、卵石、砂等，埋置深度不受冻结深度的限制。

5 地基承载能力不足时，常用的地基加固措施有扩大基础、桩基、筏板基础、地基换填、压浆等。

7.3.4 本条为明洞式洞门设计的规定。

1 洞门结构是洞口衬砌的一部分，也是明洞衬砌，采用钢筋混凝土结构是明洞衬砌的要求。

2 洞口衬砌伸出原山坡坡面或仰坡设计面不小于500mm（图7-4），是为了防止坡面水和泥土流入衬砌内壁。

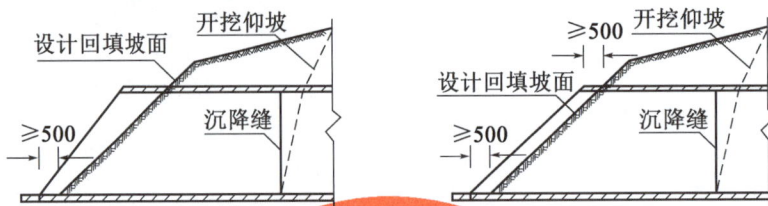

图7-4 洞口衬砌仰斜面伸出坡面构造（尺寸单位：mm）

3 洞口衬砌外露端有不同形态，可呈直削、削竹、倒斜竹或喇叭形，体现了洞门外形的变化，衬砌端面直立时为直削式洞门、仰斜时为削竹式洞门、俯斜时为倒削式洞门、喇叭形时为喇叭式洞门。

5 设计回填坡面按原山坡坡度回填，是为恢复原地形。洞口设计回填坡面采用土石回填时，坡率不宜陡于1∶1，是为了保证回填坡面稳定。坡面一般采用适合当地生长条件的并与周边协调的植物防护，或网格防护。

8 衬砌结构设计

8.1 一般规定

8.1.1 隧道衬砌形式主要有喷锚衬砌、整体式衬砌、复合式衬砌。

（1）喷锚衬砌是①喷射混凝土支护、②喷射混凝土＋锚杆支护、③喷射混凝土＋锚杆＋钢筋网支护、④喷射混凝土＋锚杆＋钢筋网＋钢架支护的统称，是一种加固围岩，控制围岩变形，能充分利用和发挥围岩自承能力的支护衬砌形式，具有支护及时、柔性、紧贴围岩、与围岩共同变形等特点，在受力条件上比整体式衬砌优越，对加快施工进度、节约劳力及原材料、降低工程成本等效果显著，能保证围岩的长期稳定。但是，由于喷锚衬砌刚度较小，在围岩自稳能力较差的Ⅳ～Ⅵ级围岩中，长期稳定性和防止水侵蚀能力方面有一定的局限性，材料及施工工艺还有待进一步提高。因此，条文规定"在Ⅳ～Ⅵ级围岩中应采用复合式衬砌或整体式衬砌"，不单独采用喷锚支护作永久衬砌。

（2）整体式衬砌是被广泛采用的衬砌形式，具有较强的支护能力、防水能力和耐久性，具有长期可靠的支护作用，有长期的工程实践经验，技术成熟，适应多种围岩条件。因此，在隧道洞口段、浅埋段及围岩条件很差的软弱围岩中采用整体式衬砌较为稳妥可靠。目前，山岭隧道中整体式衬砌采用模筑混凝土衬砌或模筑钢筋混凝土衬砌。

（3）复合式衬砌是由内外两层衬砌组合而成，第一层称为初期支护（一般是喷锚衬砌），第二层为二次衬砌（一般是整体式衬砌），初期支护与二次衬砌之间夹防水层，我国高等级公路隧道已普遍采用复合式衬砌。

复合式衬砌的二次衬砌，外观成型较好，满足隧道对外观的基本要求，在初期支护与二次衬砌之间铺设防水层，解决隧道衬砌渗漏水问题。因此条文规定，在"高速公路、一级公路、二级公路中的隧道衬砌应采用复合式衬砌"。

三级及三级以下公路隧道，由于交通量较小，使用频率较低，围岩条件较好时，为控制投资，可采用喷锚衬砌。

隧道洞口段是指隧道洞口暗挖进洞一定长度覆盖层厚度小于1～2倍开挖宽度（图8-1）的地段，一般较洞身围岩条件差，埋深浅，受地形、环境条件影响较大。洞口段要求具有很高的抗风化能力和耐久性。喷锚衬砌在稳定性和防止水侵蚀方面经验不多，材料及施工工艺还有待进一步提高。所以条文规定"隧道洞口段应采用整体式衬砌或复合式衬砌"。

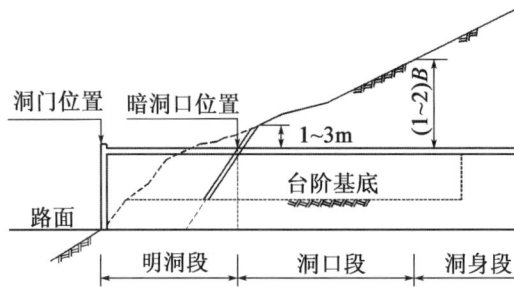

图 8-1 隧道洞口段

B-开挖宽度（m）

8.1.2 最大限度地利用和发挥围岩的自承能力是隧道衬砌结构设计要遵循的基本原则，隧道围岩自身具有一定的结构作用，通过一些有效的工程措施、合理的衬砌形式和适宜的施工方法，使围岩这一特性得以充分发挥，达到保持围岩稳定、节省工程投资的目的。隧道衬砌是永久性重要构筑物，运营中一旦破坏很难恢复，维护费用很高，给交通运营管理带来极大困难。因此，条文规定"衬砌具有足够的强度、稳定性和耐久性，保证隧道长期使用安全"。

8.1.3 公路隧道衬砌结构设计，目前仍以工程类比法为主，由于地质条件复杂性，不同围岩地质条件自身的承载能力不同，隧道围岩级别、埋置深度、开挖方式、支护手段和支护时间直接影响到围岩的应力状态和结构受力，有时单凭工程类比还不足以保证设计的合理性和可靠性，还要进行理论验算。隧道设计阶段，设计者难以准确预测各种复杂条件，在工程实施过程中，是通过现场监控量测，观测围岩与初期支护的变形变化，掌握围岩动态及支护结构受力状态，及时进行支护参数调整。在施工过程中，围岩条件较好、围岩变形小并变形趋于稳定时，适当降低支护参数；反之，增强支护参数，这就是动态设计。对重要工程、特殊地段、工程类比无可借鉴时，需通过试验确定。

8.1.4

1 隧道及地下工程衬砌断面形式常用的有曲墙拱形衬砌和直墙拱形衬砌。公路隧道一般跨度较大，荷载、变形也较大，根据大量工程实例和力学分析表明，公路隧道曲墙拱形衬砌较直墙拱形衬砌结构受力合理，围岩及结构稳定性较好，抵抗侧压力的能力较强，适应多种围岩条件；在严寒地区调查，曲墙式衬砌墙部破坏的情况远小于直墙式衬砌，所以推荐采用曲边墙拱形断面。

对于车行横通道、人行横通道、通风道等断面较小的隧道，风机洞室、工作室，一般地质条件较好、对净空断面有特殊要求，一般采用直墙拱形衬砌。

2 在Ⅴ围岩条件下，围岩自稳能力差、侧压力较大、地基承载力弱，为保证结构整体安全、控制沉降，采用有仰拱的封闭式衬砌断面。对Ⅳ级围岩情况较为复杂，根据隧道断面、地质构造、地层岩性、地下水等条件确定是否设仰拱。在工程实际中，有很多情况（特别是洞口段）拱部围岩条件很差，甚至还需采用管棚等辅助工程措施，但边墙脚及以下围岩地质条件较好，基底承载能力和稳定性均能满足结构受力要求，这时，为节约投资，简化施工，不设仰拱。所以，规范提出"隧底围岩较好、边墙基底承载力和稳定性满足要求时，可不设仰拱"。

3 隧道洞口段，一般埋置较浅，地质条件较差，受环境影响较大，岩石易风化，围岩长期稳定性较洞内差，衬砌受力情况也较洞内不利，有时还要承受仰坡方向的纵向推力，因此，"洞口段应设加强衬砌"，规定加强段最小长度是保证加强段衬砌的有效作用。加强衬砌结构设计一般是将洞口围岩级别降低一级考虑。

4 洞身围岩地质条件不同，围岩压力和变形也不相同，加之围岩级别分界里程很难准确划分，围岩级别的变化有时是渐变的，围岩较差段的衬砌向围岩较好段延伸是使衬砌能适应这种条件变化，起过渡作用。

5 偏压衬砌段向一般衬砌段延伸也是基于上述原因考虑。

6 隧道内交叉段是指两相交洞室在拱部相交的岔洞结构，受力关系复杂，计算和施工都比较烦琐，为保证岔洞结构的安全，净宽大于3.0m的车行横通道、避难支洞以及通风横通道等与主洞的交叉段需作加强处理。交叉段范围是交叉口边缘向各交叉洞延伸，主洞延伸长度不小于5.0m，横通道延伸长度不小于3.0m，是为了保证交叉段的结构稳定，如图8-2所示。跨度越大延伸长度也相应增加。

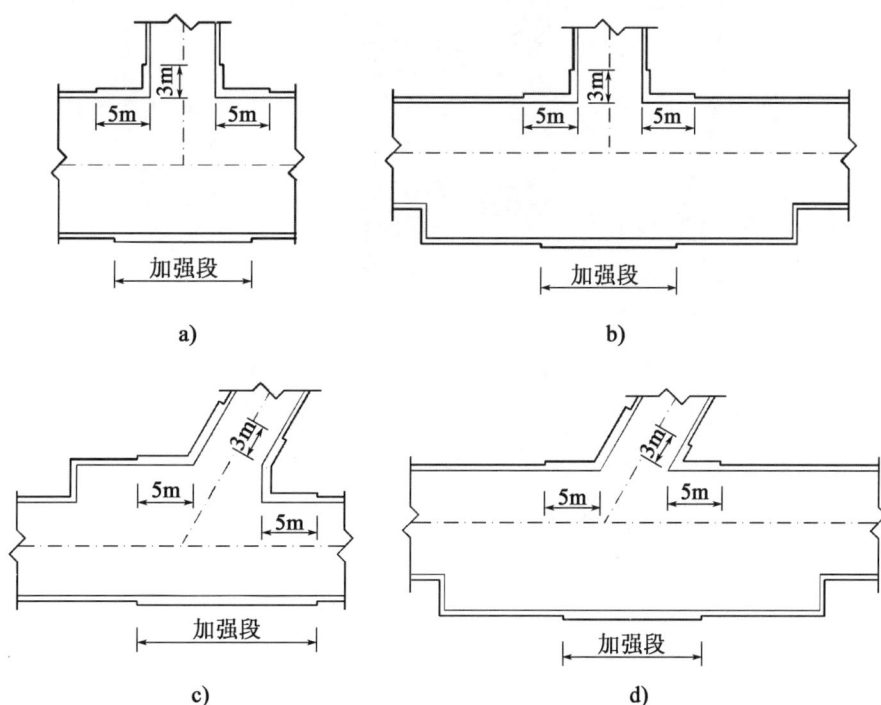

图 8-2 交叉口部

人行横通道、消防设备洞、控制柜等断面较小的洞室，在主洞边墙部位与主洞相交，跨度和高度一般小于3.0m，可以不作特殊考虑。

8.2　喷锚衬砌

　　喷射混凝土是利用泵或高压风作动力，把混凝土混合料通过喷射机、输料管及喷头直接喷射到隧道围岩壁上的支护方法。喷射混凝土是维护隧道围岩稳定的结构物，具有不需模板、施作速度快、早期强度高、密实度好、与围岩紧密黏结、不留空隙的突出优点。隧道开挖后及时施作喷射混凝土支护，可以起到封闭岩面、防止风化松动、填充坑凹及裂隙、维护和提高围岩的整体性、帮助围岩发挥自身结构能力、调整围岩应力分布，防止应力集中，控制围岩变形，防止掉块、防止坍塌的作用。

　　锚杆支护是锚喷支护的组成部分，是锚固在岩体内部的杆状体，通过锚入岩体内部的钢筋与岩体融为一体，达到改善围岩的力学性能、调整围岩的受力状态、抑制围岩变形、实现加固围岩、维护围岩稳定的目的。利用锚杆的悬吊作用［图8-3a)］、组合拱作用［图8-3b)］、减跨作用、挤压加固作用［图8-3c)］，将围岩中的节理、裂隙串成一体提高围岩的整体性。

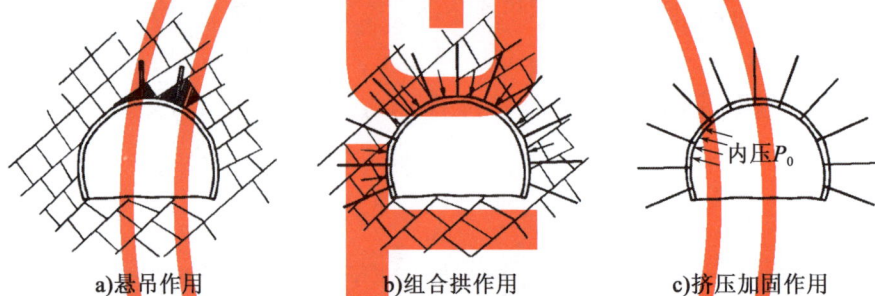

a)悬吊作用　　　　　　b)组合拱作用　　　　　　c)挤压加固作用

图8-3　锚杆作用

　　要发挥锚杆对围岩的支护作用：第一要保证有效锚固深度；第二要保证锚杆全长注浆饱满，与岩体连成整体；第三要避免松弛、锈蚀损坏。

8.2.1　由于喷射混凝土的收缩，厚度小于50mm，容易引起收缩开裂；同时，喷层过薄也不足以抵抗岩块的移动。

　　喷射混凝土要求具有一定的柔性。一般情况下，两车道隧道喷射混凝土厚度不超过300mm。对于三车道以上的大断面隧道，喷射混凝土层相对柔性大，对Ⅴ级不稳定的围岩，喷射混凝土厚度可能需要大于300mm。随着隧道施工机械化的推进，和施工技术的进步，喷射混凝土厚度大于300mm，施工技术上也没有障碍。因此，本次修订取消了喷射混凝土厚度"不宜大于300mm"的规定。

　　喷射混凝土强度C20是喷射混凝土强度的基本要求。

8.2.2　喷射混凝土内布设钢筋网，有利于提高喷射混凝土的抗剪强度和抗弯强度、提高喷射混凝土的抗冲切能力、抗弯曲能力，提高喷射混凝土的整体性，减少喷射混凝土的收缩裂纹。钢筋网喷射混凝土施工顺序是：先初喷射混凝土，铺挂钢筋网，再复喷射混凝土，覆盖钢筋网。

1　喷射混凝土层厚度较小，钢筋网的钢筋直径6mm能达到提高喷射混凝土性能的目的。钢筋网要求随岩面凹凸起伏进行敷设，钢筋网直径过大，敷设困难，不提倡使用直径较大的钢筋。

2　实践表明，当钢筋间距小于150mm，喷射混凝土回弹大，且钢筋与壁面之间易形成空隙，不易保证钢筋网喷射混凝土的密实性；当钢筋间距大于300mm时，则将大大削弱钢筋网在喷射混凝土中的作用，因此，规定钢筋网的钢筋间距为150～300mm。可采用150mm×150mm、150mm×200mm、200mm×200mm、200mm×250mm、250mm×250mm、250mm×300mm、300mm×300mm的不同组合方式。

3　钢筋网搭接长度与钢筋混凝土结构中的钢筋搭接要求是一致的，即钢筋绑扎搭接长度为30d（d为钢筋直径）。

4　钢筋保护层厚度不应小于20mm，这与普通钢筋混凝土的规定是一致的。当采用双层钢筋网时，保持两层钢筋网之间的距离有利于发挥钢筋网的效率。实际工程中发现双层钢筋网之间的间距采用60mm偏小，本次修订改为80mm。

5　钢筋网要求一定的保护层厚度，由于钢筋铺设位置不可能十分准确，所以，钢筋网喷射混凝土厚度不应小于80mm，双层钢筋网的喷射混凝土厚度不应小于150mm，是为了保证钢筋网既要有足够的保护层厚度，又要保持两层钢筋网间的距离。

6　钢筋网与锚杆绑扎连接或焊接便于固定在岩面上，连接牢固。如没有锚杆或后期再施作锚杆，可采用长度不小于0.3m的临时短锚杆固定钢筋网。

8.2.3　喷射混凝土内添加一定数量的钢纤维或合成纤维，各项性能都优于普通喷射混凝土。

2　钢纤维喷射混凝土的韧性，比素混凝土提高10～50倍，抗冲击能力比素混凝土提高8～30倍。钢纤维掺量为40～60kg/m³时，与不掺钢纤维的混凝土相比，抗压强度增加10.3%～22.3%，劈裂强度增加41%～68%。钢纤维喷射混凝土的力学性能随钢纤维掺量的提高而提高，但掺量增大，搅拌的均匀性及喷射流畅性会发生困难。实际上，钢纤维的掺量主要由喷射混凝土工艺决定，钢纤维掺量超过混凝土干混合料质量的4%，搅拌的均匀性和喷射混凝土施工中的流畅性变差，回弹增加。因此，钢纤维的掺量每立方米喷射混凝土宜为33～96kg，即混凝土干混合料质量的1.5%～4%。

3　合成纤维喷射混凝土是指由化工原料制成的具有一定抗拉强度的细长纤维（如聚丙烯纤维）掺进混凝土内，对喷射混凝土的抗拉强度、韧度、抗裂有显著提高，而对混凝土的施工工艺没有影响。目前合成纤维的种类不同，性能参数不一样，掺量的多少也影响喷射混凝土的力学性能，经验不多，尚难统一，所以应根据试验确定。掺加合成纤维对提高混凝土的抗压强度效果不明显。

4　高性能喷射混凝土具有较高的强度、耐久性和很好的防水性能。喷射高性能混凝土，是在钢纤维喷射混凝土的基础上，增加少量纤维、微硅粉、矿渣粉、粉煤灰、高效减水剂等成分形成的高强度等级、高抗渗性及高耐久性的喷射混凝土衬砌。喷射高性能混凝土，设计强度等级为 C40、C50，抗渗指标不小于 B12。从已经应用的工程看有一定的效果。

8.2.4 锚杆的种类、长度、间距是锚杆设计的重要参数，要求根据隧道围岩地质条件、隧道断面大小、锚杆作用、施工工艺条件等合理选择。

锚杆种类按作用原理分为：①全长黏结型锚杆，包括：普通水泥砂浆锚杆、早强水泥砂浆锚杆、树脂锚杆、水泥卷锚杆、中空注浆锚杆、组合式锚杆和自钻式注浆锚杆等。用水泥砂浆或树脂作填充黏结剂，使锚杆和孔壁岩石黏结牢固，提供摩擦阻力，并通过安装在孔口上的垫板、螺母对岩壁的约束力来抑制围岩变形和承受围岩松弛荷载。系统锚杆和局部锚杆、锁脚锚杆等永久支护锚杆可采用这类锚杆。②端头锚固型锚杆，包括：机械锚固锚杆、端头黏结式锚杆。通过锚杆的机械式锚固或黏结式锚固，将锚杆前端锚固于锚杆孔底部岩体，通过孔口垫板及螺母使锚杆受拉，对孔口附近围岩施加径向约束力。主要用于预应力锚杆、局部锚杆，起临时支护作用，注满砂浆后可作永久支护锚杆。机械式锚杆又分为楔缝式锚杆、胀壳式锚杆和倒楔式锚杆，机械式锚杆可用于硬岩支护中。端头黏结式锚杆有树脂端头锚固锚杆、快硬水泥卷端头锚固锚杆。端头黏结式锚杆除用于硬岩和中硬岩外，也用于软岩。③摩擦型锚杆包括：缝管锚杆、水胀锚杆等，主要用于局部锚杆，起临时支护作用。

锚杆种类按施工工艺分为普通砂浆锚杆、中空注浆锚杆、组合中空锚杆和自进式锚杆。

1 作永久支护的锚杆，要保证锚杆长期作用效果。锚杆体和钢筋混凝土中的钢筋一样需要一定的保护层，孔内注满水泥砂浆或树脂，不仅仅是保证砂浆与锚杆、砂浆与孔壁的摩擦力，保证锚杆与围岩共同工作，同时也是锚杆的保护层。端头锚杆，由于地下水或潮湿空气作用而使锚杆锈蚀，因围岩蠕变而使锚杆松弛降低锚固力，所以不能作为永久支护，注满砂浆后才能用作永久支护。锚杆孔内水泥砂浆或树脂强度不应小于 M20 是为了保证锚杆强度和耐久性。

2 对自稳时间短的围岩，采用全黏结树脂锚杆或早强水泥砂浆锚杆是为了发挥锚杆早期作用。

3 预应力锚杆在公路隧道内应用不多，采用时按现行《岩土锚杆与喷射混凝土支护工程技术规范》（GB 50086）执行。

4 在围岩破碎，锚杆孔成孔困难的地段，钻杆拔出以后，孔内易出现坍孔，锚杆插入困难，这时，可采用自进式锚杆。自进式锚杆是利用钻杆作锚杆，锚杆前端加钻头，钻孔过程即为锚杆打入过程，钻杆不拔出，钻孔到位后利用钻杆中孔向锚杆孔内注浆。

5 锚杆直径：普通砂浆锚杆直径一般采用 20～25mm；中空锚杆、组合中空锚杆直径一般采用 25～28mm；自进式锚杆直径一般采用 25～52mm。

6 锚杆外露端头设垫板，是用螺栓将垫板紧贴孔口岩面，对围岩产生径向约束力，能增大锚杆的作用范围，使锚杆的作用效果大大提高。实际工程中发现，垫板厚度 6mm 偏小，本次修订改为 8mm。

8.2.5 系统锚杆主要是对围岩起整体加固作用，使围岩一定深度范围形成拱形承载结构，发挥围岩岩体抗压强度高的特性，提高围岩的自承能力。

1 系统锚杆通常是沿隧道开挖轮廓线径向布置。但需注意，锚杆与岩体主结构面、岩层层面平行或交角较小时，锚固效果很差，锚杆的组合拱作用效果不好。成大角度布置，能穿过更多的结构面，可以把不利结构面或岩层"串"在一起，共同参与工作。

2 原规范第8.2.9条第2款"锚杆应按矩形排列或梅花形排列"调整为第8.2.5条第2款"锚杆宜按梅花形排列"，明确了锚杆梅花形排列的间距标示。按梅花形布置锚杆数量比按矩形布置有所减少。从10多年应用调查情况看，系统锚杆数量适当减少是合适的。

3 系统锚杆长度和间距采用工程类比法确定，也可按下式计算：

锚杆长度：

$$L = \frac{1}{3}W - \frac{1}{5}W \tag{8-1}$$

锚杆间距：

$$P = 0.3L \sim 0.5L \tag{8-2}$$

式中：L——锚杆长度（m）；

$\quad\quad W$——隧道开挖宽度（m）；

$\quad\quad P$——锚杆的设置间距（横向）（m）。

4 采用长锚杆和短锚杆交错布置可减少锚杆用量。

5 公路隧道开挖宽度一般大于10m，开挖断面面积也较大，系统锚杆要求一定长度是使围岩一定深度范围形成拱形承载结构。根据国内工程实例调查统计，单洞两车道隧道一般不小于2.0m，单洞三车道隧道一般不小于2.5m，单洞四车道隧道一般不小于3.0m。

6 在土质围岩中不设系统锚杆是根据黑龙江省交通厅科技项目"土质隧道中不设系统锚杆的试验研究"的研究成果以及黄土隧道相关研究成果，而新增的一款规定。相关试验研究表明，土质围岩中锚杆施工极为困难，采用系统锚杆所花费的费用多、时间长，而效果较差；取消系统锚杆后，采取加强钢架支护、增加锁脚锚管等措施，取得了较好效果。

8.2.6 局部锚杆的主要作用是阻止部分不稳定岩块崩落或滑移，通过锚杆将岩块锚固在稳定的岩体上（图8-4）。有效锚固端必须置于稳定的岩体内。锚固力T根据现场地质调查，由下式计算：

$$T \geqslant W - f \tag{8-3}$$

$$T = \frac{T'}{\cos\theta} \tag{8-4}$$

$$T' \geqslant w - f' \tag{8-5}$$

$$f' = f\cos\alpha \tag{8-6}$$

当单根锚杆锚固力t小于T时，

$$n \times t \geqslant T \tag{8-7}$$

式中：W——滑动岩体的重力（kN）；

f——滑动岩体与稳定岩体间的摩擦力（kN）；

n——锚杆根数（根）；

θ——锚杆锚固方向与竖直方向的夹角（°）；

α——滑动岩体的滑动面与竖直方向的夹角（°）。

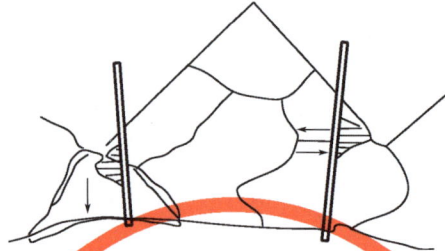

图 8-4 局部锚杆锚固作用示意图

8.2.7 钢架支护（即钢拱架支护）的作用是加强喷射混凝土层的刚度和强度，是控制围岩变形与松弛、提高喷锚衬砌支护能力的有效措施。钢架包括钢筋格栅钢架和型钢钢架。常用的型钢钢架有：工字钢钢架、U 形钢钢架和 H 形钢钢架。工字钢钢架使用冷弯机加工成型。U 形钢钢架不需要连接钢板，采用搭接连接，螺栓固定，并可进行小范围拱幅调节，有一定的灵活性。

1 钢架支护要求有足够强度和一定的刚度，能够承受 1～3m 松动岩柱荷载，同时要保证自身的稳定。

2 格栅钢架与型钢钢架相比，有受力好、质量轻、刚度可调、可现场加工制作，安装方便，能与喷射混凝土紧密结合等优点，形成有一定刚度和强度的钢拱肋支护，要大力推广使用。

3 钢架支护设置间距是根据围岩级别、开挖宽度和开挖进尺确定，并通过施工监控量测结果进行调整。间距太小，喷射混凝土难以保证钢架背后的密实；间距太大，由于钢架支护宽度范围有限，两榀钢架之间的岩块容易坍塌，支护作用减弱。根据调研发现，采用钢架支护时，钢架间距采用 1.2m 以上的很少，本次修订将钢架间距"0.5～1.5m"改为"0.5～1.2m"。为了避免锚杆和钢架重叠，各自发挥作用，钢架与锚杆的纵向间距采用相同距离布置（图 8-5）。

4、5 独立一榀钢架的刚度很小，类似于细长杆件，承载能力弱，连续 3 榀以上钢架同时使用，并使相邻两榀钢架之间横向连接起来，是为了保证多榀钢架整体受力，增加侧向稳定。

6 为架设方便，每榀钢架需分节段制作，分节段长度需与开挖断面相适应，节段之间通过钢板用螺栓连接和焊接。

7 钢架支护贴岩壁一侧，由于岩面凹凸不平，喷射混凝土保护层厚不小于 40mm；临空一侧喷射混凝土密实度较好，厚度不小于 20mm。当隧道仅采用喷锚衬砌时，由于喷锚衬砌长期暴露在空气中，保护层厚度要求不小于 40mm。

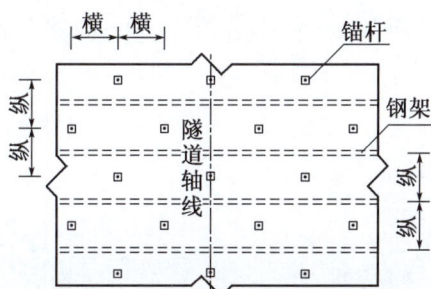

图 8-5　钢架与锚杆布置关系示意图

8　隧道开挖断面要考虑预留变形量，钢架要求贴近围岩布置，与围岩共同变形，受力变形后会比加工的尺寸小，可能侵入设计净空或二次衬砌。因此，钢架形状和尺寸要根据开挖断面确定。

8.2.8　格栅钢架节段两端的连接钢板平面与钢架轴线垂直，便于安装。格栅钢架主钢筋与连接钢板焊接增加 U 形钢筋帮焊如图 8-6 所示，是为了保证焊接牢固。

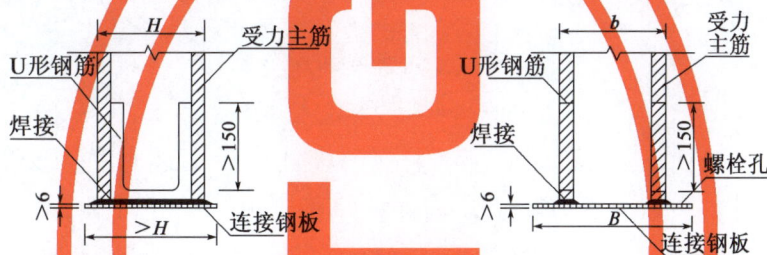

图 8-6　格栅钢架主钢筋与连接钢板焊接图（尺寸单位：mm）
H-钢架截面高度；b-钢架截面宽度；B-垫板宽度

8.2.10　在设置超前支护的地段，超前支护尾端需要较强支撑。

8.2.11　喷锚衬砌设计由于影响因素较多，多采用工程类比法确定支护参数。本规范附录表 P.0.3 中所提供的参数是长期以来我国公路隧道和各类地下工程的经验总结。

8.3　整体式衬砌

8.3.1　目前隧道整体式衬砌是一次浇筑成形的混凝土或钢筋混凝土衬砌结构，在隧道支护结构中可单独使用，更多的是作为复合式衬砌中的二次衬砌使用。整体式衬砌截面一般采用等截面，承受偏压荷载或承受垂直荷载较大时，才考虑采用变截面形式。对设仰拱地段，为保证仰拱与边墙的有效连接，仰拱厚度不小于边墙厚度。边墙厚度是扣除纵向盲管占用的空间后的厚度（图 8-7）。

8.3.2　钢筋混凝土衬砌有较强的承载能力，在一些较特殊地段需要采用钢筋混凝土结构。

1　因地形、地质构造造成围岩松动、滑移而引起的有明显偏压的地段，如：傍山隧道、地形等高线与隧道轴线斜交地形而埋深较浅的地带，隧道轴线平行或近似平行于陡倾岩层走向的隧道，平行于竖向结构面走向的隧道，有时由于施工工序而引起的短暂偏压地段，为了承受不对称围岩压力，设计中采用抗偏压衬砌。处于偏压状态的隧道，受力条件较为复杂，宜采用钢筋混凝土结构。

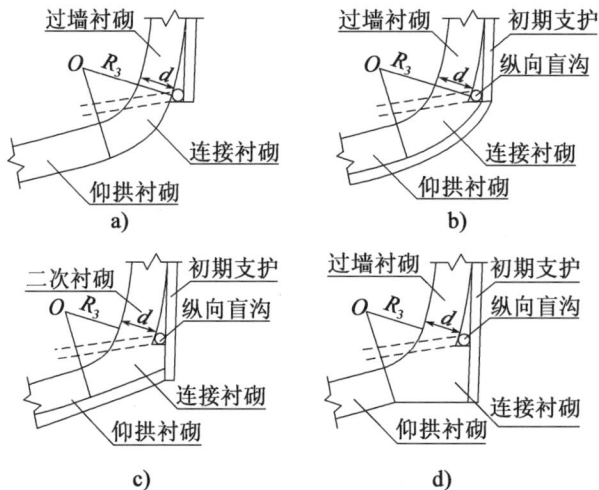

图 8-7 边墙衬砌与仰拱应连接

d-边墙厚度

2 隧道内车行横通道、通风道等与主洞连接处形成交叉洞室，交叉范围扩大到拱部，由于暴露空间大，结构受力复杂，为保证结构强度、防止开裂，交叉口衬砌段宜采用钢筋混凝土结构。

3 Ⅴ级围岩地段，围岩自稳能力较差，在隧道施工过程中由于喷锚初期支护刚度相对较小，需要二次衬砌尽快发挥支护作用；另一方面，喷锚初期支护在长期围岩压力作用下可能会丧失部分承载力，二次衬砌需承受较大的围岩压力，根据国内隧道实测资料显示，Ⅴ级围岩地段衬砌承受较大荷载，宜采用钢筋混凝土结构。

4 单洞四车道隧道，断面大，洞室跨中弯矩大，为减少结构自重，结构厚度不宜过大，采用钢筋混凝土结构更合理。

5 根据一些已发生地震地区的调查资料看，地下结构具有很好的抗震能力。在地震动峰值加速度系数小于 0.20g 的地区，一般地震对地下结构影响不大。在地震动峰值加速度系数大于 0.20g 的高烈度地震区资料不多，不能保证地震发生时隧道衬砌不开裂、破坏；而且，大量震害调查表明：钢筋混凝土衬砌在地震中不易出现坍塌、掉块等危及行车和行人安全的损坏。所以，在地震动峰值加速度系数大于 0.20g 的地区，隧道洞口段衬砌宜采用钢筋混凝土结构。

8.3.3 整体式衬砌采用钢筋混凝土结构，需满足衬砌结构的基本要求。

1 C30 以上的混凝土具有较好的抗渗透能力及气密性，可有效保护混凝土内的钢筋以及降低表层混凝土的碳化速度。

2 结构厚度太薄，将不能充分发挥钢筋的作用，因此要求衬砌厚度不宜小于 300mm。

3 钢筋混凝土结构受力主筋太密，将会影响衬砌混凝土的灌注质量，降低混凝土与钢筋之间的黏结力。

8.3.4 沉降缝与伸缩缝统称为变形缝。

1 在隧道洞口，衬砌受力和地基承载力差异较大，加上洞口段各种影响因素较多，衬砌大多出现明显的横向变形错位，所以应设沉降缝。

2 不同围岩级别采用不同衬砌类型、衬砌厚度不同，不同衬砌类型所受的围岩压力不同，地基承载能力也不相同，设沉降缝是为了防止不均匀沉降或变形不一致产生的剪切破坏。在塌方地段这种差异较为明显，宜设沉降缝。

3 在连续软弱围岩中，由于地基承载能力弱，长期荷载作用，可能产生一定沉降变形，设沉降缝，是为适应这些变形。

4 衬砌结构由于冷缩影响，往往引起衬砌开裂，为了适应温度变化，在气候温度变化影响较大的范围内，衬砌设伸缩缝是为了防止衬砌由于温度应力引起的开裂。

5 设置沉降缝、伸缩缝的目的是为了把不同承载能力结构、承受不同围岩压力的结构完全断开，产生的沉降变形和受力变形各自独立。变形缝缝内设置一定厚度的隔离层，采用沥青木板或沥青麻丝，是多年的做法，也可采用具有一定耐久性、一定防水能力的柔性材料。结构的荷载作用方向是按垂直于隧道轴线竖向考虑。沉降缝宜垂直于隧道轴线竖向设置。"垂直于隧道轴线"指的是平面上垂直于隧道轴线。

6 沉降缝、伸缩缝本身可作施工缝，当不在同一位置时，沉降缝、伸缩缝调整到施工缝位置，可减少一道专门的工序。

8.3.5 不设仰拱地段，地基承载能力较强，但不要因为电缆沟和边沟开挖破坏地基的整体性，导致边墙脚空虚，影响地基承载能力。路侧边沟一般距边墙基础有一定距离，边沟底较电缆沟底深，边沟开挖边界距边墙基础的距离大于 500mm 是为了保证一定的护基宽度。端墙式洞门的洞门墙基础深度较大，洞门墙基坑开挖可能对隧道衬砌边墙基底造成损伤，要求衬砌边墙基础加深到洞门墙基底深度。

8.4 复合式衬砌

8.4.1 复合式衬砌是由初期支护和二次衬砌及中间夹防水层组合而成的衬砌形式。我国高速公路、一级公路、二级公路已全部采用复合式衬砌，三级公路隧道也大量采用，其结构稳定、防水和衬砌外观均能满足公路隧道使用的基本要求，适合多种地质条件，技术较为成熟。复合式衬砌已成为公路隧道衬砌的标准结构形式。

1 初期支护是复合式衬砌结构一部分，喷射混凝土、锚杆、钢筋网、钢架等支护的设计，根据工程地质、水文地质、隧道断面尺寸、覆盖层厚度等条件确定参数。

2 二次衬砌采用刚度较大、整体性好、外观平顺的整体模筑混凝土衬砌，符合公路隧道对外观的基本要求。

3 围岩开挖暴露后会产生一定的变形。为了减小衬砌所承受的变形压力，允许围岩产生一定的变形，释放一定的能量，故在确定开挖尺寸时需预留一定的变形量。预留变形量可采用计算分析或工程类比法确定。表 8.4.1 是根据近几年来国内采用的情况和现场量测数据分析提出来的。Ⅰ~Ⅱ级围岩变形量小，并且多有超挖，所以不考虑预留变形量；Ⅲ~Ⅳ级围岩则有不同程度的变形，特别是软弱围岩（含浅埋隧道）的情况比较复杂，围岩变形与围岩条件、开挖方法、支护方式、支护时间有直接关系，确定统一预留变形量是不合适的，在施工期间需根据现场量测结果修正。

预留变形量是围岩在支护控制的条件下设计所允许的变形量。

8.4.2 由于岩土工程的特点，隧道围岩对支护结构的压力是不确定的，它与岩体本身性质、结构刚度和支护时间有关，隧道开挖方法、支护时间、支护刚度对结构受力影响较大。在实际应用中很难准确把握。因此，现今大多数隧道支护参数的拟定是以工程类比为主、计算为辅，实行动态设计。对四车道大断面隧道或处于软弱围岩地段的初期支护和二次衬砌需辅以必要的强度验算。本规范附录 P 表 P.0.1、表 P.0.2 是在原规范基础上，根据近几年来我国两车道、三车道公路隧道采用的设计支护参数统计和实际应用情况提出的。

8.4.3 对地质条件较差或跨度较大的隧道，不仅仅是一个结构强度设计的问题，还存在如何实施的问题。与跨度较小的隧道相比较，大跨度隧道不仅荷载比较大，增加速率较快，而且开挖以及完成各部分结构的时间较长，施工过程中还需采取必要的临时支护措施或辅助措施。因此在衬砌结构设计的同时，还需进行施工开挖方法设计，各部开挖顺序、临时支护设计。

8.4.4 软弱流变围岩、膨胀性围岩、高地应力围岩，在隧道施工完成多年后围岩还在继续变形，故应考虑衬砌建成后继续增长的围岩变形压力的作用。

8.5 明洞衬砌

8.5.1 以明挖法修建的隧道称为明洞。明洞拱背通常有回填土石覆盖，也可裸露或部分裸露。修建明洞主要基于以下原因：

1 洞顶覆盖薄，围岩成洞条件差，难以用暗挖法修建隧道，明挖修建隧道在技术经济上比暗挖修建隧道更合理，施工技术条件、施工工期和施工安全更容易得到保证，有利环境保护。

2 路基或隧道口受不良地质危害、难以整治的地段；受路线线形控制无法避开，清理会造成更大病害的地段。

3 道路两侧有受影响的重要建（构）筑物，路堑开挖会危及建（构）筑物安全，或将来交通运营噪声和烟尘对建（构）筑物使用者造成严重影响的地段。

4 当公路、铁路、沟渠和其他人工构造物等跨越道路时，由于地形、地质以及线路条件的限制，无法避开的地段，可以用明洞结构代替道路上方跨线桥、过水渡槽等。

5 为了保持洞口的自然环境，减少洞口开挖或防止洞口边仰坡对隧道洞口造成的危害，通常将隧道延长，以明洞方式接长隧道。

8.5.2 明洞结构类型分为拱形明洞和矩形明洞。

1 从结构特点来说，现浇拱形明洞结构整体性较好，承载力较大，能承受较大的垂直压力。在一般情况下，宜采用拱形明洞。

2 封闭的拱形结构纵向刚度很大，具有很好的抗滑能力。

8.5.3

2 半路堑拱形明洞由于衬砌靠山侧需用土石回填，所受荷载明显不对称，外侧边墙及拱圈加厚可提高结构抗偏压能力。当地形条件允许时，采用反压回填或设反压墙，可起到平衡偏压荷载的作用，以减小或消除偏压对结构的不利影响。

3 在土层、堆积层、回填土、黄土等地层松软或侧压力较大的地段修建明洞，需设仰拱。

4 明洞结构具有一定的抗滑能力，结合其他措施（如衬砌加厚、地表排水、减载、反压、支撑墙、抗滑桩、地下排水盲沟等），是克服滑坡的一种有效方法。

5 设沉降缝，是为减少不均匀受力或不均匀变形对结构的破坏。在气温变化较大的地区，设伸缩缝，是为了减少衬砌收缩变形开裂。沉降缝、伸缩缝的间距，是根据明洞长度、覆盖层厚度、温差大小及地质情况确定。

8.5.4

3 位于斜坡地段的明洞基础，为确保基底稳定，基础需嵌入稳固的地层中，并与外侧稳固地层边缘保持适当水平距离。明洞墙基嵌入基岩最小深度和护基最小宽度见表 8-1。在寒冷地区，明洞基础埋深在冻结深度以下至少 250mm。

表 8-1 明洞墙基嵌入基岩最小深度和护基最小宽度

岩 层 种 类	埋深 h（m）	护基宽 L（m）	说 明
较完整的坚硬岩层	0.25	0.3	
一般岩层（如砂页岩互层）	0.60	1.0	
松软岩石（如千枚岩等）	1.00	1.5	
砂夹砾石	1.50	2.5	

4 在傍山沿河公路设置明洞时，要考虑河岸冲刷可能影响基础稳定，根据地形、地质、流速等情况，设置河岸防护。

5 明洞基础埋置深度在路面 3.0m 以下时，设置钢筋混凝土横向水平拉杆，是为了减小基础长细比，以确保整个结构的整体性和稳定性。

8.5.5 明洞有防御落石、坍塌的作用，也有因公路、铁路、沟渠在其上方通过而修建的明洞，有受泥石流等危害而修建的明洞，也有因保护洞口自然景观或造型设计需要而修建的明洞。由于明洞的用途不同，洞顶回填土的厚度和坡度也不一样。因此，在确定明洞回填土的厚度和坡度时，需根据明洞的用途和要求来确定。

1 为防御落石、崩坍需要而设的明洞，要保证明洞拱背有一定的填土厚度，是为了不使落石、崩坍物直接作用在拱圈上。根据几十年公路、铁路隧道建设经验，填土的厚度不小于 1.2m ［图 8-8a)］，洞顶回填表面坡度，以能顺畅排泄坡面水为原则。

2 明洞拱背部分裸露、近几年来在公路隧道应用较多，对保护洞口自然景观、美化环境起到了很好的效果 ［图 8-8b)］。拱背裸露部分设不下于 20mm 的砂浆层或装饰层，起到拱背防水和美观作用。

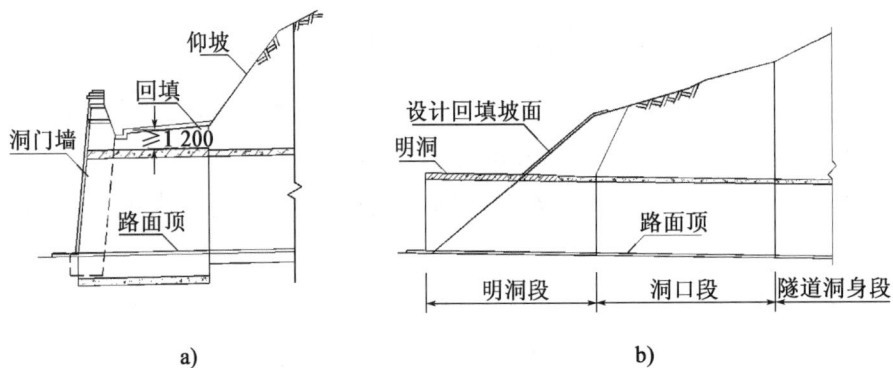

图 8-8 明洞回填 (尺寸单位：mm)

3 该条是属于立交明洞设计的特殊情况。如何填土，是否要填土，由设计人员根据使用要求，结合构造物和环境具体情况灵活掌握。拱背护拱可提高拱形明洞的承载力和拱背自身防护能力。护拱一般采用浆砌片石或混凝土，厚度 0.8～1.2m。

4 明洞顶上的排水沟、为农田灌溉输水的过水水渠等，沟底距洞顶外缘要求小于 1.0m 的厚度，是为了保证过隧道顶的排水对隧道不产生影响。如排水为山洪或夹杂泥石流时，还要考虑泥石流淤积引起的漫溢和大漂砾通过对沟底、沟身撞击磨损等损害。

8.5.6 明洞边墙背开挖，因围岩不同而有两种情况，一种是边墙部位垂直开挖，另一种是自墙底放坡开挖。边墙与边坡间的回填，根据这两种情况进行设计，视明洞类型、围岩级别和施工方法而定。

1 各种类型明洞在 Ⅱ、Ⅲ、Ⅳ 级围岩地段，一般边墙部位垂直开挖，墙顶起坡放坡，边墙部位要求与围岩密贴，设计时考虑围岩弹性抗力作用，此时墙背如有超挖，应视超挖大小，用混凝土或浆砌片石回填密实，以适应边墙受力条件。

2 Ⅳ、Ⅴ 级围岩明洞墙背一般是放坡开挖；一般情况下，边墙背回填料的摩擦角不低于地层的计算摩擦角，以防出现侧压力系数超出计算值的情况。如明洞墙背主动土压力是按地层计算摩擦角计算的，则边墙背回填料的摩擦角不应低于地层的计算摩擦角；但如设计时按回填料的计算摩擦角计算，则回填料的内摩擦角不应低于该计算用的摩擦角。

8.6 构造要求

8.6.1 表 8.6.1 规定的截面最小厚度，主要考虑因素是各种材料的施工要求，以便施工质量得到保证，包括平行通道、横通道、辅助通道、辅助洞室衬砌圬工结构，不含喷锚支护。衬砌材料为钢筋混凝土时，截面最小厚度与混凝土相同。

8.6.2 扩大基础台阶的坡线和竖直线之间的夹角 α 的容许最大值随基础材料种类而异。根据国外的试验资料及国内挡土墙设计使用的经验，本条采用的刚性角，混凝土为 45°，砌体为 35°。

8.6.3 隧道衬砌结构多与围岩（或土壤）直接接触，其所处的环境不同于一般地面结构，加之施工条件差，如混凝土保护层薄，由于绑扎钢筋的误差，将不能起到保护钢筋免遭锈蚀的作用，故混凝土保护层厚度较地面钢筋混凝土结构规定略大。对于不与围岩直接接触的钢筋混凝土构件，其保护层厚度按《混凝土结构设计规范》（GB 50010—2010）执行。

8.6.4 规定受压构件最小配筋率的目的是改善其脆性特征，避免混凝土突然压溃，并使受压构件具有必要的刚度和抗偶然偏心作用的能力。当受力主筋使用 HRB400 级钢筋时，最小配筋率下调 0.1% 。需要注意的是，这种调整只针对截面全部受力主钢筋，受压构件一侧受力主钢筋的最小配筋率仍保持不小于 0.2% 的要求。

8.6.7

1 由于钢筋通过连接接头传力的性能总不如整根钢筋，故设置钢筋连接的原则为接头应设置在受力较小处。

2 增加了机械连接接头方式，钢筋采用机械连接后，还需要保证其与未连接前具有相同的强度。当直径大于 25mm 时，用搭接等办法已不能保证接头处与未接头处具有相同的强度，所以，要求采用焊接或机械连接。至于直径较小的光面钢筋搭接长度的规定，一般按等强度的要求由试验求得。

8.6.8 配有受力主钢筋及一般箍筋轴心受压钢筋混凝土构件是由钢筋和混凝土两部分共同承受荷载的。规定最小配筋率的目的主要是使构件能承受一部分弯矩和减少混凝土收缩徐变的影响。在一般工程实践中，轴心受压构件均有弯矩存在，配置规定数量的钢筋即可承受这一部分弯矩，从而推迟构件的破坏。各国的规定不一，其范围为0.4% ~ 1.0%，本规范取 0.6%，与《混凝土结构设计规范》（GB 50010—2010）取值一致。规定最大配筋率主要避免钢筋过密使混凝土不易灌筑和捣实。规定纵筋、箍筋最小直径和箍筋最大间距是为了保证受压钢筋有足够的刚度，使钢筋承受压力时，距离纵向弯曲破坏还有一定的安全储备。同时箍筋能给混凝土以侧向约束作用，提高其极限承载能力，使构件不致发生突然破坏。

8.6.9 根据隧道衬砌结构的特点，结合《混凝土结构设计规范》（GB 50010—2010）的要求，针对隧道钢筋混凝土衬砌，增加了相关规定。

1 隧道衬砌受力钢筋指隧道环向钢筋。

3 隧道衬砌分布钢筋是在衬砌截面内外两侧沿隧道纵向布置的钢筋，也称纵向钢筋。

4 衬砌箍筋一般是两头带弯钩的单筋，见图8-9a）。

5 考虑到隧道衬砌结构的约束条件、结构受力特点、箍筋形式以及箍筋作用，要求箍筋在受力主筋和分布筋的交点位置，形成对受主筋和分布筋的制约，箍筋梅花形间隔设置见图8-9b）。

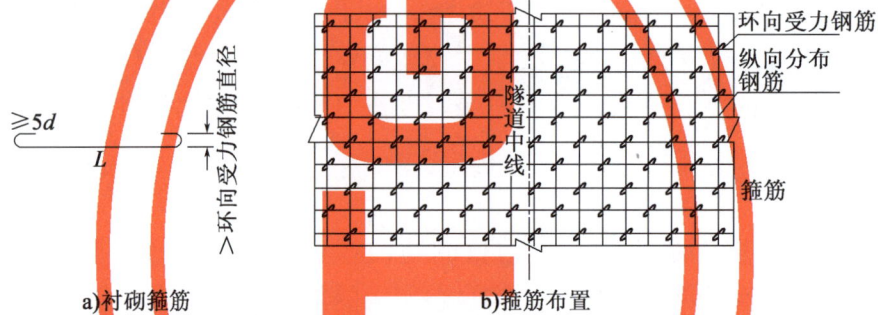

图8-9 箍筋示意图

6 箍筋能限制内外两层环向受力钢筋和分布钢筋间距"向外扩大"，但不能限制内外两层钢筋间距缩小。在实际工程中内外两层钢筋间距缩小甚至并在一起的现象比较普遍，大大降低了钢筋的作用。所以本次修订增加了设限位筋的规定，以保证内外层钢筋的间隔距离。限位钢筋主要起"撑"的作用，采用矩形布置形式，保证"撑"得直、不歪斜。图8-10为限位筋的一种形式。

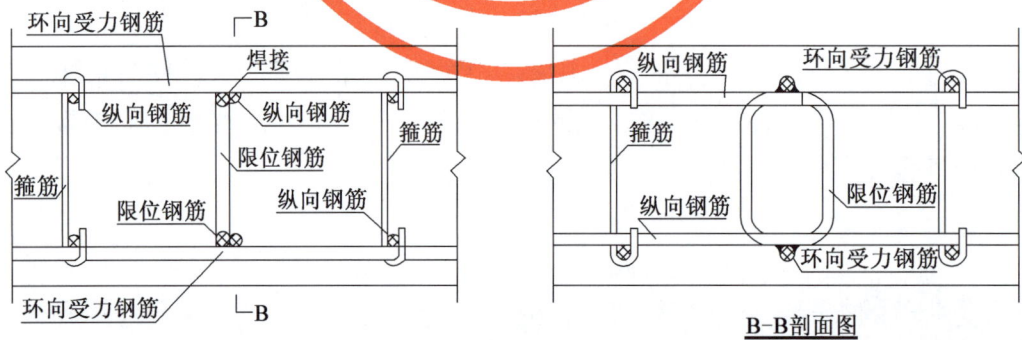

图8-10 限位筋示意图

8.6.10 本条所指的裂缝为围岩压力、水土压力、结构自重等外荷载造成的结构受力裂缝，不包括收缩、徐变和温度等作用引起的裂缝。

9　结构计算

9.1　一般规定

9.1.1　在结构设计领域，目前多数工程结构已采用概率极限状态设计法，以可靠指标度量结构构件的可靠度，并采用以分项系数表达的计算式进行设计。由于公路隧道围岩压力的不确定性，样本及专题研究成果积累都还尚少，隧道结构仍按破损阶段法验算构件截面的强度。对隧道衬砌限制裂缝开展宽度等将是使其延长使用寿命的基本条件，因而对隧道结构设计提出同时按承载能力和限制裂缝开展宽度进行计算的规定。对混凝土构件，必要时配筋量按限制裂缝开展宽度进行计算。

9.1.2　山岭隧道抗震设计结构地震响应计算一般采用静力法，也属于本章适用范围。

9.2　衬砌计算

9.2.1　复合式衬砌中的整体式衬砌（二次衬砌）理论上应按地层结构法计算，由于以往有对其采用荷载结构法计算的经验，因而本条提出也可采用荷载结构法计算。

9.2.2　模型试验及理论分析表明，隧道衬砌承载后的变形受到围岩的约束，从而改善了衬砌的工作状态，提高了衬砌的承载能力，采用荷载结构模型设计时，需考虑围岩对衬砌变形的约束作用。围岩与衬砌切向的摩擦力对衬砌内力的影响，视为衬砌结构的安全储备。

9.2.3　在设仰拱衬砌的地段，仰拱先于边墙和拱圈施作，应考虑仰拱对隧道衬砌结构内力的影响，仰拱按弹性地基上的曲梁计算。

9.2.4　表9.2.4-1和表9.2.4-2所列安全系数是以我国41条已建及新建的近400座铁路隧道的调查及实践经验为基础提出的，且通过过去的工程实践验证结构是安全的。因此，可以认为在结构计算理论和材料指标没有较大变动的情况下，这些安全系数值是合适的。根据地下建筑的特点（如衬砌施工条件差、质量不易保证、荷载变异大、结构计算简图与实际受力状态有出入等），结构强度安全系数的取值应较地面结构略有提高，以保证隧道建筑物在正常设计施工条件下具有必要的安全储备。

验算施工阶段强度时，因隧道衬砌结构处于施工阶段的时间比使用阶段短得多，围岩压力等荷载一般不会立即达到使用阶段的最大值，且在验算施工阶段强度的计算假定中，受力较好的空间结构常被简化为内力较大的平面结构，一些对衬砌受力有利的因素，如施工缝的黏结强度、围岩的弹性抗力及衬砌与围岩的摩擦力作用、黏结作用等常忽略或取很小的数值，故本规范规定对施工阶段安全系数可按使用阶段的值乘以折减系数 0.9 后采用。

9.2.5 岩土体介质的性质具有明显的不确定特征，工程类比是工程常用的设计方法，由于初期支护与围岩紧密接触的特点，所以，初期支护主要按工程类比法设计。

对于两车道、三车道隧道，经验表明Ⅰ～Ⅲ级围岩具有较强的自支承能力，对其施作薄层喷射混凝土和少量锚杆后即可保持稳定，不必计算；Ⅳ、Ⅴ级围岩则在根据经验选定支护参数后仍需进行验算。对于四车道隧道，Ⅲ～Ⅴ级围岩在根据经验选定支护参数后仍需进行验算。

初期支护验算采用连续介质力学的有限元方法，按地层结构法设计模型计算内力和变形，能较好模拟开挖施工步骤的影响。

采用地层结构法计算时，可通过对释放荷载设置释放系数控制初期支护的受力，以使初期支护和二次衬砌能按较为合理的分担比例共同承受释放荷载的作用。二次衬砌的分担比例要保证支护结构的永久安全性，围岩及初期支护的释放荷载分担比例要保证工程施工的安全。对使用阶段具体分担比例可参考表9-1选定。

表9-1 两车道隧道释放荷载分担比例建议值

围 岩 级 别	分 担 比 例	
	围岩 + 初期支护	二次衬砌
Ⅳ	60%～80%	40%～20%
Ⅴ	20%～40%	80%～60%

注：1. 围岩条件较好时，初期支护取大值，二次衬砌取小值；围岩条件较差时，则相反。
 2. 施工阶段二次衬砌未施作，对围岩及初期支护共同承受释放荷载的作用的验算，其分担比例比表中值大，最大可达100%。

9.2.6 在采用地层结构法计算围岩和初期支护稳定性时，为了更加科学合理地判断围岩稳定性，引入隧道强度储备安全系数的概念。在施工期间，主要是由于开挖、施工爆破或水渗入围岩与潮湿空气等原因使围岩强度弱化，最终造成隧道在施工中破坏；在运行期，一般隧道受力变化不大，对深埋隧道即使地面荷载有所变化，它对隧道稳定的影响也不大，一般也是由于水渗入围岩或风化等原因使围岩强度降低而出现病害，因而可以采用强度储备安全系数。对于均质隧道，强度储备安全系数是指隧道破坏部位（破裂面上）的实际岩土强度与破坏时强度的比值。

对于岩土中常用的莫尔-库仑材料，强度折减安全系数 ω 可以定义为：

$$\tau = (c + \sigma\tan\varphi)/\omega = c' + \sigma\tan\varphi' \qquad (9\text{-}1)$$

$$c' = c/\omega \tag{9-2}$$

$$\tan\varphi' = (\tan\varphi)/\omega \tag{9-3}$$

式中: τ——围岩的抗剪强度 (kPa);

c——围岩的黏聚力 (kPa);

σ——剪切滑动面上的法向应力 (kPa);

φ——围岩的内摩擦角 (°);

c'——折减后围岩的黏聚力 (kPa);

φ'——折减后围岩的内摩擦角 (°)。

设计计算中,隧道需要考虑三种安全系数:第一种是初期支护后的围岩安全系数,这个安全系数会直接影响施工安全,如果施作初期支护后围岩安全系数达到 1.30 以上,则表明围岩和初期支护都安全,二次衬砌可作为安全储备;如果安全系数在 1.15~1.30 之间,表明二次衬砌需要承受一定荷载;如果安全系数小于 1.15~1.20,则初期支护支护能力不足,不能满足施工安全,需要加强初期支护,或进行其他辅助措施以满足施工安全要求。第二种是二次衬砌施作后围岩安全系数,此时围岩安全系数会较第一种围岩安全系数有所提高,可保证在 1.3 以上。第三种就是二次衬砌的安全系数,如果二次衬砌只作为安全储备,这时依据经验来确定二次衬砌厚度;如果二次衬砌承受一定荷载,则应对二次衬砌进行力学分析。

9.2.7 复合式衬砌的二次衬砌,对于两车道隧道,用于Ⅰ~Ⅲ级围岩时,由于初期支护作为永久结构可使围岩保持稳定,因而二次衬砌可按构造要求选定厚度,不必进行验算。对于三、四车道等大断面隧道,Ⅲ级围岩条件下初期支护和围岩不能确保稳定,二次衬砌也应承担一定的荷载。二次衬砌应按承载结构进行力学分析,计算原理和方法与同类围岩中的初期支护相同。由于已有采用荷载结构法计算的经验,也可采用荷载结构法计算。

9.2.8 由于地层岩性的力学性能具有明显的随机性特征,工程设计中按地质资料选用或按规范查取参数值仍与工程实际有差异,因而本规范规定在隧道开挖后,应根据施工现场的实际地质情况和监控量测结果对其作修正。

9.2.9 原规范将隧道初期支护变形通过允许洞周相对收敛值来限制。由于洞周允许相对收敛值不易确定,对于二、三、四车道隧道的取值不尽相同,且和隧道稳定性没有必然联系,本规范中取消了允许洞周相对收敛值的概念。为了保证隧道结构厚度和净空断面尺寸,改用预留变形量来控制隧道初期支护变形大小。

9.2.10 对隧道模注混凝土衬砌和明洞衬砌偏心受压构件偏心距的要求规定为"不宜",其理由是:

（1）当验算衬砌截面强度时，需同时满足安全系数和偏心距的要求。但在一般情况下，安全系数易于满足，偏心距则往往超出限值，这时如拱轴线不能调整，为了满足偏心要求，需加厚衬砌截面，这常常是不合理的，有时也做不到。

（2）隧道衬砌刚度大，且衬砌背后一般均密实回填，约束条件较好，衬砌结构通常不会因偏心大而失去稳定。

（3）已往计算衬砌时，实际算得的偏心距略超出容许偏心距亦未出问题，这主要是衬砌使用阶段与破坏阶段有距离，故在衬砌使用阶段不容许出现裂缝的前提下，对偏心距没有必要限制过严。

对衬砌截面的偏心距作出规定目的是使衬砌结构形式选择合理，以充分发挥混凝土的抗压能力。当偏心距超过一定数值后，衬砌截面由抗拉强度控制，衬砌截面的承载能力将显著降低，故除满足强度要求外，对偏心距也应适当加以控制。

9.2.11 偏心影响系数 α 的意义是混凝土构件偏心受压时的极限承载能力与同强度、同截面尺寸混凝土构件轴心受压时的极限承载能力的比值，用于体现由于偏心受压使构件极限承载能力比轴心受压降低的程度。由于实际情况复杂，影响因素较多，α 与相对偏心距 e_0/h 的关系实际上是一个随机过程，用简化假定和理论计算难以全面概括和反映，较好的办法是通过大量试验找出其统计特征。本规范采用的表9.2.11-2 的数值和 α 的计算公式，是各种强度等级的混凝土、6 种偏心距、300 多根偏压和轴心受压试件的试验结果的统计特征。表9.2.11-1 中所列纵向弯曲系数 φ 值系参照《混凝土结构设计规范》（GB 50010—2010）拟定。

9.2.12 为计算方便，本条对混凝土矩形截面偏心受压构件按本规范给出的混凝土抗压、抗拉极限强度（R_a、R_1）、安全系数及偏心影响系数值，导出抗压强度控制与抗拉强度控制的分界偏心 e_0 取 $0.2h$，此控制分界偏心的意义不是受拉区或受压区先破坏的实际分界偏心，而是判别抗拉或抗压控制的分界偏心。它不是依据试验得到，而是通过计算求得的，它的数值随 $N_压 - e_0/h$ 及 $N_拉 - e_0/h$ 曲线不同而不同，也随拉、压安全系数的比值及 R_a/R_1 不同而变化。在此控制分界偏心处，抗拉和抗压承载力相等；在此分界偏心的两侧分别为抗压控制承载能力或抗拉控制承载能力（图9-1）。

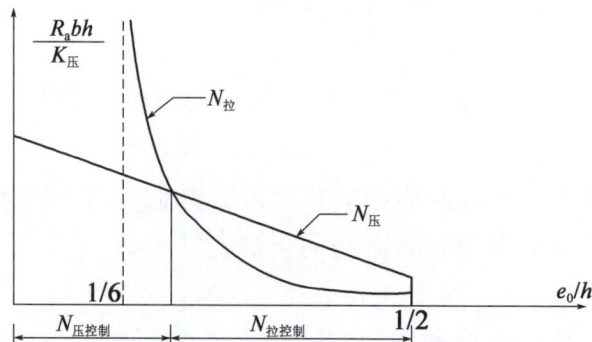

图9-1 抗压、抗拉控制承载能力

图中：$N_拉 = \dfrac{1.75R_1bh}{K_拉\left(\dfrac{be_0}{h}-1\right)}$ （$K_拉 = 3.6$）；$N_压 = \dfrac{R_abh\left(1-1.5\dfrac{L_0}{h}\right)}{K_压}$ （$K_压 = 2.4$）。

当为混凝土矩形截面构件，$e_0 \leqslant 0.20h$ 时，系抗压强度控制承载能力，可不必按本式计算；$e_0 > 0.20h$ 时，系抗拉强度控制承载能力，可不必按式（9.2.11）计算。

9.2.13 混凝土间歇灌筑或边墙用砌体、拱圈用混凝土的拱脚截面，特性与砌体构件截面相似，可按砌体截面考虑，仅需验算其抗压强度。事实上砌体灰缝开裂并不影响结构的使用，如果砌筑质量不好，灰缝处早已存在裂缝，故本规范规定，砌体偏压构件只验算抗压强度，并按（$e_0 \leqslant 0.3h$）控制，使裂缝开展不致过大。

9.2.14 本规范附录 N 中，第 N.0.1 ~ N.0.10 条所列的公式为按破损阶段设计时配筋量的计算公式，第 N.0.11 ~ N.0.12 条为按控制裂缝开展宽度设计时配筋量的计算公式。

9.2.16 这里钢筋混凝土受弯构件的变形主要是指挠度和转角。

9.2.17 隧道施工采用分步开挖方式时，隧道结构处于动态的结构转换过程中，施工过程中的结构形式和建成后的结构有很大区别，受力情况也有很大不同，因此有必要对于施工过程中的结构安全性进行模拟分析。模拟过程中，需考虑施工过程中实际的结构形式及受力条件。

9.2.18 对于边坡可能发生蠕动变形或者滑动的隧道，洞口段需要抵抗边坡的下滑力，需考虑边仰坡与隧道结构的相互影响，这时需对洞口段衬砌采取构造加强的方式满足其强度要求。

9.3 明洞计算

9.3.1 明洞衬砌边墙背超挖部分用混凝土或浆砌片石回填时，考虑弹性抗力作用；用土石回填时，考虑计算土压力的作用。

9.3.2 明洞结构的强度安全系数取与隧道衬砌相同的数值。

9.4 洞门计算

9.4.1 采用端墙式洞门时，作用在洞门上的外力主要是土压力，因此洞门墙可视作挡土墙，计算方法与路基挡土墙相同。根据现行《公路路基设计规范》（JTG D30）中有关挡土墙设计的规定，洞门墙的强度计算需采用分项系数的极限状态设计法，为此一切有关强度计算公式和计算用参数（系数）、符号以及计算单位等均需符合该规范的要求。

表9.4.1所列的洞门墙验算要求与路基挡土墙的验算要求是一致的。验算洞门墙时，一般以压应力及偏心距两个条件控制，但遇高洞门墙（包括洞口路堑高挡土墙）时，为避免拉应力过大，设计时还需适当控制截面拉应力，拉应力控制值可按本规范表5.2.5中的 R_l 值给以适当的安全系数（建议取1.5～2.0）拟定。基底偏心距≤$B/4$ 一般均易满足，并不控制设计。

对于重力式挡土墙稳定性的验算，现实工程中倾覆稳定破坏的可能性大于滑动破坏，说明已往倾覆稳定性安全系数偏低，因而本规范将其由原来的1.5调整为1.6，取值与现行《建筑地基基础设计规范》（GB 50007）一致。

10 防水与排水

10.1 一般规定

10.1.1 "防"：要求隧道衬砌结构、防水层具有防水能力，防止地下水透过防水层、衬砌结构渗入洞内。

"排"：隧道具有畅通的排水设施，将衬砌背后、路面结构层下的渗水、积水排入洞内中心水沟或路侧边沟。排出衬砌背后的积水，能减少或消除衬砌背后的水压力，排得越好，衬砌渗漏水的概率就越小，防水也就更容易；排出路面结构层下的积水，能防止路面冒水、翻浆、结构破坏。

"截"：对可能渗漏到隧道的地表水、溶洞水、采空区积水设置截（排）水沟引排。地表水、采取回填积水坑洼地、封闭地面渗漏点、设置截水沟引排，减少地表水下渗；对溶洞水、采空区积水，采取引流措施。

"堵"：针对隧道围岩裂隙水、断层水、溶洞水等富水地段，采用向围岩体内注浆、设堵水墙等封堵方法，将地下水堵在围岩体内，防止或减少地下水流失。

地表水与地下水经常存在一定联系，因此，隧道防排水设计应对地表水、地下水进行妥善处理，结合隧道衬砌结构设计，采取可靠的防水、排水措施，使洞内外形成一个完整、通畅的防排水系统。

10.1.2~10.1.3 湿渍：结构表面呈现明显色泽变化的潮湿斑，其表面存在肉眼可辨色泽变化、用手触摸无明显浸湿感；其渗水量与蒸发量基本相当。

渗水：水从衬砌混凝土中渗出，在衬砌内表面形成明显的、不流淌的水膜。渗水是隧道衬砌混凝土因不密实或有害裂缝（宽度大于 0.2mm）而发生少量水渗出的表现，由于水量小，在混凝土吸附及表面张力的作用下形成附着于衬砌表面不流淌、不滴落的水膜，其单点出水量约为 $0.05L/d$。

漏水：水从衬砌混凝土中渗出，在衬砌拱部内表面呈现滴水或边墙内表面上出现流淌的水膜。漏水是隧道衬砌混凝土不密实或有害裂缝（宽度大于 0.2mm）而发生较大量水渗出的表现，其表征是在拱部形成滴水，边墙形成淌水；根据观测，当单点滴落速度大于每分钟 300 滴时，目视为连续细流状。

10.1.4 大量排水有可能引起地下水流失，造成当地农田灌溉和生活用水的减少和围岩颗粒流失，形成地下空洞，甚至地表塌陷，降低围岩稳定性，改变该地区的水环境。

对围岩采取堵水措施，是尽可能避免和减少隧道建设对周边水环境的影响，减少地下水流失和发生次生灾害。

10.2　防水

10.2.1　地下水的来源主要是由地表水补给，对地表存在的溪流、沟槽、积水洼地采取疏导、勾补、铺砌和填平；对输水沟渠、水工隧洞等水利设施将沟床铺砌；对易发生积水下渗的废弃的坑穴、钻孔等采取填实封闭等，都是减少地表水下渗的常用手段。

10.2.2　国内有一些隧道使用防水板与无纺布黏合在一起的防水层，试验表明，无纺布与防水板黏合成一体铺设，其滤水和导水性能大大降低。所以无纺布不宜与防水板黏合在一起。

10.2.3　根据近几年的工程实践，隧道模注混凝土衬砌渗漏水的现象仍十分突出，有必要进一步提高混凝土的抗渗能力；另外，由于混凝土施工工艺的改善，混凝土的抗渗性能也随之提高。所以，本次修订改为"混凝土的抗渗等级不宜小于P8"。

10.2.4　模注混凝土衬砌的施工缝、伸缩缝、沉降缝等是防渗漏水的薄弱环节。为此，条文提出"应采取可靠的防水措施"。图10-1是常用的模注混凝土衬砌施工缝、沉降缝的防水构造形式。

图10-1　二次衬砌沉降缝、施工缝的主要构造形式

10.2.5　有侵蚀性地下水时，要针对不同的侵蚀类型采用不同的抗侵蚀混凝土，选用抗侵蚀水泥和抗侵蚀性防排水材料。提高混凝土的密实性（不透水性）是提高混凝土抗侵蚀能力的重要措施。

10.3　排水

10.3.1　隧道建成后，围岩地下水一般情况下是洁净的，而运营过程中的清洗水和消防水是污水，为减少地下水污染，分离排放有利于地下水的利用。对地下水较少的短隧道，不受此限制。

10.3.2

1 路面两侧设边沟，方便引排运营清洗水、消防水和其他废水，防止这些废水沿路面横向漫流。

3 路侧边沟形式有开口式侧沟和盖板式侧沟两种形式。工程实践表明，开口式明沟开口尺寸和过水断面较小，沟深深度较浅，路面垃圾容易掉进边沟、不便清理、易淤积和堵塞，容易被车辆压坏、可维护性差。所以，本次修订，取消了"开口式明沟"的相关条款。矩形盖板式侧沟过水断面较大，排水能力强，路面垃圾不易进入边沟，便于路面清扫和边沟清理。矩形盖板式路侧边沟有活动盖板（明沟）和覆盖式盖板（暗沟）两种（图10-2）。

图10-2 盖板式路侧边沟

5 电缆沟积水将对设备运行产生影响，寒冷地区会结冰，需采取措施防止电缆沟积水。根据多年经验，在电缆沟底部设 $50mm \times 50mm \sim 80mm \times 80mm$ 的纵向凹槽，能将电缆沟积水汇集槽内，在电缆沟与路侧边沟之间沿隧道纵向间隔 $10 \sim 20m$ 距离设排水孔，将电缆沟内的积水引入路侧边沟。

10.3.3 隧道路面结构层以下中心水沟是为了排出衬砌背后积水，同时疏导隧道底部渗水、冒水，也是实现清洁水与污水分离排放的需要。严寒地区，设中心水沟，可以起到防寒保温作用。短隧道视具体情况确定。

1 中心水沟集中引排衬砌背后地下水和隧道底部冒水，这些水一般是洁净水，与路侧边沟分开设置，水路不连通，是避免对洁净水的污染。

2 布置在隧道中央的中心水沟通常是"单沟"，布置在路基两侧的中心水沟是两侧各一个，是"双沟"。对两车道隧道由于仰拱的限制和排水能力的要求，通常是"单沟"。采用单沟时，为避免中心水沟维修养护时同时占用两个车道，采用偏离行车道中线设置。对三车道、四车道大断面隧道，仰拱中央深度较大，中心水沟设在仰拱填充层中央时，施工定位困难，加之横向导水管从边墙接入中心水沟距离较长。因此，对断面较大的三车道、四车道隧道，中心水沟可双侧布置。

3 根据这几年的调查发现，中心水沟断面尺寸偏小，雨季时常出现满流和排水能力不足的情况。所以中心水沟断面尺寸需满足计算最大流量的过水需要。从养护考虑，中心水沟断面尺寸宜大不宜小，断面尺寸较大的中心水沟更便于疏通。中心水沟断面形状有矩形和圆形。矩形沟过水断面较大，施工不易堵塞、便于清理，沟身和盖板可以采用预制，提倡采用矩形断面。

4 中心水沟需要设检查井，检查井一般在路面行车范围，对行车有一定影响，由于中心水沟维护清理频率较低，为减少对行车影响，检查井井盖可被路面面层覆盖。检查井分为覆盖式检查井和外露式检查井。外露式检查井井盖与路面面层平齐，检查、维护方便，但影响行车舒适性；覆盖式检查井是将检查井井盖下沉，井盖被路面面层覆盖。中心水沟局部堵塞需要检查时，可破除井盖上路面面层进行检查。覆盖式检查位置需在隧道边墙上设明显标记。沉沙池和检查间距根据围岩地质条件、地下水特性和养护条件确定。断层裂隙水、地下水清澈时，间距较大；岩溶水、容易结晶的地下水，间距较小。沉沙池和检查通常合并设置。

10.3.4 本条规定的是路面结构底排水。

1 隧道路面垫层（找平层）或仰拱填充层顶面是与路面结构底部的接触面，横向设一定的排水坡度，有利于路面底排水。在设有中心水沟的地段，向中心水沟一侧倾斜，有利于地下水迅速排出。不设中心水沟的隧道，垫层（找平层）或仰拱填充层横向排水坡度与路面一致。

2 横向透水盲管是设在路面结构层底、垫层（找平层）或仰拱填充层顶横向凿槽埋设透水管形成的横向透水排水盲沟，只是在路面范围内埋设，布置在垫层或仰拱填充施工缝位置、隧底冒水位置，有利于排出路面底部渗水。在地下水较丰富地段，横向透水盲管的纵向间距加密。

5 透水盲管是透水性较好的渗水管，需要地下水进入，沿管内通道排入路侧边沟或中心水沟，一般采用弹簧透水管。

10.3.5 隧道衬砌排水系统如图 10-3、图 10-4 所示。

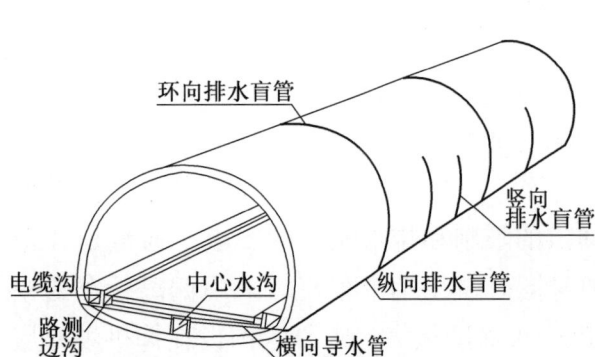

图 10-3 隧道衬砌排水系统示意图

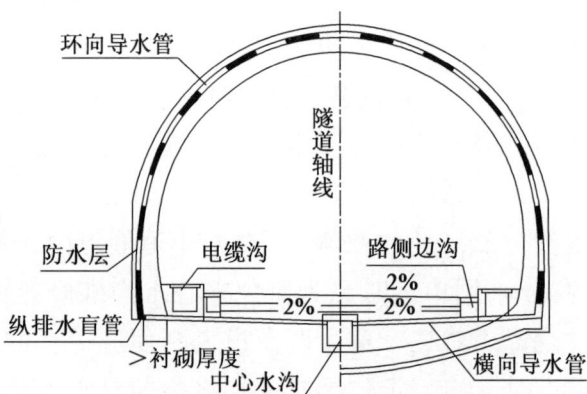

图 10-4 隧道衬砌排水系统横断面图

1 二次衬砌背后的纵向排水盲管目前多采用透水圆管，管径一般为 100 ~ 120mm。也有采用其他断面形式的透水盲管。

2 防水层与初期支护间设环向、竖向排水通道，是为了将衬砌背后地下水迅速引到边墙脚，防止衬砌背后积水。排水通道可以是环向盲管、竖向盲管、排水板、排水型防水板等。当采用环向盲管、竖向盲管时，设置间距根据出水量大小、出水面积确定，一般不大于 10m，直径不小于 50mm。即使施工期间没有地下水也需按每 10m 设一道，这是因为，隧道衬砌施工完成后，衬砌背后地下水可能发生改变。隧道围岩有集中出水处时，直接插管引排。环向盲管、竖向盲管与边墙底部的纵向排水盲管连通，形成通畅的排水系统。

3 横向导水管的作用是将衬砌背后的地下水引出，导入中心水沟或路侧边沟。横向导水管需穿过二次衬砌和电缆沟底部，设有中心水沟的隧道还需埋设在路面结构层以下或埋设在仰拱填充层内。横向导水管与横向透水盲管不同，通常采用封闭的不透水管。

10.3.6 在地下水水量很大时，仅靠盲沟和中心水沟不能排泄丰富的地下水，这时根据实际情况设置或利用辅助通道与泄水洞等作为截、排水设施，消除地下水对隧道衬砌结构危害，降低对隧道行车安全的影响。

13.3.7 预测隧道内涌水量较大时，设计时尽可能加大洞内中心水沟、路侧边沟的排水断面，以保证极端天气带来的瞬时最大流量的排水需要，避免出现路侧边沟和中心水沟不足而要将过水断面扩大的情况发生。

10.4 洞口及明洞防排水

10.4.1 洞口边、仰坡开挖范围以上汇水面积较大或有自然冲沟汇流，并可能对边仰坡形成有害冲刷时，设截水沟是将洞口边、仰坡地表水引至洞口以外。当隧道洞口位置设在山嘴地形、开挖仰坡以上汇水面积不大、不足以对边仰坡形成有害冲刷时，也可不设或分段设置。截水沟可能对边、仰坡景观造成影响，根据地形条件，尽可能隐蔽在草丛或树林中。截水沟采用矩形断面较采用梯形断面开挖范围少，对景观破坏较小。

10.4.3

1 明洞衬砌和洞内衬砌一样，需设防水层，明洞外贴式防水层施工方便，质量容易保证，效果较好。

2 明洞与暗洞连接处往往是渗漏水的薄弱环节，要求明洞防水层与暗洞防水层密封搭接。

3 为了防止地表汇水的渗透，回填土顶面铺设黏土隔水层是为减少雨水下渗。隔水层与边坡的搭接处往往是水流下渗通道，需与边坡连接良好。在黏土隔水层上面加铺

200mm 厚的根植土，是为防止干旱季节黏土干裂，失去隔水作用。有耕植土也便于种草、植树。

4 明洞回填土顶面设排水沟是防止拱背积水的有效措施。对端墙式洞门，明洞回填顶面的排水沟设在端墙背面、回填面与开挖边仰坡的交接位置或其他需要的位置；对明洞式洞门，排水沟可设在仰坡平台位置、回填面与开挖边仰坡的交接位置。排水沟一般采用矩形沟，断面尺寸一般不小于 200mm×200mm。

5 明洞拱背裸露时，在拱背设防水砂浆层或贴瓷砖起防水和保护作用，也是装饰要求。

10.5 寒冷地区隧道防排水

10.5.1 在最冷月平均气温 −10 ~ −15℃、最大冻结深度 1.0 ~ 1.5m 地区，由于路侧边沟埋置深度有限，容易冻结，隧道内需设中心水沟。在最冷月平均气温 −15 ~ −25℃、最大冻结深度 1.5 ~ 2.5m 的地区，中心水沟不能满足排水和防冻要求时，需设置防寒泄水洞。防寒泄水洞在青海高寒地区大坂山隧道、共和至玉树高速公路隧道应用效果较好。

11 特殊形式隧道

11.1 一般规定

11.1.1、11.1.2 相对于普通分离式隧道，平面布置和结构形式的差异，出现了小净距隧道、连拱隧道、分岔隧道、棚洞、交叠隧道、地下立交隧道和螺旋隧道等特殊形式隧道。上述特殊形式隧道的适用条件、结构特点、施工难度、环境影响和工程造价等各不相同，因此应在满足功能需求的前提下，结合地形、地质、经济、环保和养护费用等因素，合理确定隧道形式。鉴于特殊形式隧道的技术已有许多成功的实例，本次修订新增了分岔隧道和棚洞的技术内容，但不包括交叠隧道、地下立交隧道和螺旋隧道。

11.2 小净距隧道

11.2.1 小净距隧道指并行的两隧道间净距较小，两洞结构彼此产生有害影响的隧道。隧道是否按小净距结构设计，需根据具体情况综合分析、判断两洞间是否产生有害影响。这种影响与隧道断面大小、围岩级别、地层岩性、地质构造和施工方法、开挖顺序密切相关。小净距隧道由于造价相对较高、施工工期较长，一般不采用，只是在洞口地形狭窄、受周边建筑物限制或为减少占地的中隧道、短隧道采用。在桥隧相连的长隧道和特长隧道洞口局部地段，也有采用小净距隧道布置形式的实例。

11.2.2

1 采用复合式衬砌结构是小净距隧道结构基本要求，由于小净距隧道可采用的净距范围较大，两洞相互影响和施工难度不同，给出通用的衬砌支护参数是不合适的。应根据围岩级别、净距大小、施工顺序和开挖方法等条件，结合工程类比和计算分析综合确定。根据《京福高速公路福建段小净距隧道设计、施工关键技术》和《双洞小净距隧道设计、施工关键技术》的研究成果，附录 P 中表 P.0.4 给出了小净距隧道支护结构参数，供参照选用。

2 两隧道间的岩体称为中夹岩，保持中夹岩的稳定是隧道稳定的必要条件。小净距隧道设计，需根据地形、岩性、构造和岩层产状，明确施工顺序、临时支护措施等要求。根据多年工程经验，先行洞二次衬砌超前后行洞掌子 2.0 倍洞径以上的距离，两洞相互影响较小，对中夹岩扰动也小。根据中夹岩的稳定性决定是否需要对中夹岩进行加固。中夹岩加固措施包括加长系统锚杆、设对拉锚杆和小导管注浆等。

　　3　两隧道净距在0.8倍毛洞开挖跨度以内的隧道段长度不宜大于1 000m，是出于施工难度、工程造价、工期以及将来养护费用考虑的。

11.3　连拱隧道

11.3.1　并行的两拱形隧道的人工结构连接一起时，称为连拱隧道。根据近几年来连拱隧道的工程实践，连拱隧道还有很多问题没有得到很好解决。造价高、工期长、建成后病害多且不易治理，一般不采用。在一些特殊地段，如地形狭窄、布线困难或隧道进出口受大型构造物、建筑物限制等地段，才考虑采用连拱隧道，是不得已的行为。

11.3.2

　　1　连拱隧道按中墙结构形式的不同，分为整体式中墙和复合式中墙。

　　①整体式中墙结构形式，如图11-1所示。中墙是整体浇注，两侧隧道二次衬砌拱圈支撑在中墙上。

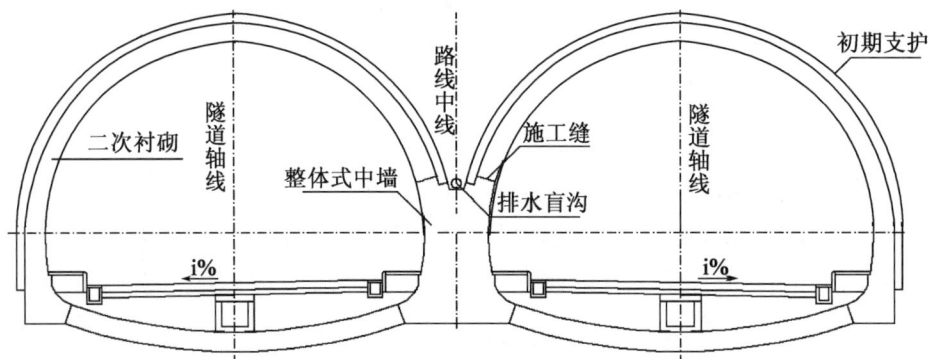

图 11-1　整体式中墙连拱隧道

　　②复合式中墙结构形式，如图11-2所示。中墙实际分为3部分，中间部分为芯墙，对中导洞形成支撑，并作为两侧隧道初期支护的支撑，中墙两侧混凝土与隧道拱墙二次衬砌一起浇筑，与单洞隧道相同。

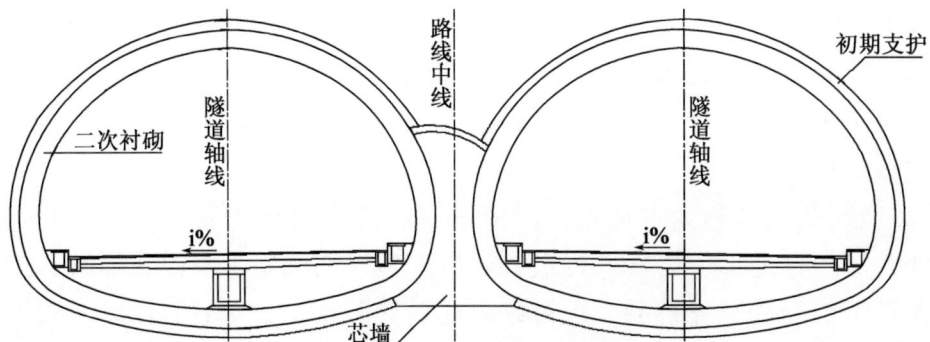

图 11-2　复合式中墙连拱隧道

连拱隧道施工一般需先开挖中导洞。采用整体式中墙时，墙顶与中导洞拱顶通常回填不密实，不能对中导洞拱顶围岩形成有效支撑，主洞开挖时实际开挖跨度比主洞宽，使洞周围岩处于很不利的受力状态；整体式中墙初期支护和二次衬砌拱圈需支撑在中墙顶，防水层需绕过初期支护，防水层不连续，同时在中墙顶二次衬砌存在纵向施工缝，形成防水薄弱环节，造成中墙顶渗漏。而采用复合式中墙时，中墙顶部可以回填密实，与中导洞顶紧密接触，主洞开挖跨度相对减小，有利于围岩的稳定；主洞只是初期支护支撑在中墙顶、二次衬砌和防水层与分离式隧道相同，施工工艺相对较为简单，质量容易控制，防排水系统完整，所以宜采用复合式中墙。

2　连拱隧道支护参数，应根据围岩级别、净距大小、施工顺序和开挖方法等条件，结合工程类比和计算分析综合确定。采用工程类比确定支护参数时，可参照附录P中表P.0.5、表P.0.6选用。

3　根据近几年的调查发现，连拱隧道二次衬砌开裂的现象较普遍，采用钢筋混凝土结构有利于控制裂缝产生。

4　由于连拱隧道结构受力复杂、施工环节多，围岩稳定性和结构受力与施工顺序、开挖方法更为密切，更敏感。因此在设计中应根据地质条件、断面大小，提出明确的施工方法和临时支护措施。根据以往经验和教训，连拱隧道较为合理的施工方法是：中导洞先开挖，浇注中墙，再开挖主洞，左右洞掌子面掘进错开，先行洞二次衬砌超前后行洞掌子2倍洞径以上的距离。对施工中不利状态下的结构受力和围岩稳定性分析是为了掌握和预测围岩受力和变形发展趋势，以便采取相应的应对措施。

5　存在偏压的连拱隧道，参照国内部分连拱公路隧道工程的研究成果和工程实践，遵循"先外后里、先难后易"的原则。先施工偏压外侧的隧道，更有利于施工安全。

6　整体式中墙的连拱隧道，中墙顶防排水是薄弱环节，防水难度大。中墙顶设纵向排水盲管，是为了排出汇积中墙顶的积水。中墙内竖向排水管是为了将中墙顶纵向排水管中的水引入洞内边沟。

7　中导洞轴线位置偏离路线中线设置，中导洞拱顶混凝土容易灌满，如图11-3所示。

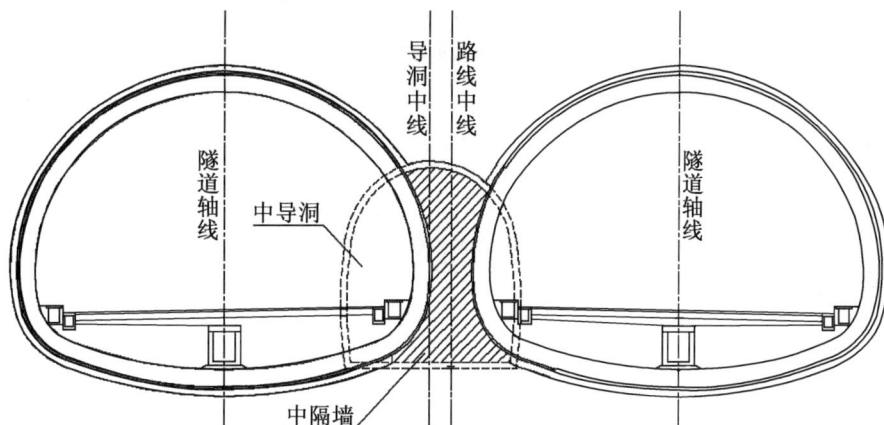

图11-3　中导洞偏移布置

8 连拱隧道由于结构整体相连,左右洞变形缝、中墙变形缝需设置在同一断面位置。

9 由于连拱隧道两侧主洞错开施工,施工中主洞拱圈结构作用于中墙的推力不对称,设计中需采取措施,减小不平衡推力对中墙的危害。

10 从各地连拱隧道建设经验来看,主要用在500m以下的居多。综合考虑各方面因素,提出其主要适宜于短隧道。

11.4 分岔隧道

11.4.1 分岔隧道是目前在更为复杂地形地质条件下修建山区高速公路过程中提出的一种新的隧道建造形式,它由双向行驶的大跨隧道或连拱隧道由小净距隧道逐渐过渡到分离式双洞隧道,它同时具备分离式隧道、小净距隧道、连拱隧道以及大跨隧道等多种结构形式的特点。

分岔隧道根据其分岔段的布置方式可分为两种:①洞口段先为双向行驶的大跨隧道,然后逐渐过渡为整体式中隔墙连拱隧道、复合式中墙连拱隧道、小净距隧道、分离式的双洞隧道(图11-4)。隧道洞口中央分隔带宽度小于1.4m时,洞口段宜设为大跨隧道;洞口中央分隔带宽度在1.4~3.5m时,可将洞口段设为大跨隧道,也可设整体式中墙连拱隧道。②洞口段先为连拱隧道,然后逐渐过渡为小净距隧道、上下行分离的双洞隧道(图11-5)。隧道洞口中央分隔带宽度在2.5m左右时,可考虑这种布置方式。

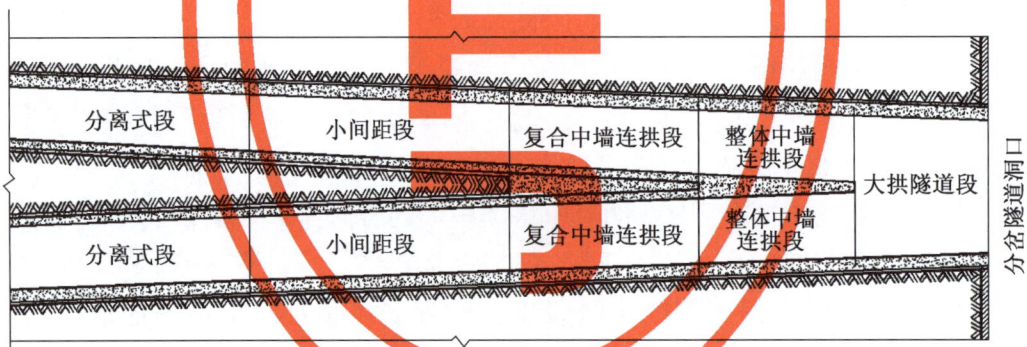

图 11-4 Ⅰ型分岔隧道衬砌平面布置

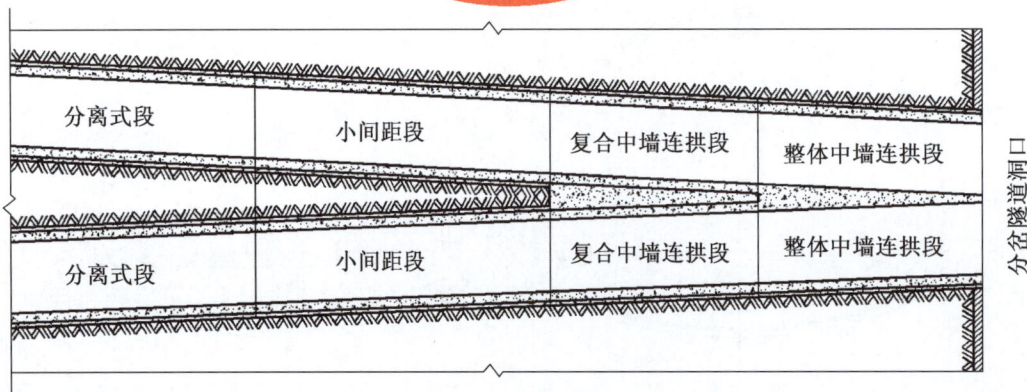

图 11-5 Ⅱ型分岔隧道衬砌平面布置

隧道洞口中央分隔带宽度大于 4.0m，洞口段可采用小净距隧道进洞，然后逐渐过渡为分离时双洞隧道。

洞口较长地段为Ⅴ级围岩，或隧道为双向八车道标准时，采用分岔隧道，施工风险较大，也不经济。

11.4.2

1 分岔隧道平面线形设计应综合考虑洞口地形、地质条件、洞外结构物、路基宽度、左右洞通风相互影响、附近其他建筑物等因素。洞口段路线中线平面线形采用曲线时，左右洞平面线形为同向曲线，便于左右洞逐渐分离、分离距离较短；洞口段路线中线采用直线时，需采用较小偏角"S"形曲线分离，分离距离较长。

2 隧道平面线形一旦确定，分岔段的长度也就基本确定，分岔段内结构分界位置是根据地质条件和拟定的施工方法以及施工经验确定。施工阶段，可根据揭露的围岩条件、施工方法、工期要求和施工单位的技术水平进行适当调整。在相同的地形与地质条件下，双向行车大跨隧道的施工难度和施工安全度、结构受力复杂程度及造价要高于连拱隧道；连拱隧道高于小净距隧道；小净距隧道高于分离式隧道。

3 分岔隧道洞室跨度大、构造复杂，且分岔段位于隧道洞口，一般地质条件差、受地形条件影响大、缺乏设计经验。结构设计需选择最不利断面进行围岩稳定性分析和结构验算。

4 针对每一种支护结构明确其施工开挖方法，需强调左右洞错开开挖。施工中多种不利状态下的结构受力和围岩稳定性分析要求与连拱隧道相同。

5 分岔段内结构分界位置，结构形式突然变化，施工转换工序较多，结构受力复杂，洞室稳定问题也更为突出。因此，要求结构适当加强。

6 洞口浅埋时，双向行车大跨隧道段和部分连拱段采用明洞结构，结构受力明确、施工方便。

7 结构形式变化位置，受力条件不同、变形不一致，需设变形缝。

8 挡头墙需考虑对围岩的支护作用，并结合防水进行构造设计，保证与衬砌结构的有效连接。

11.4.3 分岔隧道两洞口相距较近，采用纵向通风方式时，一个洞口排出的废气可能被另一洞口吸入。为避免这种情况发生，在大跨隧道内和洞口延伸段一定长度的路基分隔带设隔离墙；连拱隧道、小净距隧道将左右洞洞门错开设置；有条件时可另设排风口。

11.5 棚洞

11.5.1 棚洞是修建在公路上的"棚盖"，一侧靠山、一侧临空。靠山一侧是贴壁防护墙、临空一侧为立柱、框架或拱形窗，顶部封闭并回填土石覆盖，形成半掩体结构。

近年来逐步得到应用。棚洞主要有下列作用：

（1）防止靠山一侧经常发生的山坡风化碎落、小量坍塌直接掉落在公路上。如四川摩西棚洞、国道317线大岐棚洞、渝湘高速公路秀山隧道洞口棚洞。

（2）为保护环境、减少边坡开挖范围和开挖高度、减少公路建设对山坡植被的破坏，维护山坡稳定；在棚洞顶面回填耕织土、恢复植被和营造美丽景观。如南京老山棚洞。

（3）为防止雪崩、溜雪和风吹雪堆积路面，防止积雪阻塞公路，保证公路畅通。如新疆天山国道217公路哈希勒根防雪走廊。

11.5.2 棚洞结构形式根据受力特点可分为框架结构、简支结构、整体结构；根据上部主体结构横断面几何形状分为拱形棚洞、半拱形棚洞、框架棚洞。棚洞按几何形状分类的常见形式如图11-6。

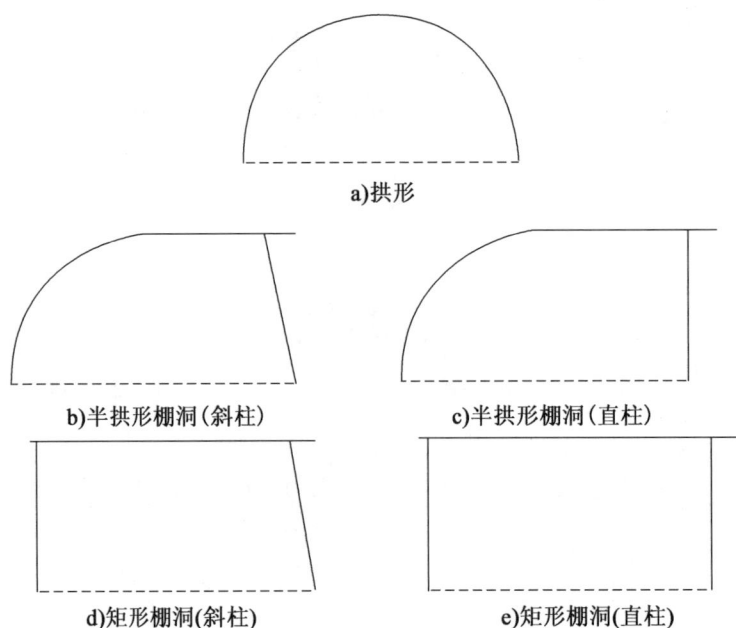

图 11-6 棚洞结构形式示意图

（1）拱形棚洞，靠山侧拱背需要回填密实，对边坡具有一定的支挡作用，临空一侧形成花格透空，一般采用整体式结构。

（2）半拱形棚洞，靠山一侧为拱形，临空一侧为立柱或斜柱，顶部外侧为平顶，拱背需回填密实，对边坡具有一定的支挡作用，一般采用整体式结构，顶部需回填土石或耕织土。

（3）框架棚洞，靠山一侧为紧贴岩壁的挡墙，临空一侧为立柱或斜腿、棚顶可以是简支结构，也可与边墙结构整体连接形成框架结构，上部为平顶或单坡斜顶，顶面需回填土石或耕植土。

11.5.3 在隧道洞口或接近隧道洞口的棚洞，建筑限界与隧道建筑限界相同。棚洞长度一般较短，在高速公路远离隧道的独立棚洞，为保持行车顺畅、利于行车安全，建筑限界宽度可与路基同宽。

11.5.4 棚洞内侧边墙背面回填对边坡起到很好的约束作用，具有抵抗边坡侧向推力的能力。因此，在棚洞高度范围内的边坡防护设计需考虑棚洞结构的支挡作用，同时也要考虑边坡变形对棚洞结构的水平推力。当棚洞为防止碎落时，棚洞顶允许碎落物堆积，回填和堆积荷载按永久荷载考虑。在回填和堆积较厚的棚洞，可不考虑落石冲击的偶然作用。

11.5.5 棚洞主体结构主要承受上部堆积荷载和山体变形侧向荷载，根据工程地质及地形条件、棚洞形式、已有工程经验，在充分分析棚洞受力条件的基础上，对棚洞主体结构稳定和结构强度进行计算。

11.5.7 棚洞基础设计规定与明洞基础设计规定一致，棚洞外侧为立柱时，加设纵梁是为了增加立柱间的联系。

11.5.9 在靠山一侧墙背排水盲沟和在墙脚设泄水孔是为了防止墙背积水。

12 辅助通道

12.1 一般规定

12.1.1 设置辅助通道的目的主要有两个：一是为满足公路隧道运营通风、救援、排水或防冻保温的需要而设的运营辅助通道，包括竖井、斜井、平行导坑、横通道、风道、泄水洞等；二是为增加施工工作面而设的施工辅助通道，包括竖井、斜井、平行导坑、横通道等。各种辅助通道的类型、主要用途及适用条件见表12-1。

表12-1 辅助通道类型、用途及适用条件

辅助通道类型		主 要 用 途	适 用 条 件
竖井		运营通风	特长隧道分段纵向式机械通风
		增加施工开挖面	长隧道、特长隧道，地质条件较好、无设置直通地面的横通道和斜井条件；洞顶局部地段覆盖层较薄
斜井		运营通风	特长隧道分段纵向式机械通风
		增加施工工作面	长隧道、特长隧道，地质条件较好、埋置不深、隧道旁侧有低洼地形、傍山隧道
风道		运营通风	竖井或斜井与隧道通风连接；风机房与隧道的连接
横通道		运营疏散、救援通道（车行横通道、人行横通道）	分离式隧道左右洞之间的连接
		施工联络道，增加施工工作面，便于出渣运输和施工通风	
疏散救援通道		运营疏散、救援通道（车行横通道、人行横通道）	单洞长隧道、特长隧道与疏散救援通道之间的连接；远期规划修建第二线隧道
		施工联络道，增加施工工作面便于出渣运输和施工通风	

辅助通道类型		主 要 用 途	适 用 条 件
疏散救援通道		隧道排水通道	地下水量大，多用于岩溶富水地区
横通道		增加施工开挖面	傍山、沿河、隧道一侧地形低洼地带，隧道横向与地面连接
泄水洞		防冻、保温、排水	高寒地区，地下水特别大的地区

12.1.2 尽量将辅助通道布置在地形、地质条件较好，没有严重不良地质地段。在岩溶发育和地下水丰富地区，可能将岩溶水、裂隙水通过辅助通道引入隧道内，加大排水难度，所以要避免在这些区域设置。

12.1.3 一般情况下，隧道长度是选设辅助通道的基本条件，特长隧道施工，往往工期是主要制约因素，仅以两头开挖面掘进，施工进度不能满足工期要求时，设置辅助通道，可以增加开挖工作面，加快施工进度。对于长隧道、特长隧道，为满足运营通风、疏散救援需要，需设辅助通道。另外，从满足排水需要，可设置不同类型的辅助坑道。如采用泄水洞对岩溶水或暗河水进行引排，在严寒地区采用防寒泄水洞排出衬砌背后积水，达到消除冻害的目的。根据辅助通道发挥的作用，尽可能利用必须设置的营运通风、疏散救援通道兼作施工通道，防止造成工程上的浪费和对山体进一步的扰动。

12.1.4 各类运营辅助通道的净空断面根据通风需求、管路布置、防灾救援及排水等使用功能要求和施工条件确定。

（1）作为运营通风道时，其断面积按公路隧道通风设计有关要求考虑，使断面积满足运营通风风量要求，同时考虑施工开挖、运输、各种管线所需的空间。

（2）作为排水通道时，其断面积应根据地下水量并考虑方便施工。

（3）运营辅助通道兼作施工通风道时，根据施工通风所需的风量核算其净断面积，使风速控制在允许范围以内。计算公式如下：

$$v = Q/F \leqslant v_{允许} \tag{12-1}$$

式中：v——通过坑道风流的速度（m/s）；

Q——所需风量（m³/s）；

F——通道断面净面积（m²）；

$v_{允许}$——坑道允许通过的最高风速，$v_{允许} = 6m/s$。

（4）通过核算辅助通道断面积后，当不能满足通道辅助施工通风要求时，则按施工通风要求确定断面。

（5）服务于主隧道施工的机械设备、通行能力对净空断面有更高要求时，则按主隧道施工需要确定。

12.1.5 运营辅助通道，因需长期服务隧道，建成后不易改建和扩建，因此应按永久性建筑物设计，具有规定的强度、稳定性和耐久性，满足使用功能，一般要求采用复合式衬砌。作为通风道的辅助通道，采用复合式衬砌、表面平整、风阻力小；另外，复合式衬砌的二次衬砌方便通风隔板安装。其他辅助通道在围岩条件较好时，为节约投资，可采用喷锚衬砌。运营辅助通道需要设置防排水系统。

12.1.6 仅为施工通道的断面净空，除需考虑地质条件外，还需考虑辅助通道服务于主隧道施工的长度、投入的机械设备和施工通风、管路布置、排水等要求。

12.1.7 仅用于施工的辅助通道，属于临时工程，对衬砌防水和外观要求不高，可采用喷锚衬砌，但应满足施工期间围岩稳定和衬砌结构安全的要求。隧道主体工程竣工后施工辅助通道需采取措施，保证对主洞和周边居民不产生影响。

1 在整个工程施工完成以后，施工辅助通道一般要求回填，恢复原有状态。由于施工辅助通道的开挖，使地下形成空洞，应力状态发生变化，一旦出现塌方，也可能造成地表塌陷，特别是在有居民居住的地区，可能危及当地居民生命财产安全；同时，可能影响到正洞安全。所以，对可能出现坍塌的地段，需进行加固或回填处理；对没有回填的辅助通道要保证通道的长期稳定、不出现塌方，长期不用，但不能长期不管，养护人员需要定期检查，所以要留有养护维修人员能够到达的条件。

12.1.8 连接洞外辅助通道施工中的弃渣、废水、废气、噪声都会给环境造成不良影响，因此辅助通道的洞（井）口选择、施工场地布置及弃渣处理等与环境保护、道路交通等总体布置相协调。洞口位于山沟低洼处时需设置防洪与安全防护措施。

12.1.9 斜（竖）井由于结构布置的特殊性，在竖向穿过多层地层，地下水向下排泄，使地下水集中于井底，影响结构安全和井底机房设备的正常使用、增加主洞排水压力。因此，斜（竖）井防排水宜遵循"堵排结合"的设计原则。堵水可采用径向注浆的方式尽可能将地下水"堵"在围岩体内，减少地下流入主洞。

12.2 竖井

12.2.1 竖井如设在隧道中线上，对主洞施工有干扰，不安全，而且竖井与隧道接头处拱顶衬砌结构处理较复杂，竖井漏水将可能直接滴在主洞行车道上，威胁行车安全。设在隧道中线一侧，则可避免上述缺陷。竖井平面位置与隧道的间距是根据井口地形和井底连接洞室布置，以及竖井施工对隧道的影响程度确定。竖井平面位置与隧道开挖边界水平距离要结合风机房及其他洞室的布置及施工影响等综合考虑。

12.2.2 竖井施工需要一套专门的设施，如吊盘、抓岩机、吊桶、提升架等，在选设井口位置时，井口地形要有布置提升设备以及卸料和出渣所需的场地。当竖井作为运营风道且采用地面风机房时，井口场地还需结合风机房以及风塔设置，统筹规划，既要方便管理，又要有利于空气排放，降低对周围环境的影响。

12.2.3 竖井采用圆形断面有利于发挥围岩的自承能力，衬砌结构受力较好。功能上有特殊要求时，也可采用矩形或正方形断面。断面尺寸除满足使用功能要求外，还需考虑施工期间对断面净空的需求。施工期间，竖井断面内提升容器之间以及提升容器最突出部分和井壁、灌道、井梁之间的最小间隙见表 12-2。

表 12-2 竖井内设备间距表（cm）

间隙类别罐道和井梁布置		容器和井壁之间	容器和容器之间	容器和罐道之间	容器和井梁之间	备　　注
罐道布置在容器一侧		15	20	4	15	罐耳和罐道卡子之间为 2
罐道布置在容器两侧	大罐道	39	—	5	20	有卸载滑轮的容积，滑轮和罐道间隙增加 2.5
	钢罐道	15	—	4	15	
罐道布置在容器正面	木罐道	20	20	5	20	—
	钢罐道	15	20	4	15	
钢丝绳罐道		35	45	—	35	设防撞绳时，容器之间的最小间隙为 20

12.2.4 采用复合式衬砌结构能保证长期稳定，满足竖井壁面平整要求，竖井衬砌不设防水层，基于以下几方面考虑：①竖井对防水要求不高；②防水施作困难，一旦渗水，引排困难；③初期支护与模筑混凝土之间被防水板隔离，不利于依靠围岩支托衬砌自重。

12.2.5 井口锁口圈类似隧道洞门，是防止井口坍塌、落石，保证施工安全的重要结构。由于井口多处在松软的表土层或风化破碎的岩层内，故条文规定："竖井井口应设混凝土或钢筋混凝土锁口圈"。其锁口圈的形式、尺寸和材料根据井口地质条件、井架和井口建筑物传给锁口圈的荷载及施工方法等因素确定。

12.2.6 井底与联络道连接（马头门）处，是水平结构和竖向结构的交叉点，结构特殊，受力复杂，要承受井身洞壁传来的力，故"应采用复合式衬砌或整体式衬砌"。

12.2.7 在竖井支护中，一般地质条件下可采用无壁座支护；当地质条件差，采用整体式模注混凝土衬砌和复合式衬砌时，模注混凝土衬砌与地层间黏结力弱，井壁摩擦力低，设置壁座可增强井壁与围岩间的相互作用，使井壁自重荷载和通过井壁传递的荷载传给围岩。

12.2.8 设置安全梯，在运营期间利用安全梯来检查检修井筒结构、井内设备；施工期间发生突发事故和停电时可作为逃生、处理卡罐等事故的主要设施。

12.3 斜井

12.3.1 斜井是隧道工程最常用的辅助通道形式，可分为有轨运输斜井和无轨运输斜井。根据地形、地质条件和使用功能、运输方式确定斜井设置和长度。隧道沿河傍山、侧面覆盖较薄或地表有可利用的冲沟和低洼地形时，是设置斜井的有利条件。对于越岭长隧道、特长隧道，当工期或防灾救援、运营通风难以满足要求时，甚至要根据较好的斜井位置来确定越岭隧道位置。

在同等埋深条件下，有轨运输斜井长度仅为无轨运输斜井长度的 1/3 左右，其优点是建井速度快、出渣能力强、隧道内施工环境好，但其施工组织较为复杂，对系统的可靠度要求高。无轨运输斜井运输、进料能力强大，但施工环境较差，需加强通风。

12.3.2 斜井断面形状与水平布置的横通道一样，采用马蹄形断面，围岩自稳性好可采用直墙拱形断面，围岩特别差、地下水丰富的地段可采用曲墙拱形断面。断面尺寸除满足使用功能要求外，还需考虑施工期间对断面净空的需求。

12.3.3 根据调查，斜井倾角大多在 25°（46.6%）以下，斜井倾角小，斜井本身的修建速度快，工作人员上下较方便、安全性好，运输效率高。采用有轨箕斗提升时，斜井采用的倾角较大可达 35°（70%），长度较较短；采用矿车提升时，倾角超过 25°（46.6%），容易出现运输掉渣，也容易造成脱轨；胶带运输机在公路隧道中很少使用，缺乏经验，考虑到隧道弃渣与冶金部门提升的矿石、矸石的情况相接近，参照国内外有关资料，规定胶带输送机提升时，不大于 15°（26.7%）。无轨运输斜井倾斜角度一般不大于 7°（12.3%）。

12.3.4 对于斜井与隧道中线连接处交差角度选择主要是从结构受力及出渣运输功能考虑，连接处交差角度的大小对围岩的稳定影响较大，交角小，对围岩稳定不利，施工较复杂；交角大，对围岩稳定有利，施工简单。

12.3.5 井口和井底变坡点设竖曲线，是为了缓和变坡点坡度的急剧变化，使车辆能够平稳顺利地通过。采用有轨运输时，井身纵断面不宜变坡，如采用凹形曲线，钢丝绳与轨面之间呈现弓弦状，缆绳摆动幅度大甚至撞击顶板，增加钢丝绳的磨损，也容易造成车辆脱轨；如采用凸形曲线，通视条件不好，增加联络难度，不安全。

12.3.6 有轨提升的斜井设避车洞是在运输过程中为上下施工人员提供躲避空间。倾角大于15°时应根据斜井长度按一定间距设置休息平台；无轨运输为单车道断面、长度较长时，设错车道是为方便错车。

12.3.7 衬砌结构形式可采用喷锚衬砌、整体式衬砌、复合式衬砌。

12.3.8 与普通隧道一样，斜井井口段和地质较差的地段宜采用整体式衬砌或复合式衬砌。井底与水平横通道的连接段，结构断面变化，可能承受水平力，宜采用整体式衬砌或复合式衬砌。

12.3.9 变形缝设置需符合本规范第8.3.4条规定。

12.3.11 倾角在15°（12.3%）以上的斜井，采用轨道运输的提升过程中曾经发生断绳、脱钩产生溜车（掉罐）或过卷事故、脱轨、翻车等事故。故斜井施工中必须有相应的安全措施。除挡车设备外，还包括：井口设阻车器，车辆上设抓钩，防脱钩的连接插销，防止过卷、过速装置等。挡车设备一般是在井口和井底各设一道，井身则根据斜井长可增设1~2道挡车设备。

12.4 平行通道与横通道

12.4.1 平行通道的设置对解决施工通风、排水、运输和减少施工干扰，以及增加主洞开挖面都能起一定的作用，平行通道超前施工还能起到探明地质的作用；运营期间可作为疏散救援通道、运营通风通道。但平行通道成本较高，确有需要才考虑设置。

12.4.2 单洞隧道平行通道设在地下水补给源一侧可减少地下水对主洞的危害；双洞隧道平行通道可设在两隧道之间，也可设在两侧。

12.4.3 主洞与平行通道的净距与分离式隧道布置一样，按两洞结构彼此不产生有害影响的原则布置。两洞间靠近，更有利于平行通道的利用，减少横通道工程量。

12.4.4 平行通道坑底高程低于隧道地面高程，可使横通道的纵坡向平行通道一侧倾斜，有利于主洞水流向平行通道排出。

12.4.6 沿河、傍山隧道有可利用的地形条件时，为增加施工工作面，方便通风，可设置与洞外直接连接的横通道。横通道纵坡宜采用向横通道外倾斜不小于0.3%的下坡，以利排水；为上坡时，可根据需要设截水和抽、排水措施，包括：洞口截水沟、挡水设施，连接主洞排水系统的管沟、集水坑、抽水设施等。横通道在运营期间可作为横向疏散救援通道。

12.5 风道及地下机房

12.5.1 风道内壁面平整是为了减少风阻损失。当不同断面连接时，采用变断面连续平顺过渡，是通风对风道的要求，但这样会使模板不便配制。采用不同断面连接时，断面发生突变，风流在此会产生涡流或回旋，将增大风流损失，需设过渡墙，使风流平顺过渡。风道隔板，指不同流向的风流在一个洞室内通过。采用混凝土结构隔板隔离时，整体连接是为了保证风道密封，防止风串流。

12.5.3 行车轨道安装要求水平，因此洞室墙顶和拱顶纵坡也要求水平，洞底纵坡宜采用平坡。

12.5.5 为满足洞室边排水要求，边沟排水坡度不小于0.3%。

12.6 交叉口

12.6.1 交叉口是指横通道与主洞、横通道与地下风机房、水平风道与主洞、斜井交叉等，交叉口尽可能避开地质不良区段。

12.6.2 交叉口有相同断面垂直相交，不同断面的垂直相交，圆形断面与马蹄形断面相交等，采用复合式衬砌或整体式衬砌是通常做法，能较好地保证交叉口结构稳定。两相交洞室断面较小、围岩稳定、无使用特殊要求时，可采用喷锚衬砌；两相交洞室在拱部相交时，需进行加强处理，当某一洞室与另一较小洞室在边墙相交时，可不按交叉洞室考虑。交叉口采用整体式衬砌或复合式衬砌时，根据连续衬砌长度设沉降缝。

13 辅助工程措施

13.1 一般规定

13.1.1 辅助工程措施可分为围岩稳定措施和涌水处理措施。自稳性差的地段是指采用锚杆、喷射混凝土、钢支撑等难以保持围岩稳定，容易发生开挖面失稳、隧道坍塌、冒顶等地段，对这类地层可采取围岩稳定措施以增强围岩的稳定性。在围岩涌水突泥地段、地下水丰富需要治理的地段，可采取涌水处理措施以减少地下水对隧道施工和运营危害或减少地下水流失。围岩稳定措施又可以分为对围岩预加固措施和围岩支护措施。

13.1.2 结合围岩条件、隧道结构设计、施工条件、进度要求、施工机械、工期和经济等选用一种或几种辅助工程措施。

13.2 围岩稳定措施

13.2.1 管棚（也称超前大管棚）是在隧道开挖前，将一系列钢管（导管）顺隧道轴线方向沿隧道开挖轮廓线外排列布置形成的钢管棚。随着隧道开挖，管棚钢管与及时施作的钢架连接形成纵横向的支护体系（图13-1）。由于管棚是在隧道开挖前施作，对掌子面前方拱顶围岩形成纵向支护，隧道开挖过程中在钢架支撑的共同作用下，对阻止围岩下沉、防止掌子面拱顶塌方和维护掌子面稳定等有显著效果，超前大管棚具有很强的超前支撑能力和控制沉降能力，在松散破碎地层、地面沉降有严格控制的浅埋段、塌方地段都可以采用。由于工艺条件限制，超前大管棚多用于洞口，洞内因有其他超前支护措施替代，应用较少。

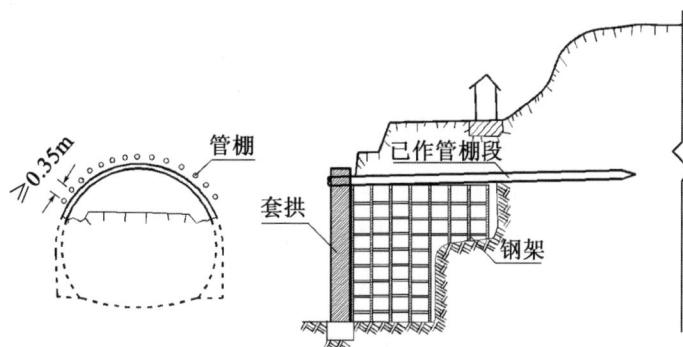

图 13-1 管棚超前支护

1 管棚钢管布置的形状与隧道开挖面形状相似，钢管中心距开挖轮廓线的距离为100～200mm，图13-2 所示。拱部管棚设0.5°～2°的外倾角，避免纵向管棚钢管侵入隧道开挖轮廓线内。

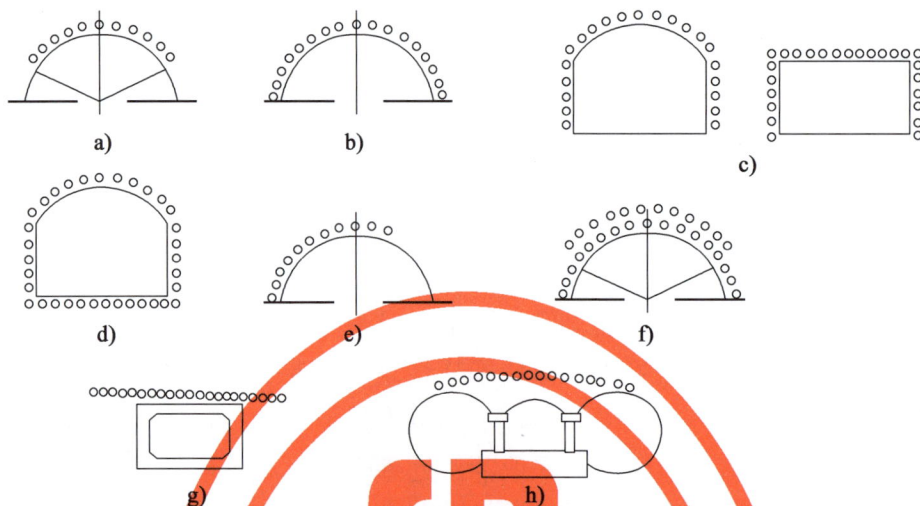

图13-2 管棚形状

2 管棚钢管环向间距视管棚支护段地质条件而定，保证两管之间不掉渣，一般为350～500mm。在围岩为含水的砂土质地层、松散碎石层、回填地层、破碎围岩粒径较小的地层取小值。

3 管棚一次支护的钢管长度一般为10～45m，支护长度约8～40m，根据需要确定超前支护长度。当需采用超前支护的长度大于40m 时，一般采用其他超前支护措施继续延伸；也可分两次施作。两次管棚支护间、管棚与其他超前支护之间要有不小于3.0m 的水平搭接长度，以保证钢管远端的有效支撑。管棚长度小于10m，采用管棚作为超前支护不经济。需作超前支护的地段长度在10～40m 内时，为保证开挖后管棚远端仍有足够的超前支护长度，钢管需伸入稳定地层不小于3.0m。

4 管棚钢管节段长度，根据管棚工艺确定。钢管每一接头与相邻钢管接头错开，错开距离不小于500mm，并保证同一断面钢管接头不大于50%。

5 为保证钢管的连续性和强度，管内需设钢筋笼或钢筋束并注满砂浆（图13-3）。钢管节段之间一旦连接不好容易发生断管，使管棚失效，插入钢筋笼或钢筋束能保证钢管整体连续；管棚内注满具有一定强度的砂浆是为保证钢管强度和刚度，受力后钢管不产生折、瘪，保证整个管棚支撑体系的支撑能力。注浆一般采用有限注浆法进行设计，注浆浆液水灰比1:0.5～1:1.0，单管注浆工程量可按本条文说明13.2.2 估算，注浆压力初压0.5～1.0MPa。

6 管棚钢管管壁钻注浆孔小孔（图13-3），能使部分浆液将渗透到围岩体内，对加固围岩和提高围岩的自稳能力可起到一定作用。钢管尾端有不钻孔的止浆段，止浆段为伸入岩体内1.0～2.0m 范围，止浆段和外露段不钻孔。

管棚钢管注浆主要目的是将管内空间注满砂浆，以提高钢管的刚度、提高钢管在隧道纵向方向的支护能力，原规范管棚钢管管壁"注浆孔钻孔径宜为10～16mm、间距宜为 150～200mm"，间距较密。为减少钻孔对钢管的损伤，本次修订进行了调整。

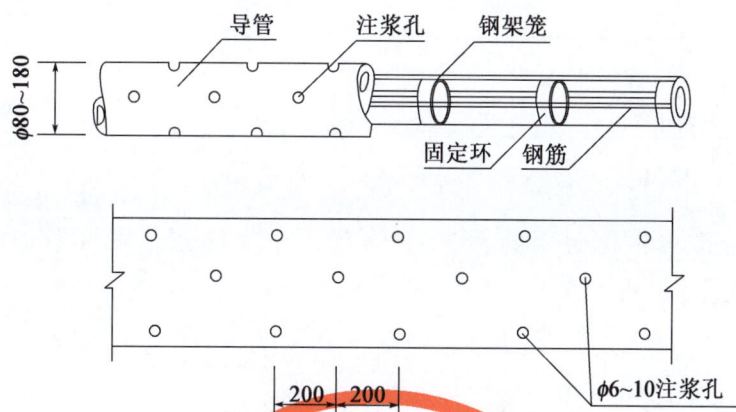

图 13-3 管棚钢管构造（尺寸单位：mm）

7 管棚尾端要有支撑，才能发挥管棚超前支护作用，设套拱是为了对管棚钢管尾端（起始段）形成有效支撑，套拱为刚性支撑结构。套拱内预埋导向管，是为了保证管棚钢管准确就位和钻孔导向。

13.2.2 超前小导管是沿隧道拱部开挖轮廓线布置，向纵向前方外倾 5°～12°角度打设密排注浆小导管（图 13-4）。小导管的外露端需支承在紧邻开挖面的钢架上，与钢架组成纵横向支撑体系，通过小导管向前方围岩注浆，使浆液渗透到围岩，能加固一定范围内的围岩，又能支托围岩。超前小导管具有管棚的作用，比超前锚杆的支护能力强；比管棚简单易行，灵活经济，但支护能力较管棚弱；通过减小小导管纵向循环间距来增加小导管每循环间搭接长度，可起到双层小导管作用。

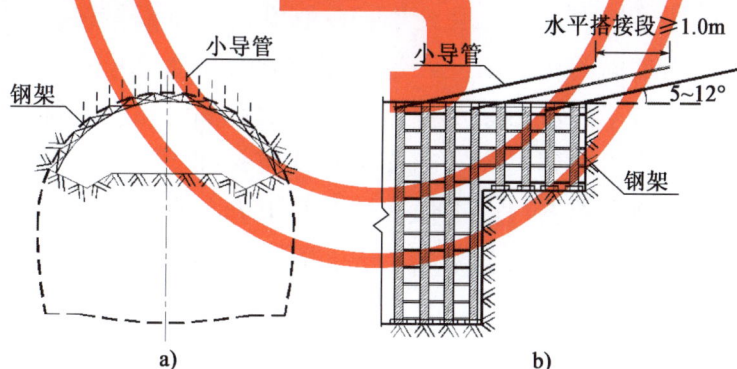

图 13-4 小导管超前支护

2 小导管杆体钻有注浆孔，呈梅花形布置，前端成锥形，尾部留有长度不小于 500mm 长的止浆段（图 13-5）。

5 压注水泥砂浆的水灰比一般为 1:0.5～1:1.0。当围岩破碎，岩体止浆效果不好时，亦可采用水泥-水玻璃双液注浆，将浆液凝结时间控制在数分钟之内，注浆压力宜为 0.5～1.0MPa。

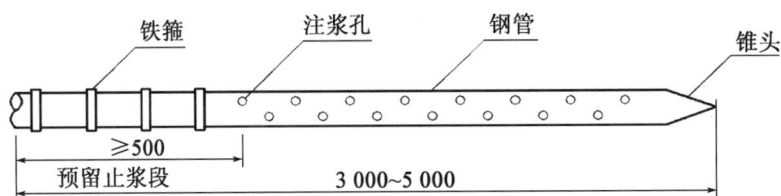

图 13-5　小导管构造（尺寸单位：m）

浆液扩散半径 R 可根据导管排列密度确定，考虑注浆扩散范围相互重叠的情况，可按式（13-1）计算：

$$R = (0.6 \sim 0.7)L \tag{13-1}$$

式中：L——导管中心间距（m）。

单根导管注浆重 Q 按式（13-2）计算：

$$Q = \pi R^2 ln \tag{13-2}$$

式中：R——浆液扩散半径（m）；

l——导管长度（m）；

n——围岩空隙率（%）。

在岩体破碎时，导管间岩体可能塌落，可考虑设双层小导管，内层小导管外插角 5°~12°、外层小导管外插角 10°~30°，交错布置。当洞口采用双层小导管时，两层小导管间距不宜大于 300mm。

13.2.3　超前锚杆布置与超前小导管相同，作用原理相同，但作用能力较超前小导管弱。当松散破碎围岩钻孔成孔性差时，可采用自进式超前锚杆。

13.2.4　超前钻孔注浆加固是把具有充填和凝胶性能的浆液材料，通过配套的注浆机具设备将浆液压入所需加固的地层中，经过凝胶硬化作用后充填和堵塞地层中缝隙，提高注浆区围岩密实性或减小渗水系数及隧道开挖时的渗漏水量，并能固结软弱和松散岩体，使围岩强度和自稳能力得到提高。超前钻孔注浆是加固地层一种方法。

超前钻孔注浆的注浆孔布置可由工作面向开挖方向呈伞形辐射状，在开挖面正面分层布置，根据隧道施工开挖方式分全断面一次布孔和半断面多次布孔，钻孔布置成一圈或数圈，长短孔相结合，如图 13-6 所示。

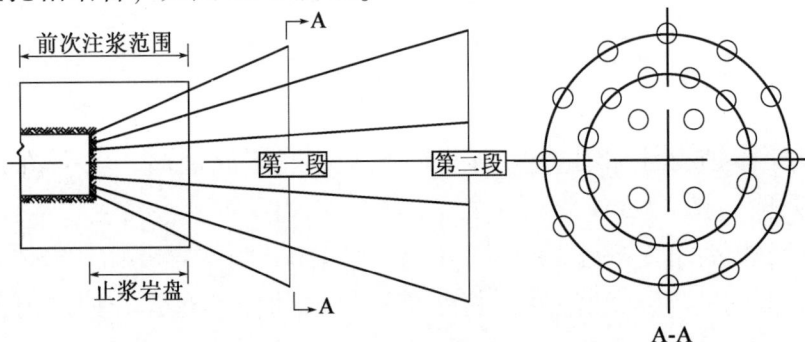

图 13-6　超前钻孔注浆钻孔布置

1 加固范围，可能是整个开挖范围及其周边、也可能是一侧、拱部或其他局部区域，如图 13-7 所示。

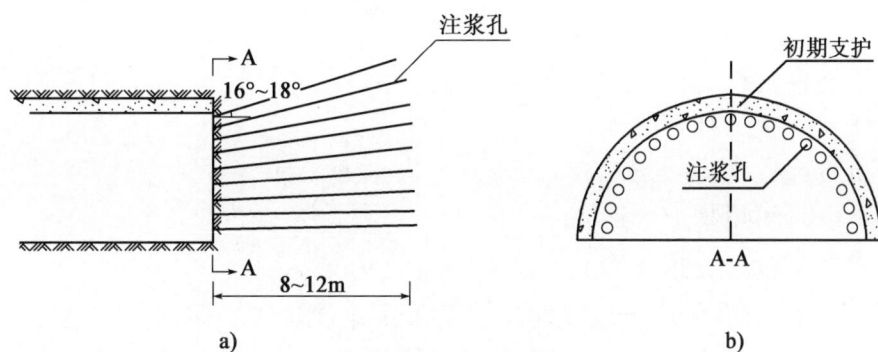

图 13-7 周边孔预注浆

2 注浆孔布置受孔底间距控制，孔底间距取 1.4 ~ 1.7 倍浆液扩散半径，浆液扩散半径按 1.0 ~ 2.0m 控制。

13.2.5 根据实际的地质条件确定超前水平旋喷桩布孔间距。表 13-1 给出了超前水平旋喷桩的直径，供参照选用。定喷和摆喷的有效直径为旋喷桩直径的 1.0 ~ 1.6 倍。

表 13-1 旋喷桩的设计直径（m）

土 质		单 管 法	二 重 管 法	三 重 管 法
黏性土	0 < N < 5	0.5 ~ 0.8	0.8 ~ 1.2	1.2 ~ 1.8
	6 < N < 10	0.4 ~ 0.7	0.7 ~ 1.1	1.0 ~ 1.6
	11 < N < 20	0.3 ~ 0.6	0.6 ~ 0.9	0.7 ~ 1.2
砂性土	0 < N < 10	0.6 ~ 1.0	1.0 ~ 1.4	1.5 ~ 2.0
	11 < N < 20	0.5 ~ 0.9	0.9 ~ 1.3	1.2 ~ 1.8
	21 < N < 30	0.4 ~ 0.8	0.8 ~ 1.2	0.9 ~ 1.5

注：N 为标准贯入锤击数。

水平旋喷桩旋喷注浆材料一般采用水泥浆，地下水丰富地段根据情况采用速凝早强型水泥浆。水泥采用 32.5 级或 42.5 级硅酸盐水，浆液水灰比 1:1 ~ 1.5:1。

注浆量计算一般采用体积法或喷量法。体积法按式（13-3）计算：

$$Q = \frac{\pi}{4}D_e^2 k_1 h_1(1 + \beta) + \frac{\pi}{4}D_0^2 k_2 h_2 \qquad (13-3)$$

式中：Q——需要用的浆量（m³）；

D_e——旋喷管直径（m）；

D_0——注浆管直径（m）；

k_1——填充率，取 0.75 ~ 0.9；

h_1——旋喷长度（m）；

k_2——未旋喷范围土的填充率，取 0.5 ~ 0.75；

h_2——未旋喷长度（m）；

β——损失系数，取 0.1 ~ 0.2。

喷量法以单位时间喷浆量及喷射持续时间计算浆量，按式（13-4）计算：

$$Q = \frac{H}{v}q(1 + \beta) \tag{13-4}$$

式中：Q——用浆量（m^3）；

v——提升速度（m/min）；

H——喷射长度（m）；

q——单位时间喷浆量（m^3/min）；

β——损失系数（$0.1 \sim 0.2$）。

水平旋喷桩一般在饱和软土地段使用，对地下水流速大、浆液无法在注浆管周围凝固的软土地层，不宜采用超前水平旋喷桩。

13.2.6 玻璃纤维锚杆主要是为前方开挖土体进行加固。玻璃纤维锚杆超前加固是隧道"新意法"施工工法的配套技术。"新意法"隧道施工工法是一种系统的全断面机械化开挖的隧道设计、施工技术，玻璃纤维锚杆超前加固掌子面，使掌子面达到一定的自稳能力，采用机械化全断面开挖，高效作业。"新意法"设计和施工被意大利公路及铁路领域纳入规范并且被广泛采用，欧洲国家的大型项目施工也较多地采用此工法。

玻璃纤维锚杆杆体全长黏结锚固，锚注结合，加固前方掌子面和围岩；玻璃纤维锚杆强度高、质量轻，抗拉强度可达到钢质锚杆的 1.5 倍，质量为同种规格钢质锚杆的 $1/4 \sim 1/5$；安全性好，防静电、阻燃、高度耐腐蚀、耐酸碱、耐低温。由于玻璃纤维锚杆抗剪强度较低，施工机械可直接挖除。

采用超前玻璃纤维锚杆进行掌子面前方超前核心加固如图 13-8 和图 13-9 所示。

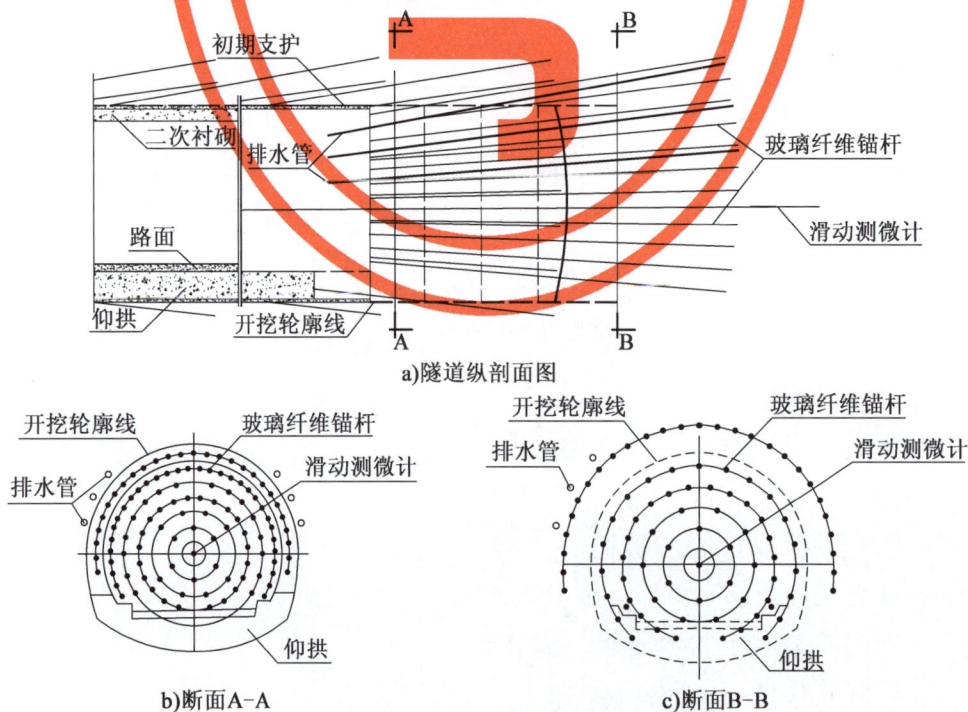

a）隧道纵剖面图

b）断面A-A

c）断面B-B

图 13-8 超前玻璃纤维锚杆加固示意图

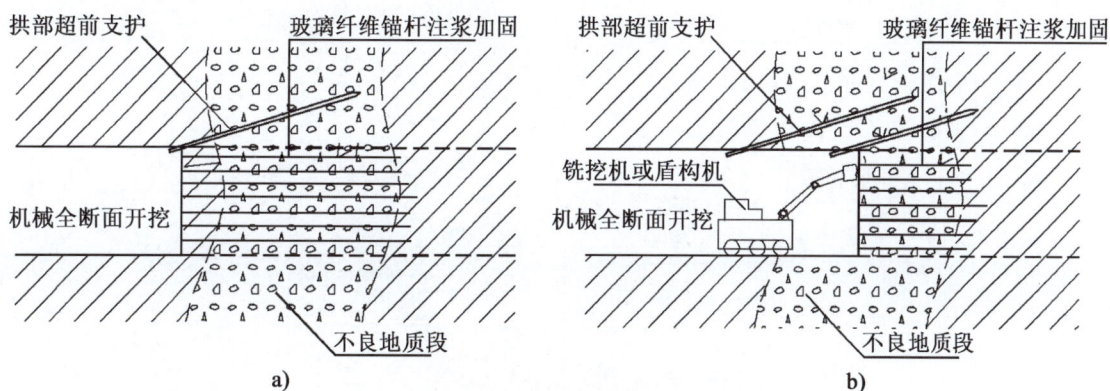

图 13-9　超前玻璃纤维锚杆加固与施工开挖示意图

13.2.7　地面砂浆锚杆是在地面对地层加固的一种方法，隧道埋深一般不大于 25m（图 13-10）。为保证加固效果，锚固砂浆达到 70% 以上强度后，才能进行下方隧道的开挖。

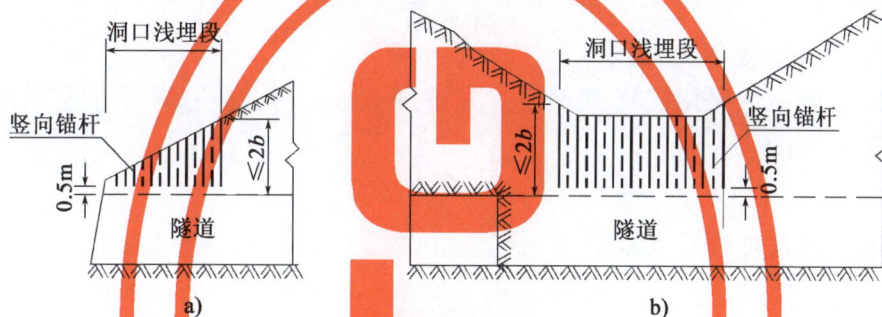

图 13-10　地面砂浆锚杆纵向布置

锚杆横向布置，以不侵入隧道开挖范围为原则，按距隧道开挖线 0.5m 的距离控制，如图 13-11 所示。

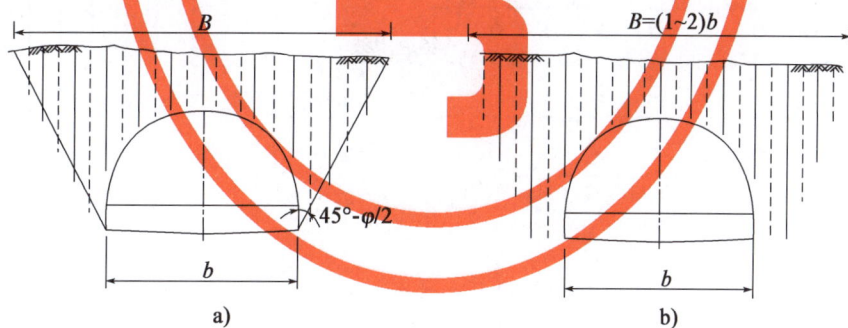

图 13-11　地面砂浆锚杆横向布置

地表锚杆加固宽度一般按 1～2 倍隧道宽度考虑，或按下列方法确定：

（1）破裂面估算

用破裂面估算加固宽度，系假定在软弱围岩中开挖隧道后，边墙外侧岩体沿竖直面呈 $45° - \varphi/2$ 夹角的破裂面滑动。由该破裂面向上延伸与地面的交线之间距离，即为应加固的宽度 B（图 13-12），其半宽度 $B/2$ 为：

$$B/2 = \frac{b}{2} + (h + H)\tan\left(45° - \frac{\varphi}{2}\right) \tag{13-5}$$

式中：$b/2$——隧道开挖宽度之半（m）；

h——隧道埋深（m）；

H——隧道开挖高度（m）；

φ——岩体内摩擦角（°）。

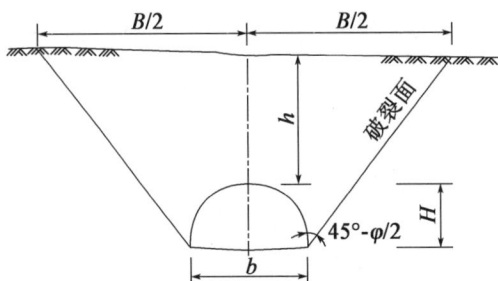

图 13-12　加固宽度 B

（2）根据埋深确定纵向加固长度

纵向加固长度一般采用浅埋段长度，或按埋深 $h \leqslant 2b$（b 为隧道开挖宽度）时的长度作为加固长度范围。

13.2.8　地表注浆加固是从地面向下钻孔注浆，对围岩进行预先加固。与地表砂浆锚杆地表加固相比，除了灌浆孔的布置（图13-13）不同外，其余要求相同。

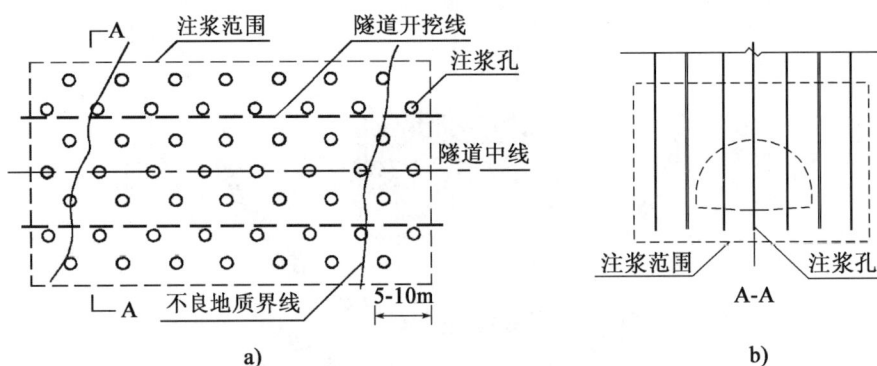

图 13-13　灌浆孔布置

13.2.9　锁脚锚杆（管）用于钢架支护拱肩至边墙脚部位的拱脚、钢架接头位置，即：采用全断面开挖的边墙脚、采用正台阶开挖的上半断面拱脚和下台阶边墙脚，以控制初期支护沉降变形为主要目的。地质情况较好时，采用锁脚锚杆；地质情况较差时，采用锁脚锚管。

13.2.10　小导管径向长度和间距，需根据隧道断面大小、围岩加固范围确定。

13.2.11　临时封闭和临时支撑包括掌子面临时封闭、初期支护临时仰拱、临时构件支撑、拱部扇形支撑、井形桁架支撑、木垛支撑等。临时封闭和临时支撑一般用于地质条件很差、断面较大，需进行工序转换的隧道；也用于控制掌子面失稳、支护结构开裂、控制变形继续发展、隧道塌方后的处理等。

（1）掌子面发生挤出、涌泥地段或对塌方体，采用锚喷支护、袋装土封闭掌子面。

（2）围岩变形大或对塌方体的开挖，设型钢临时仰拱或型钢、方木斜撑。

（3）初期支护开裂严重、需拆换拱墙衬砌的地段，采用拱形钢架支撑、扇形钢架支撑。

（4）拱部沉降明显或地表沉陷要求严格时，采用井形桁架支撑、木垛支撑。

（5）需要对掌子面前方进行高压注浆时，采用现浇混凝土挡墙或沙袋土封闭。

（6）采用拱形钢架、拱部扇形支撑、井形桁架支撑、木垛支撑对塌方进行锁口。

13.3 涌水处理措施

13.3.1 近年来大量实践表明，对于隧道涌水采用堵水措施，在现有施工工艺条件下，面临较大技术难度，难以达到理想效果；完全进行排水，将会导致隧址区地下水环境破坏。因此在前期勘察选线、设计和施工中对涌水的处治要遵循"以堵为主、排堵结合、注重环保"的原则。根据现场地质地形条件、环保要求、施工水平和工程造价等因素，选择一种或多种方式，以达到施工和运营期间安全和环境良好的处治效果。

13.3.2 超前围岩预注浆堵水是对掌子面前方未开挖段的围岩进行预注浆堵水方式。注浆圈厚度是根据涌水量、围岩地质条件和地下水压力等因素综合确定；注浆段长度是根据掌子面前方围岩地质条件、地下水压力、止浆墙厚度和施工机械水平等因素确定。注浆孔底中心间距的确定是以各孔浆液扩散范围相互重叠为原则。注浆量和浆液扩散半径一般很难准确确定，通常是根据工程类比分析初步选定，在现场根据试验验证确定。

13.3.3 围岩径向注浆堵水是在隧道开挖并完成一次支护后沿隧道开挖轮廓线径向钻孔实施注浆堵水的方式。隧道开挖后围岩渗水量大小、出水位置、渗水形态已暴露，注浆堵水目标明确，工艺简单，效果较好，费用也较超前围岩预注浆低。根据现场情况，分别采用全断面径向注浆、局部径向注浆和补充注浆。

13.3.4 超前钻孔排水是为了防止承压水突然袭击而采取的措施，也是超前探水的有效方法。根据对工程地质和水文地质详细调查分析，判断地下水流向和涌水量，确定钻孔布置位置、方向、数量和每次钻进深度和钻孔孔径。隧道掌子面开挖掘进过程中，保持超前钻孔孔底位置超前掌子面 1～2 个开挖循环进尺，是为了保证前方未钻孔排水的围岩地段与掌子面有足够的岩盘厚度。

13.3.5 泄水洞排水一般用于开挖面前方存在对施工和运营造成严重威胁的高压地下水或有充分补给源的涌水、季节性涌水，且排放地下水不会影响围岩稳定、对隧道周围水环境影响不大的隧道。

13.3.6 井点降水一般是施工期间为了减少和消除高地下水位对施工的影响而采取的降水措施，是在隧道开挖前，在地表靠隧道两侧埋设一定数量的滤水管（井），利用抽水设备抽水，降低地下水的一种方法。井点降水类型有轻型井点、喷射井点、电渗井点、管井井点、深井井点等。井点类型、降水方法、设备及井点布置需要根据地层渗透系数、降水范围及降水深度等因素而定。

14 特殊地质地段设计

14.1 一般规定

14.1.1 特殊地质地段由于岩层地质成因复杂，对隧道施工危害大，仅靠常规方法是难以克服的，在这些围岩中修建隧道，需要进行专门设计和采取特殊的施工方法。

14.1.2 特殊地质地段施工前掌握的地质资料和制定的对策措施不可能完全符合实际情况，在施工过程中，需经常观察地层的变化、结构变形受力变化，通过现场监控量测提供的信息，掌握围岩支护衬砌的受力状态，及时调整工程措施和参数，发现和排除险情，防止突然事故的发生。

14.2 膨胀性围岩

14.2.1 膨胀性围岩中的隧道衬砌可能承受较大的膨胀压力，膨胀压力将来自各个方向，隧道断面形状采用圆形或接近圆形的卵形断面能更好地适应这种受力条件。

14.2.2 膨胀性围岩中的隧道支护，一是要早支护、柔支护，及时成环，使围岩在控制条件下产生围岩变形；二是分层支护，刚度逐渐加大，在围岩发生一定变形后增加对围岩变形控制能力；三是二次衬砌施作时机适当。二次衬砌施作过早，则承受的膨胀压力大，可能被围岩膨胀压力破坏；施作过晚，变形超过预留变形量，侵占二次衬砌空间。

14.2.3 在膨胀压力引起较大变形情况下，喷射混凝土层会出现剥落、掉块和破坏或钢架扭曲等现象。为适应大变形的特性，采用分两次施作的双层喷锚衬砌，支护刚度逐渐加大；或采用可缩式钢架、长锚杆、长短结合的锚杆等方式，抵抗和控制大变形。

可缩式钢架是由 U 形钢制作，每榀钢架可设 5 ~ 7 个可缩接头，每个接头可缩50 ~ 100mm 左右。

14.2.4 膨胀性围岩具有变形大的特点，预留变形量比普通围岩地段适当放大，以减少围岩膨胀对结构产生的压力。

14.2.5 在膨胀性岩体中，喷锚支护具有施作及时、密贴围岩，与围岩共同变形的优点，能有效控制围岩变形；二次衬砌主要承受后期继续增加的膨胀围岩压力。为保证二次衬砌具有足够的承载能力，需采用钢筋混凝土结构。及时施作仰拱能提前发挥衬砌的整体承载能力。

14.2.6 在膨胀性围岩中，水对膨胀性围岩强度和体积变化有较大影响。需做好地表截水、排水工程，减少地表水渗入隧道；及时排出洞内积水。

14.3 岩溶

14.3.1 岩溶发育的条件是岩石的可溶性与和岩体裂隙，以及水的侵蚀性及其流通条件。可溶性岩的成分可分为碳酸盐类岩（石灰岩、白云岩、泥灰岩）、硫酸盐类岩（石膏、芒硝）、卤盐类岩（岩盐）三类。

岩溶对隧道工程的影响主要来源于洞穴、地下水、洞穴充填物，可能引起隧道坍塌、洞顶地表塌陷。一般情况下，按岩溶与隧道的位置关系及施工条件，采取跨越、加固洞穴、引排截流和疏导岩溶水、清除充填物或对充填物注浆加固，回填、封闭地表塌陷、疏排地表水等工程综合治理设计方案，如图14-1所示。

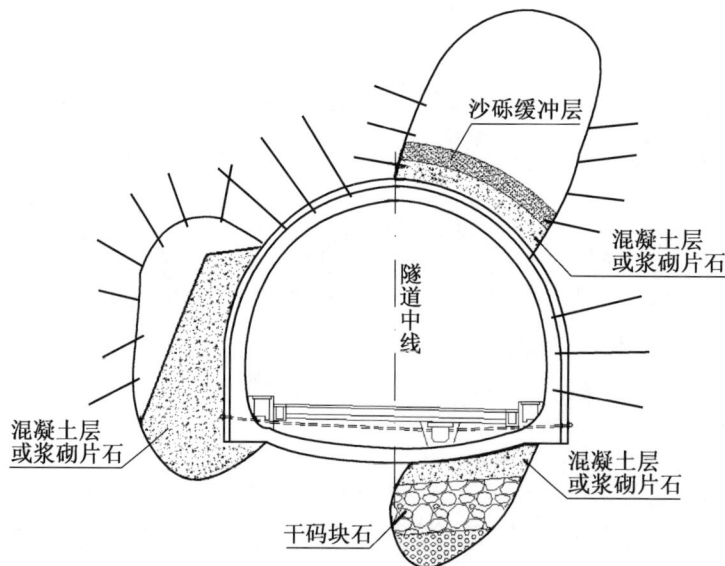

图14-1 复合回填结构方案示意图

14.3.2 溶洞跨越方式，通常采用梁桥、拱桥跨越，也有采用迂回方式避让的情况。

14.3.3 隧道上方溶洞空腔较大时，隧道实际上是以明洞结构的方式通过，按明洞拱背和两侧回填要求处理。拱顶回填（或设护拱）是防止溶洞掉落物对拱顶产生冲击荷载危害；隧道两侧采用混凝土或浆砌片石回填，是为隧道侧墙提供足够的抗力，见图 14-1。

14.3.4 隧道底部换填方式有混凝土回填、浆砌片石回填和干砌片石回填。

14.3.5 根据近年来隧道岩溶处治的经验教训，岩溶水排水通道不畅容易导致隧道支护结构的损伤和对隧道运营的安全威胁。因此，要保持原有地下水的径流条件，通过另设过水暗涵恢复排水通道等方式，以解决溶洞排水通道问题。在隧道底部的岩溶通道，施工时可能堵塞，需要加强保护和疏通；在隧道顶部被揭穿的岩溶通道，需要恢复。

14.4 采空区

14.4.1 隧道穿越采空区时，根据开采范围、开采方式，采空区分布、大小、用途，有毒有害气体的赋存和含量等合理确定隧道结构和采空区处治措施。

14.4.2 采空区对隧道工程的影响主要表现在洞害、水害、气害。对已回填和坍塌的采空区可采用注浆加固；对正在使用的采空区可对其结构进行加固；对揭穿的采空区可按溶洞处理方式处理，或结构共建；采空区内的地下水需进行疏排；采空区有害气体需进行抽排和封闭。

14.4.3 采空区影响范围的隧道需采取较强的支护结构，并有封闭气体、防止气体溢出的能力。对于影响隧道的未开采区，隧道结构也要求有封闭气体的能力。

14.5 流沙

14.5.1 流沙是砂土或粉质黏土在水的作用下丧失其黏聚力后形成的，多呈糊浆状，对隧道施工危害极大，所到之处，围岩失稳坍塌，支护结构变形，甚至破坏，需采取适宜的工程措施。

14.5.2

1 地下水是产生流沙危害主要原因，降低地下水水位，有利于隧道安全。降低地下水水位措施有井点降水、超前钻孔排水等。

2 流沙溢出将影响施工作业，导致隧道围岩形成空腔，影响围岩稳定。要有防止流沙溢出的封堵措施。常用的封堵材料有沙袋或快凝水泥。

3 对流沙口围岩可采取喷混凝土、沙袋、混凝土墙、浆砌或干砌片石等措施进行加固，维护溢出口围岩稳定，防止流沙口进一步扩大。

4 超前预加固措施包括：超前管棚、超前水平旋喷桩、地表注浆、地面砂浆锚杆、密排超前小导管，必要时可采用超前钢管幕。

5 初期支护内的钢架支护及早封闭和设临时仰拱是为了提高支撑结构承载能力；支撑脚增加底梁是为了扩大支撑点的接触面积。

6 木垛支撑或钢桁架支撑，底座接触面积大，控制沉降能力较强。

14.6 瓦斯及有害气体

14.6.1 隧道瓦斯处治措施中的抽排指采用超前钻孔提前进行瓦斯抽放与排放；隔离与封闭指采用防气板（类似隧道防水板）与具有防渗等级的二次模筑混凝土衬砌将瓦斯气体隔离在支护结构背后；加固主要指采用传统的围岩注浆等方式，填塞裂隙与封堵瓦斯渗漏通道，起到降低围岩渗透系数、提供稳定性强度的双重作用。隧道瓦斯的防治设计并不仅是结构设计，也包括瓦斯超前探测、揭煤、开挖、支护结构、防排瓦斯、通风、监控检测等诸多方面，因此，需考虑将加固措施与超前探测、通风、监控等形成综合瓦斯防控设计。

14.6.2 地层中的瓦斯主要通过混凝土衬砌本体的细微裂隙以及施工缝等渗入隧道内，为减小施工及运营过程渗入隧道的瓦斯量，衬砌结构采用带仰拱的复合式封闭衬砌，并提高二次模筑混凝土衬砌的抗渗性能。

14.6.3 隧道内施工缝一般防渗措施主要有：膨胀止水胶、注浆管、中埋式止水带、背贴式止水带等。采用双层模注混凝土衬砌时，两层衬砌施工缝错开设置是为了增加施工缝的防渗效果。

14.6.4 规定喷射混凝土和二次模注混凝土最小厚度，是为了保证衬砌的隔离效果。

14.6.5 预留洞室凹进后，背后及周边衬砌结构厚度满足本规范第14.6.5条规定；预埋件不穿透结构。

14.6.6 其他有害气体指硫化氢、石油沥青气等。

14.7 黄土

14.7.1 黄土是第四系堆积的大陆沉积物，是半干旱气候条件下形成的有针状孔隙、垂直节理的特殊土。按形成的年代可分为老黄土和新黄土，老黄土有午城黄土和离石黄土；新黄土有马兰黄土和新近堆积黄土。新、老黄土物理力学性能和围岩稳定性有很大的差异，按其土壤分类及物理力学性能确定衬砌结构。施工方法的不同，将直接影响黄土稳定性、荷载大小和荷载分布，按多种不利荷载组合考虑，确定隧道衬砌结构，使衬砌能够适应施工期间和使用期间可能出现的各种荷载情况。

14.7.2 根据大量现场试验研究和量测资料显示,黄土隧道衬砌所受垂直压力是不均匀的,侧压力较大,其侧压力系数可达0.5~0.8。带仰拱、曲墙复合式(或双层模筑)衬砌,有利于围岩稳定。

目前黄土隧道衬砌结构主要采用两种类型:双层模筑衬砌结构、复合式衬砌结构。黄土围岩开挖后暴露时间过长,会有地下水渗出,使围岩体松弛加快,进而造成坍塌。双层模筑衬砌围岩暴露时间较复合式衬砌长;复合式衬砌开挖后利用喷射混凝土及时封闭,采用喷混凝土、钢架、钢筋网快速形成封闭支护结构,封闭时间短,并能有效控制围岩变形。因此,一般多采用复合式衬砌结构。复合式衬砌中的二次衬砌也可采用双层模注衬砌。

黄土地层中锚杆提高了锚固区围岩的弹性模量、黏聚力和内摩擦角,对控制隧道位移有一定效果,但在隧道洞口及洞身浅埋、含水量较大地段,地层破裂角以内的区域,一般不设系统锚杆,可以采取加强钢架支护、喷混凝土支护、钢筋网支护、增加钢架锁脚锚杆等措施。

14.7.3 地基加固措施包括钢管桩、挤密桩、旋喷桩、树根桩等。加固措施要适应隧道空间和施作时间要求。

14.7.4 由于黄土的多孔性、湿陷性,遇水软化,其抗剪强度和抗压强度随含水率的增加而显著降低,水对黄土地层整体性和稳定性危害性极大,且反应灵敏。回填、铺砌位于隧道附近的地表冲沟、陷穴、裂隙,做好地表水引排设施是为了减少地表水下渗。

14.7.5 地下水量较大、地下水位高于隧道开挖范围时,可在地表或洞内采用井点降水,将地下水位降至仰拱以下1.5m。对洞内渗水、股状水采取堵、排相结合的措施,防止浸泡拱脚及隧底。

14.7.6 黄土湿陷变形是黄土在一定压力作用下受水浸湿时,土的结构迅速破坏而产生的显著附加下沉的变形。黄土湿陷分为自重湿陷和非自重湿陷两种,自重湿陷性黄土是在自重作用下产生湿陷的黄土;非自重湿陷性黄土在一定的外荷载作用下产生湿陷的黄土。

消除黄土湿陷性的措施较多,根据具体的工程环境以及所使用机械设备确定。若隧道仰拱以下湿陷性黄土土层较薄,通常采用三七灰土换填;当湿陷性黄土较深而换填不可行时,多采用挤密桩、旋喷桩、钢管桩或树根桩等来消除湿陷性。

14.7.7 黄土隧道洞门设计要求如下:

1 黄土地基上的隧道洞门设计及施工与其他地区基本相同,需注意地表水的截、引、排。洞口边、仰坡坡脚以及可能被冲刷基础位置进行铺砌，防止水冲刷危害。边、仰坡交界处应采用圆角法开挖，以减少雨水集中冲刷。

2　湿陷性黄土地基上的隧道洞门墙，根据黄土物理力学性质对端墙、翼墙、明洞地基采取地基加固措施，消除地基湿陷量，或将基础设置在非湿性黄土层上。

14.8　高地应力区

14.8.1　在高地应力区，隧道轴线方向布置同最大主应力方向成小角度相交，是为了减小地应力对隧道的作用。当最大主应力方向垂直洞室断面时，隧道衬砌断面结构承受压力最大。一般地区隧道形状多为圆拱曲墙、马蹄形断面，是将垂直应力作为最大主应力，高地应力区应力来自各个方向，采用圆形断面，使洞室周边处于应力较均匀状态。另外，洞室断面圆顺，避免了急剧转角引起的应力集中。

14.8.2　高地应力地区隧道围岩失稳特征主要表现为：硬岩地层产生岩爆、剥离现象，软岩中发生大变形、使洞室净空变小。目前对于岩爆与大变形分级方法很多，还没有形成统一的指标。对于岩爆分级有：强度理论、刚度理论、能量理论、失稳理论、断裂理论、冲击波引发理论等。对于大变形分级：一是通过工程类比、经验判据；二是利用数值分析，主要有剪切抗压强度比法、应力比法、临界深度法等。

（1）对岩爆发生条件，一般具备以下5个方面条件：

① 岩石强度 $R_b \geqslant 50\text{MPa}$。

② 岩层中的原始初应力 $\sigma_0 \geqslant (0.15 \sim 0.2) R_b$，最大主应力一般大于20MPa。

③ 围岩级别：Ⅰ级、Ⅱ级、Ⅲ级。

④ 岩石干燥无水，呈脆性，节理基本不发育。

⑤ 施工开挖释放弹性应变能。

（2）对大变形发生条件，一般具备以下5个方面条件：

① 围岩软弱，单轴抗压强度低，内摩擦角、黏聚力都较小，具有明显的塑性和流变特性，属Ⅳ级、Ⅴ级、Ⅵ级围岩。

② 处于高地应力（$R_c/\sigma_{max} < 7$ 时）区内，地应力远大于围岩强度。

③ 侧压力系数（λ）大于1。

④ 围岩含水量大。

⑤ 支护结构刚度不足、强度不够、支护时间滞后，支护封闭不及时。

根据岩爆、大变形发生条件，结合近年来高地应力隧道修建经验及科研成果资料，提出了岩爆与大变形分级标准。

14.8.3　岩爆是高地应力条件下掌子面或洞壁出现岩块爆裂、剥落、弹（抛）射、气浪、震动、发声甚至产生震动的现象，它是由原先岩体在三向应力状态所积蓄的应变能在开挖暴露形成临空面后，使围岩失稳，突然瞬间转换为冲击动能的地质灾害，破坏力较大，可能伤及人员和设备。岩爆多发生在岩性坚硬、岩体比较完整、绝少或没有地下水的地段。可能发生岩爆时，应遵循"以防为主，防治结合"的原则，施工中应进行现场地应力测试，预测岩爆发生的可能性。对于Ⅰ级轻微岩爆可采用全断面开挖，Ⅱ级中等岩爆可采用短台阶上下平行作业、全断面开挖或分部开挖，在Ⅲ级、Ⅳ级岩爆严重地段，采用分部或超前导洞开挖，限制开挖规模，减缓施工进度，采取短进尺、周边密孔、多循环、及时支护、超前应力解除改变围岩应力条件等综合措施。

14.8.4 高地应力区隧道大变形指在高地应力或极高地应力的作用下，洞身围岩自承能力丧失或部分丧失，应变能缓慢释放，产生具有累进性和明显时间效应的塑性变形、洞室净空明显缩小的现象。软岩大变形破坏是对支护结构产生过大变形压力造成的，支护结构只有符合软岩大变形特征，才能有效控制围岩变形、维护围岩稳定，为此提出采取超前预支护（加固），加强并改善围岩的性能，增强围岩自身抵抗变形的性能。主动式（柔性）支护方式做到边支边让，力求有控制地允许围岩变形，产生合理的塑性圈，释放一定的能量，保持围岩的强度不致快速下降，不产生松动圈。通过加强施工控制，在围岩已发生部分变形的情况下采取被动式（刚性）支护，加强二次衬砌结构强度和刚度，阻止围岩后期变形，保证支护结构体系的长期稳定。

14.9 多年冻土

14.9.1 多年冻土地段修建隧道极易发生冻胀或冻融病害，隧道布置要在周密调查的基础上，慎重选择隧道位置。

14.9.3 多年冻土隧道洞口设计以防排水、保温及保护冻土环境作为重点，洞口边仰坡采用的坡率，要减少对原坡面的扰动和植被的破坏。边仰坡开挖坡面采取保温隔热措施，可减少对原有热平衡干扰。

14.9.4 多年冻土区隧道结构目前有两种类型，一种是喷锚复合式衬砌结构，多适用于冻岩隧道；一种双层模筑混凝土衬砌结构，多适用于冻土隧道。鉴于冻土（岩）力学性质的复杂性，以及隧道修建引起围岩温度场及冻土环境的改变，形成冻融圈，可能会导致冻胀或冻融问题，使衬砌结构承受冻胀作用。曲墙带仰拱的复合式衬砌结构适应性相对较好，隧道净空断面适当增大，是为了预留一定的补强空间。

14.9.5 采用低温浇筑、水化热低的模注混凝土，减少对围岩温度场的干扰。

15 隧道路基与路面

15.1 一般规定

15.1.1～15.1.3 隧道在地层中穿越，其埋置条件、运营环境与洞外有较大的不同，隧道内路基路面与洞外路段相比存在下列特殊性：

（1）隧道路基（底板）处于山体中，地下水对路基路面的影响更大。

（2）隧道为管状构造物，空间狭小，存在汽车排放废气、积聚等现象，这些废气、油烟、粉尘在路面表面的黏附比洞外大。油渍路面污染，粉尘的黏聚使路面抗滑性能变差，且得不到天然降雨的冲洗，长期作用影响路面的抗滑性能。

（3）洞内发生火灾时，其温度对路面的影响比洞外严重。

（4）洞内路基路面受场地条件限制，施工条件差，维护难度大。

（5）行车安全受雨天影响大，隧道洞口段车辆带进的水，降低路面抗滑性能。

（6）洞内行车条件总体上光线差，视觉环境差，对行车不利。

上述特殊性使得隧道内的交通量、行车速度、平纵线形指标、气候条件对行车安全影响比一般路段更大。隧道路面结构对抗地下水的侵蚀及抗软化能力应比洞外更高，刚性路面系统水稳性好，对环境适应性较强，目前国内隧道也多采用刚性路面系统。低弹性模量的半刚性路面会导致路面寿命缩短，采用半刚性和柔性路面系统很少。

刚性路面系统包括面层为水泥混凝土路面（含钢纤维混凝土路面、连续配筋混凝土路面）和沥青混合料上面层与水泥混凝土（含钢纤维混凝土路面、连续配筋混凝土路面）下面层组成的复合路面两大类型。隧道路面设计应符合现行《公路水泥混凝土路面设计规范》（JTG D40）和《公路沥青路面设计规范》（JTG D50）的有关规定。

15.1.4 隧道路面下完善的排水系统可减少病害，大幅提高路面结构的使用寿命。特别是沥青面层对水敏感、水稳性差，保证无水环境至关重要。

15.2 隧道路基

15.2.1 设置仰拱的隧道，衬砌结构为封闭结构，仰拱填充要求采用混凝土或片石混凝土回填，可达到路基较好的稳定性、密实性、匀质性。

15.2.2 不设仰拱的天然石质地基作隧道路基，受地下水影响大，对水稳性、软化程度提出一定的要求。稳定的石质地基是指地基为巨块状~完整的、无显著软化的坚硬岩；较坚硬岩或较软硬岩作天然地基。山岭隧道一般采用爆破开挖施工，隧底爆破对围岩完整性会产生一些影响。

15.3 隧道路面

15.3.1 关于隧道路面，在欧洲几乎所有的隧道采用沥青路面，而在日本则采用水泥混凝土路面。2000 年以前，我国公路隧道多采用水泥混凝土路面。《公路隧道设计规范》（JTG D70—2004）颁布实施后，越来越多的高速公路隧道、一级公路隧道采用了复合式路面。复合式路面因能明显提高行车安全性、减少事故率而得到越来越多的应用。因此，本规范推荐一级公路、高速公路隧道路面采用上面层为沥青混合料与下面层为水泥混凝土的复合式路面。但鉴于国内地域辽阔、地区差异大，发展不平衡，交通量和运输状况不同，要求也不同。其他等级公路隧道，可以根据交通运输状况、地方特点、材料供应、经济分析等采用复合式路面或水泥混凝土路面。

15.3.2 岩石路基因存在超挖与欠挖现象，无仰拱隧道路面应设基层，基层可兼作整平层；底部超挖较大、施工需要时，可单独设置整平层。而设置仰拱的隧道，仰拱填充能起到整平及刚性基层的作用，故可不设基层。

15.3.3 地下水对隧道路面基层的作用频率比洞外更高，故宜采用水稳性好的刚性基层，推荐采用强度高、稳定性好的素混凝土材料。

如设整平层，其圬工数量可按隧道底板允许平均超挖深度确定，平均厚度不宜小于 15cm。本次修订调研发现 100~150mm 的整平层偏薄。

15.3.4

1 根据一些省份多年的工程实践表明，二、三、四级公路隧道目前普遍采用设接缝的水泥混凝土面层，总体上使用情况良好。

2 一级公路和高速公路水泥混凝土路面设接缝的普通水泥混凝土（包括连续配筋混凝土、钢纤维混凝土）表面层或下面层，面层配筋或采用钢纤维混凝土可减少反射裂缝，提高路面耐久性和路用性能，降低养护成本，因而本规范予以推广使用。

3 在设计过程中应考虑到洞内温差小，面板施工缝、胀缝的设置间距可比洞外长一些。

4 考虑洞内施工维修困难，洞内水泥混凝土面板厚度宜比洞外略高一级，至少同厚；按可靠度设计标准进行路面结构设计时，其材料性能和结构尺寸参数的变异系数 C_V，宜在变异水平中~高级范围取值。

5 《公路水泥混凝土路面设计规范》（JTG D40—2011）表 4.5.7 对各级公路水泥混凝土面层的表面构造深度要求见表 15-1。

表 15-1 各级公路水泥混凝土路面面层的表面构造深度要求（mm）

公 路 等 级	高速、一级公路	二、三、四级公路，汽车横向通道
一般路段	0.70 ~ 1.10	0.50 ~ 1.00
特殊路段	0.8 ~ 1.2	0.6 ~ 1.1

注：1. 特殊路段——对于高速和一级公路系指立体交叉、平面交叉或变速车道等处，对于其他等级公路系指急弯、陡坡、交叉口或集镇附近。

2. 在年降雨量 600mm 以下的地区，表列数值可适当降低。

近年来，公路隧道水泥混凝土路面反映的主要问题是表面抗滑能力不足，表面附着系数（摩擦系数）低，故本次修订将隧道内路面表面构造按特殊路段来考虑，并提出应具有耐磨损性能。隧道内不利条件（如特重交通、重交通，急弯，连续的长、陡纵坡路段）规定表面构造深度取大值，是为了进一步提高隧道运营安全性。

研究和实测表明，纵向刻槽主要增大横向滑动或转向摩擦力，可防止侧滑；横向刻槽主要增大纵向制动摩擦力，缩短制动距离。故对二级及以下公路隧道一般路段可采用横向刻槽，在大纵坡段、高速公路、一级公路隧道路面宜采用纵向刻槽或横向槽和纵向刻槽结合使用的方法提高抗滑能力。

6 隧道路面加铺层主要针对抗滑性能不足的高速公路、一级公路隧道路面，以及其他等级公路隧道的旧路改造。

15.3.5 有关计算研究表明，在本规范规定的刚性基层下，隧道水泥混凝土路面面层在车辆荷载作用下，面板底拉应力较低，故配筋主要是控制混凝土收缩、干缩裂缝的产生。不宜直接套用《公路水泥混凝土路面设计规范》（JTG D40—2011）附录 E "连续配筋混凝土面层纵向配筋计算" 中的计算方法。故本次修订将隧道内路面钢筋配筋率予以降低。

15.3.6

1 隧道内沥青路面材料及路用性能指标与洞外沥青路面一致时，一般也能满足隧道环境条件要求，因此条文规定应符合现行《公路沥青路面设计规范》（JTG D50）的相关要求。

2 隧道内环境为半封闭狭长空间，养护维修困难，复合式路面沥青面层总厚度采用 80 ~ 100mm，从已建隧道工程使用看效果良好，故仍维持上版规范值不变。

3 混合料类型与洞外一致，主要是方便与洞外一起铺装和养护。温拌沥青混合料已在一些特长隧道中使用，选择不影响混合料路用性能的温拌外加剂，能明显改善铺装施工的作业环境。

4 在沥青下面层与混凝土面板间设置黏结层，加强了层间结合，能避免层间滑移。

5 设置加筋土工材料或应力吸收层等措施，可以有效减少变形缝等处出现的反射裂缝。

15.3.7 在混凝土面板易出现裂缝或缝隙张开处，可在混凝土下面层或钢筋混凝土结构底板上设调平层，以减少沥青面层的反射裂缝。对调平层的规定主要是为了加强沥青面层与水泥混凝土下面层的黏结性能，以加强与沥青上面层的抗剥离性能、减少铺装对结构的破坏。本条参考了现行《公路沥青路面设计规范》（JTG D50）对水泥混凝土桥面铺装中的规定。

15.3.8 洞内外路面面层类型不一致时，抗滑性能不一致，影响行车安全。

1　隧道照明入口段、过渡段根据《公路隧道照明设计细则》（JTG/T D70/2-01—2014）计算合计长度，比《公路工程技术标准》（JTG B01—2014）对隧道洞口平纵线形 3s 规定要求高。

2　与《公路工程技术标准》（JTG B01—2014）对隧道洞口平纵线形规定相一致。

15.3.9 隧道内的混凝土路面与沥青路面相接时，可按图 15-1 设置过渡段。

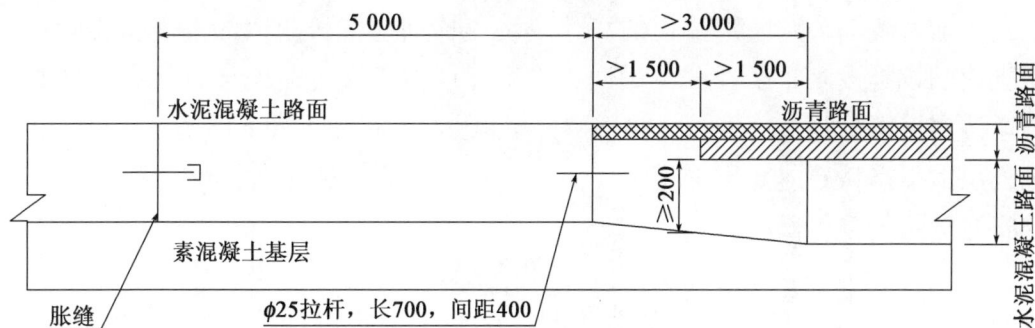

图 15-1　混凝土路面与沥青路面相接过渡段（尺寸单位：mm）

16 抗震设计

16.1 抗震设防分类和设防标准

16.1.1 公路隧道的抗震设防分类和设防标准均是依据现行《建筑工程抗震设防分类标准》（GB 50223）、《公路工程抗震规范》（JTG B02）和公路隧道自身特点制定。

《公路工程抗震规范》（JTG B02—2013）抗震设防分类和设防标准总体上是合理的。但是，随着我国公路隧道建设的飞速发展，特别是特长隧道的大规模建设，有必要对公路隧道的抗震设防重要性分类做适当调整，以便于在抗震设计时具有更强的可操作性。隧道抗震设防分为 A、B、C、D 四类。A 类隧道为大型水下隧道，本规范不涉及。本规范列出的 B 类隧道、C 类隧道、D 类隧道在具体列示适用范围时，参考了公路隧道结构的安全等级划分标准。

16.1.2、16.1.3 按照"小震不坏、中震可修、大震不倒"的抗震总体设防目标，考虑与现行抗震规范关于抗震性能目标的延续性和一致性，以及参考国内外隧道抗震设计的新目标要求，本规范规定：B 类隧道的抗震设防目标是 E1 地震作用（重现期75年）下不应发生损伤，E2 地震作用（重现期约为1 000 年）下可产生有限损伤，地震后应能维持正常交通通行；C 类隧道的抗震设防目标是 E1 地震作用（重现期50 年）下不应发生损伤，E2 地震作用（重现期约为475 年）下不发生局部或整体坍塌；D 类隧道的抗震设防目标是 E1 地震作用（重现期30 年）下不应发生损伤。

本规范规定的抗震设防标准基本维持与《公路工程抗震规范》（JTG B02—2013）基本相当的水平。但在抗震设计方法上有大的改变，采用两水平设防、两阶段设计。第一阶段的抗震设计，采用弹性抗震设计；第二阶段的抗震设计，采用塑性抗震设计。通过第一阶段的抗震设计，即对应 E1 地震作用的抗震设计，可达到和《公路工程抗震规范》（JTG B02—2013）基本相当的抗震设防水平。通过第二阶段的抗震设计，即对应 E2 地震作用的抗震设计，来保证结构具有足够的塑性变形能力，通过验算，确保结构不发生坍塌。通过抗震措施设计，确保结构具有足够的抗震能力。

大量隧道震害调查结果表明，地下工程的抗震性能要优于地面结构，在实际地震烈度Ⅵ～Ⅶ度地区很少有隧道结构发生损坏，因此，对于基本地震动峰值加速度0.10g 以下（含0.10g）地区的公路隧道可只进行抗震措施设计。

16.2 地震作用

16.2.1 一般情况下，公路隧道抗震设计不需要开展专门的工程场地地震安全性评价工作，其地震作用在本规范中做了明确规定。

16.2.2 本规范表 16.2.2 直接引用《中国地震动参数区划图》（GB 18306）的规定，给出抗震设防地震动分档及抗震设防烈度，是为了便于进行场地地震液化判别和结构抗震措施的确定。

16.2.3 从表 16-1 ~ 表 16-3 可以看出：考虑重要性系数和不同的综合影响系数，B 类隧道设计地震动参数在（0.34 ~ 0.425）A，对应 75 年重现期的设计地震动参数为 0.426A；C 类隧道设计地震动参数在（0.26 ~ 0.325）A，对应 50 年重现期的设计地震动参数为 0.34A；D 类隧道设计地震动参数在（0.20 ~ 0.25）A，对应 30 年重现期的设计地震动参数为 0.255A。

表 16-1　由《抗震规范》的重要性系数和综合影响系数计算出的地震动参数

综合影响系数	重要性系数			
	1.7	1.3	1.0	0.8
0.20	0.34A	0.26A	0.20A	0.16A
0.25	0.425A	0.325A	0.25A	0.20A

注：A 为设计基本地震加速度峰值。

表 16-2　对应表 16-1 不同重要性系数和综合影响系数的重现期（年）

重要性系数	综合影响系数			
	1.7	1.3	1.0	0.8
0.20	50	31	21	16
0.25	75	46	29	21

表 16-3　只考虑重要性系数时设计地震的重现期（年）

重要性系数	年超越概率	重 现 期
1.7	0.048%	约 2 000 年
1.3	0.106%	约 1 000 年
1.0	0.210%	约 475 年
0.8	0.370%	约 270 年

由此可以看出，对于 E1 地震作用，可通过引入不同重要性系数来调整设计地震动参数，设计采用弹性设计并取消综合影响系数是恰当的。B、C、D 类重要性系数分别取 0.43、0.34 和 0.26，对应的设计地震动重现期大约分别为 75 年、50 年和 30 年。

对于 E2 地震作用，B、C 类重要性系数取值和《公路工程抗震规范》（JTG B02—

2013）基本一致，对应重要性系数为 1.3 和 1.0，设计地震动的重现期大约分别 1 000 年和 475 年。由于《公路工程抗震规范》（JTG B02—2013）只采用一阶段设计，通过引入综合影响系数来折减地震力后采用弹性抗震设计，其隐含的意思是允许结构进入塑性，对结构的塑性变形性能有相应的需求，但在设计上又没有进行必要的塑性抗震设计，能否满足结构塑性变形需求是不确定的，这也是一个较大的缺陷。因此，本规范规定了 E2 地震作用的抗震设计阶段，对塑性抗震设计进行了明确的规定，弥补了规范的不足。

16.2.4 而根据本规范和现行《工程场地地震安全性评价》（GB 17741）规定的需要开展工程场地地震安全性评价的隧道，其地震作用水平应不低于本规范的相应规定，即不低于表 16.2.3 所规定的 E1 和 E2 作用水平。由于工程场地地震安全性评价一般是按照"设计基准期某超越概率"的形式给出地震动参数，所以开展工程场地地震安全性评价的隧道，其地震作用的超越概率水平应不低于表 16.2.3 抗震重要性系数所对应的超越概率水平。因此，对于开展工程场地地震安全性评价的隧道，地震作用可以按照表 16-4 的建议值给出。

表 16-4 工程场地地震安全性评价隧道地震作用水平

抗震设防类别	E1	E2
B	75 年设计基准期超越概率 63%	100 年设计基准期超越概率 10%
C	50 年设计基准期超越概率 63%	50 年设计基准期超越概率 10%
D	30 年设计基准期超越概率 63%	—

16.3 抗震验算

16.3.1 抗震验算是在抗震性能要求确定后确定合适的验算目标性能，目前主要选取：应力水平（强度）、使用功能（变形量、裂缝宽度、接头张开量等）、隧道周边土体稳定性。具体容许指标应考虑结构物重要性、地震作用水平、结构类型、围岩条件确定。

地震作用下的荷载组合方式在本规范和《水下隧道设计规范》中均有规定。

16.3.2 E1 地震作用下的抗震验算，结构性能处于弹性范围内，结构应力水平在弹性极限以内，目前现行抗震规范中均有相关规定。所以，钻爆法隧道直接沿用《公路工程抗震规范》（JTG B02—2013）中关于结构强度安全系数的规定，明挖隧道可以参考现行《建筑结构抗震设计规范》（GB 50111）中关于结构强度验算的规定。

16.3.3 对于钻爆法隧道结构，本规范编写过程中开展了全面系统的公路隧道拱形（马蹄形）地震响应分析：基于混凝土弹塑性损伤本构对不同岩土体刚度、埋深、结构刚度进行了大量的数值计算，获取了基于损伤度的隧道结构抗震能力曲线，并研究其与震害之间的对应关系；在研究其结构的响应敏感性和具有性能指标特征的基础上，选取了以隧道最大变形率（即最大收敛值）作为性能抗震指标；在典型抗震能力曲线上研究划分三级性能水平，即结构完好、轻微破坏和严重破坏。综合考虑设计、施工和养护等环节的影响，经过统计分析，最终建议的性能指标值阈值分别为：轻微破坏最大收敛值取 5‰，严重破坏最大收敛值取 15‰。

16.3.4 根据隧道所处工程地质环境及隧道的重要性、结构特征等，现阶段隧道抗震计算主要从隧道横断面、纵向及三维空间模型三个方面进行。隧道横断面方向的抗震计算方法主要有静力法、反应位移法和动力分析法（时程），纵向抗震计算方法主要有反应位移法和动力分析法（时程）。

静力法考虑结构承受的地震作用主要由自重产生的惯性力、洞顶土柱地震作用、地震侧向土压力增量三部分组成，对于公路隧道中量大面广的处于岩质围岩中的钻爆法隧道较为适用。

反应位移法采用地震时隧道周围地层的位移差和隧道结构周面剪力及结构惯性力作为地震荷载。该方法适用于地震响应主要受地层相对位移控制的隧道，如城市中常用的盾构、明挖法隧道及跨越江河湖海时常用的盾构、沉管隧道等。

动力分析法（时程）精度较高，可以考虑隧道围岩和结构的非线性特性，并同时考虑隧道在各个方向上的地震响应性态，对任何形式的隧道均适用，但耗时、费力，计算及结果分析均对计算人员的要求较高。

16.4 抗震措施

16.4.1 一般情况下，处于坚硬、完整岩体中的隧道抗震是有利的，处于不良地质地段的隧道抗震是不利的；深埋隧道抗震是有利的，浅埋隧道抗震是不利的；相对于洞身隧道结构，洞口、边仰坡的抗震是不利的。尤其是在岩堆、滑坡体、泥石流沟、崩塌、围岩落石等不良地质及排水困难的沟谷低洼处或不稳定的悬崖陡壁下等地质不良地段，在强烈的地震影响下，会导致山体变形。

16.4.2 地震区的隧道洞口、路堑边坡和仰坡的开挖高度，在岩层整体性较差、土质不良地段，由于长期风化剥蚀作用，在地震过程中极易产生坍塌落石，堵塞洞口，危及行车安全。故要求严格控制洞口开挖高度，并在地形不利的洞口地段设置明洞或采取其他有效防护措施，以保证安全。

16.4.5 结构的整体性是影响其抗震能力的重要因素之一。洞门端墙与衬砌环框之间，端墙与挡土墙或翼墙接缝处，以及明洞等具有悬臂形式的耳墙结构，是抗震薄弱环节，因此应采取加强连接的抗震措施。

16.4.6 地震隧道的洞口、浅埋或偏压地段，应为抗震设防重点，要与围岩级别结合考虑加强其衬砌构造。隧道加强的长度，主要根据隧道拱肩土的最小覆盖厚度及洞口地面纵坡的变化情况，并结合隧道断面宽度及围岩级别等计算其抗震设防段的长度。在实际工程中，隧道处的地形、地质条件变化十分复杂，还要根据施工具体情况，适当留有余地，取其设防长度。

16.4.7

4 在地震后扩大的隧道断面尺寸可以保证隧道断面的净空面积，为后续修复提供富余空间。超挖量主要依据地震烈度、围岩条件和隧道断面等因素综合确定。

防震缝可兼做施工缝和沉降缝的功能，缝宽比一般沉降缝或施工缝要大，可以有效预留地震后隧道纵向错动量，同时要保证防震缝的填充密实，做好隧道的防水措施，防水可采用背贴式止水带和中埋式钢边橡胶止水带，止水带的物理力学性能指标要满足隧道结构的错动变形要求。

16.5 洞内设施

16.5.1～16.5.3 洞内设施包括洞内附属构造物，通风、照明设施，交通工程设施等。公路隧道进行抗震设计时，需保证洞内设施在地震中稳定性，避免设施自身的损坏以及由此引起的对结构、行人和行车安全的影响。

17 改扩建设计

17.1 一般规定

17.1.1 公路隧道改扩建是为了提高公路等级，改善通行条件，增加通行能力，利用既有隧道的线位、走廊，对既有隧道进行扩建、改建或增建隧道的行为。包括：已建双洞四车道公路隧道扩建成双洞六车道、八车道公路隧道；已建单洞双向行车隧道，改为双洞单向行车隧道。

改建：对既有隧道进行衬砌结构加固、路幅调整、路面翻修、排水沟改造、电缆沟改造、增设横通道，以及局部提高技术指标和安全性能等，改善服务功能等。

扩建：对既有隧道断面进行扩挖，增大断面净空，需拆除既有衬砌重新施作。

增建：与既有隧道并行新建隧道。

17.1.2 隧道改扩建设计前，需对既有隧道的设计、施工及运营现状等进行调查，内容包括：既有隧道的设计图、设计与施工阶段的相关地质资料、设计变更情况、竣工图；隧道洞口条件、周边建筑物；隧道排水设施及排水能力；隧道结构及病害的检查、维修、加固资料，以及结构病害现状和隧道运营状况等。

17.2 隧道改扩建方案设计

17.2.1 隧道改扩建是基于对既有公路隧道部分或全部利用，在改扩建施工期间一般要维持既有隧道正常交通，可能对既有隧道结构和交通运行条件带来影响。因此，隧道改扩建首先要对既有隧道现状进行详细的调查分析，合理确定技术标准，对既有隧道尽量予以利用，节约建设成本。隧道改扩建方案需进行技术、经济多方案比选，提出满足交通功能和交通安全的隧道改扩建方案。

17.2.2 增建隧道、扩建隧道与新建隧道相同，按现行技术标准执行。

17.2.3 双洞四车道隧道原位扩建为双洞六车道隧道时较为经济，运行条件较好。

17.2.4 在既有双洞四车道隧道基础上扩建成八车道公路隧道可有四种情况：一是在既有分离式双洞四车道隧道的基础上原位扩建成双洞八车道隧道，即原位扩建见

图 17-1；二是利用既有隧道，再增设两个两车道隧道，形成四洞双向行车的八车道隧道，见图 17-2；三是利用一个既有隧道，新建一个两车道隧道，另一既有隧道扩建为一个四车道隧道，见图 17-3；四是既有一个隧道扩建为四车道隧道，新建一个四车道隧道，另一既有隧道作为服务隧道或紧急备用隧道，见图 17-4。原位扩挖方式主要有单侧扩挖和两侧扩挖，见图 17-1。

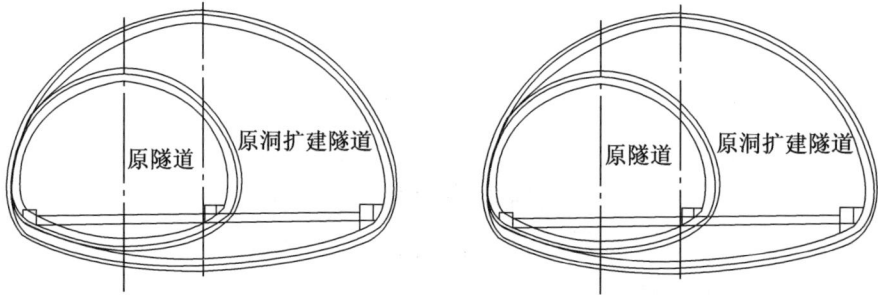

图 17-1 隧道原位扩建

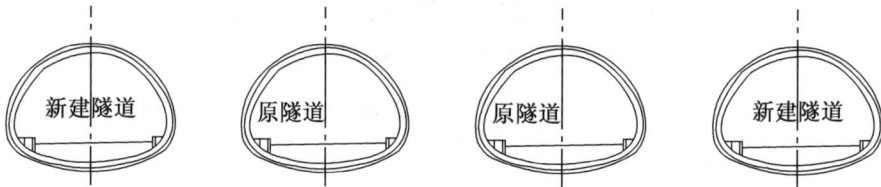

图 17-2 新建两个两车道隧道

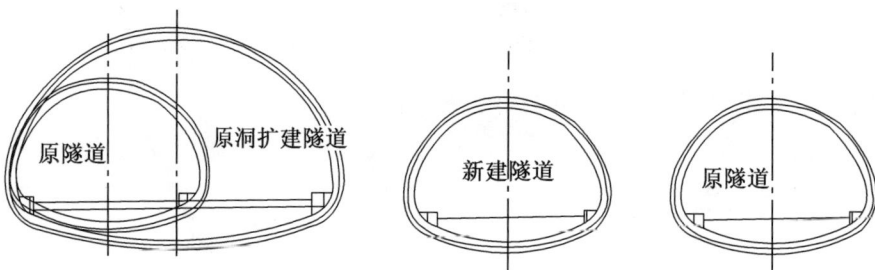

图 17-3 利用一个两车道隧道、新建一个两车道、扩建一个四车道隧道

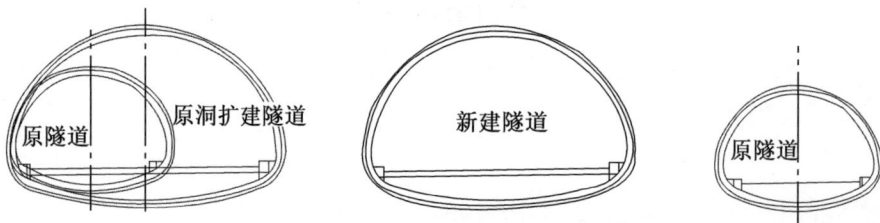

图 17-4 一个隧道原位扩建，另新建一个四车道隧道

17.2.5、17.2.6 对四车道连拱隧道扩建较为复杂、拆除安全风险较大，应尽可能维持原结构。

17.2.7 同向行驶车辆采用两个隧道分行时，由于行车条件突然改变，容易发生交通事故。因此，需设置必要的交通安全设施。

17.2.9 改扩建后，如有不需再作交通通行的既有隧道不宜"废弃"，可考虑用作维修养护服务通道和应急救援通道，用作维修养护服务通道和应急救援通道的既有隧道应能保证隧道结构的长期稳定。

17.2.10 在并行增建隧道施工完成后再进行扩建隧道施工，是保证建设期间交通的正常通行。增建隧道施工对正在通车的既有隧道的结构和通车可能产生影响，所以需对既有隧道结构采取临时保护或加固措施。

17.2.11 隧道改扩建施工对现有交通影响较大，社会影响大，一般要求不中断交通，交通组织非常复杂。因此，改扩建设计应包含施工方案设计和交通组织设计。

17.3 隧道扩建

17.3.1 对既有隧道的扩建，要充分利用既有隧道占有的线位资源，同时也为减少投资，原位扩建后的隧道线位和高程与既有隧道基本保持一致，是为了保持既有隧道内的紧急停车带、车行横通道、人行横通道的位置、高程、间距及尺寸基本不变。

17.3.2 对既有结构的拆除和临时支护是扩建隧道很重要的施工环节，拆除方法不当、盲目拆除、支护不及时可能造成安全事故，会对围岩造成二次过度扰动，影响围岩稳定，所以需进行详细设计。隧道原有衬砌拆除、扩挖方法和临时支护措施对隧道围岩稳定及结构安全影响较大，需进行扩建施工过程中结构受力和围岩稳定计算。

扩建隧道结构计算比较复杂，需针对不同情况进行多种工况的结构受力和围岩稳定分析计算。

17.3.3

2 既有隧道塌方高度小于按规范计算得出的围岩垂直匀布压力等效高度，改扩建时围岩压力可仍参照新建隧道围岩级别及围岩压力考虑。既有隧道塌方堆载高度大于按本规范式（6-2）计算得出的围岩垂直匀布压力等效高度时，既有隧道的均布荷载可按塌方堆载高度计算。

17.3.4 既有隧道扩建可采用单侧扩挖、双侧扩挖。采用单侧扩挖对围岩扰动小、初期支护拆除范围小。既有隧道扩挖不宜出现既有隧道开挖空间废弃回填的情况。

17.4 隧道改建

17.4.1 对既有隧道的调查包括：

（1）隧道修建年代、位置、长度、平纵线形、断面几何尺寸、地质条件等基本情况。

（2）隧道衬砌结构的类型、施工方法和隧道净空情况，建筑材料及腐蚀情况，衬砌强度和衬砌回填情况。

（3）隧道病害现状及历次维修加固情况、防排水现状。

（4）隧道通风、照明、消防、监控设备的布置及使用情况，各设备洞室的布置。

（5）隧道洞门形式、尺寸，基础埋深及建筑材料，洞口仰坡、路堑边坡及防护工程现状，洞口截排水现状情况。

（6）隧道洞口有无危石、坍滑、泥石流、风吹雪等危害。

（7）隧道路段线路技术状态及运营情况。

根据改建隧道调查成果，对既有隧道的技术现状及安全性进行评价。

17.4.2 隧道改建设计一般按现行《公路工程技术标准》（JTG B01）的规定执行，但很多时候由于既有隧道线形和断面净空标准按原"技术标准"建设，比现行"技术标准"要求低。若采用现行"技术标准"，既有隧道断面需要扩大、将拆除既有衬砌、进行扩建，这样会导致工程量大、工期长、投资增加、对现有交通影响大。为节省投资，减少对交通的干扰，可以维持原建设"技术标准"。

隧道改建主要是对隧道病害和不足进行整治，当影响隧道结构安全和行车安全时，采用套拱方案是最常用的结构加固方式和改善防排水条件的有效方式，但隧道断面变小，会降低限界标准。采用这种方式，可以节省投资和减少对交通的影响。但需保证基本行车条件，即保证行车道宽度、侧向宽度和高度。宽度不足时，可适当压缩检修道、人行道。高度不足时，可采用降低路面高程；也可增加运营安全配套设施，包括设限宽、限高、限速标志，设轮廓灯带，设行人避车洞等。

17.5 增建隧道

17.5.1～17.5.3 增建隧道结构设计与新建隧道基本一样，应符合本规范其他章节规定。

17.5.4 横通道开洞位置避开既有隧道施工缝或变形缝一定距离，是为减少既有隧道结构破坏，保证既有隧道结构稳定。

17.5.5 为确保增建隧道施工过程中相邻既有隧道和洞室的安全，把爆破震动对相邻既有隧道的影响作为监测的重要内容，按现行《爆破安全规程》（GB 6722）的要求，运营中的隧道安全允许临界振速一般为 100～200mm/s。按围岩级别和隧道间的净距提出不同条件下的爆破震动速度控制标准值。一般情况下，Ⅲ级围岩地段为 80～200mm/s；Ⅳ级为 50～150mm/s；Ⅴ级不超过 100mm/s。实际增建隧道工程中需根据隧道具体条件综合试验确定。

18 洞内预留预埋及构造物

18.1 一般规定

18.1.1 公路隧道通常需设置一定数量的设备洞室用来放置各种电器设备、通信设备和消防设备等，以及保证这些设备和洞室的联络、控制、安装和检修的预埋件。设备洞室主要有配电洞室、变压器洞室、灭火洞室及紧急电话洞室等。预埋件主要有接地扁钢、风机吊挂、穿线管路等。这些预留洞室和预埋件设计应符合交通工程和机电专业要求。

18.1.2 预留洞室和预埋件（特别是预留洞室）需在衬砌结构上开孔，可能改变隧道结构受力条件，带来不利影响，需采取相应的结构和构造措施，保证隧道衬砌结构的承载能力。

18.2 预留预埋

18.2.1 隧道内设备洞室的位置、尺寸一般根据隧道安全运营的设备需要确定。为了方便施工及管理，设备洞室几何形状和尺寸类型不宜过多，尽可能采用标准化设计。

（1）配电洞室尺寸是根据设备产品确定，一般为 800mm×950mm×400mm（宽×高×深），配电洞室底面高出检修道或人行道顶面一般为 1.10m 左右。

（2）变压器洞室尺寸是根据设备产品确定，一般为 2.5m×3m×1.8m（宽×高×深），下部设两道竖向 500mm×600mm 的电缆槽与主洞电缆沟相连。

（3）灭火器洞室的空间尺寸根据放置消防设备的类型有所不同，常见消防设备有洞内消火栓、水成膜泡沫装置、灭火器等，如图 18-1 和图 18-2 所示。

（4）紧急电话洞室构造可参考图 18-3 设置。

18.2.2 一般预留洞室对结构影响不大，不需要特殊处理。但较大的预留洞室可能对结构承载能力造成有害影响，预留洞室尺寸越大，侵入结构深度越大，对衬砌结构影响也越大，所以要尽可能减小其尺寸和侵入结构的深度。一般宽度小于 1 500mm 的预留洞室可不作特殊处理。对深度较大的预留洞室，衬砌结构的剩余厚度一般不小于 100mm。当预留洞室遇到衬砌内钢筋时，钢筋需断开或绕行通过。衬砌无钢筋地段，根据预留洞室大小确定是否增加构造钢筋。预留洞室布置在衬砌结构变形缝施工缝位置时，对衬砌结构影响较大。

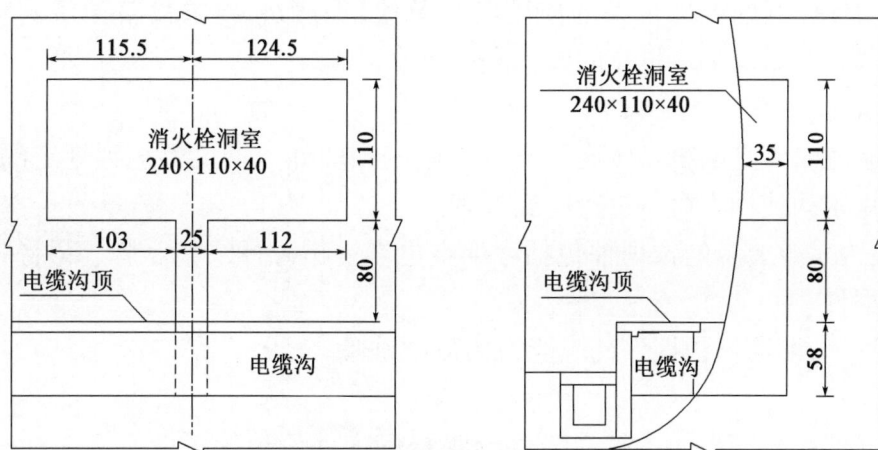

图 18-1 消火栓灭火器洞室构造图（尺寸单位：cm）

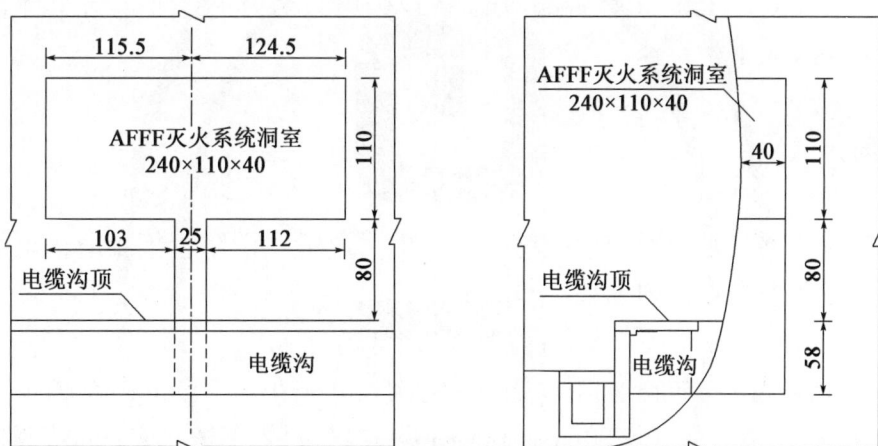

图 18-2 AFFF 灭火器洞室构造图（尺寸单位：cm）

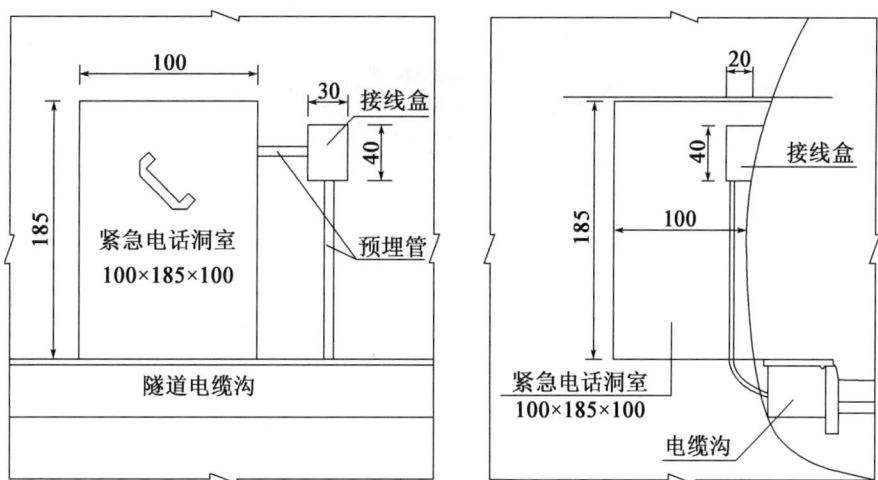

图 18-3 紧急电话洞室构造图（尺寸单位：cm）

18.2.3 为保证洞内电器设备的使用安全及使用寿命，要求设备预留洞室不容许渗水。因此，预留洞室需采取可靠的防水和引排水措施。

18.2.4 隧道内架空电缆、射流风机等设施的预埋件，不仅要达到规定的安全系数，而且要满足规定的使用寿命，进行防腐处理。

2 隧道内承重要求的预埋件包括：架空电缆、标志标线指示牌、摄像机云台、射流风机的预埋件。

3 风机安装前需做预埋件支承能力的荷载试验。

18.2.5 预埋在衬砌内的各种管线管壁距衬砌内外侧边缘不应小于100mm，是管线完全埋入衬砌部分，不包括管口。

18.2.6 一般长度在300m以上的隧道需敷设强电，可由电专业进行具体设计或由电专业提出要求，纳入土建设计。

18.3 电缆沟

18.3.1 电缆沟主要是为了布设通信电缆、电力电缆、消防管等，通信电缆和电力电缆通常分别置于两侧电缆沟内。

18.3.2 一般情况下，放置通信电缆的电缆沟尺寸不小于500mm×500mm，主要放置电力电缆的电缆沟尺寸不小于700mm×600mm。电缆在隧道内完成平面或竖向转变过渡时，电缆管沟尺寸需符合电缆弯曲半径的要求，其弯曲半径不小于1.2m，转折角不大于30°，转折长度不小于0.6m。需敷设消防管的电缆沟，尺寸相应加大。

18.3.3

（1）隧道电缆沟设开启吊钩、开启孔或安装缝，便于电缆沟及电缆沟内管线维护和管理。

（2）盖板规格统一，便于预制生产，盖板重量便于一个人能搬动。

（3）电缆沟盖板所承受的荷载主要为自重、人行以及小型推车重量。

18.3.4 一般隧道电缆沟侧壁上均设有托架。为避免失控车辆撞坏电缆，电缆沟外侧壁需考虑车辆撞击影响，具备一定的防撞击能力。

18.3.5 电缆沟是用隧道纵坡自然排水，沟底需设横向坡、积水槽，并设连接路侧边沟的横向泄水孔。